Schreiben im Übergang von Bildungsinstitutionen

TEXTPRODUKTION UND MEDIUM

Herausgegeben von Eva-Maria Jakobs und Dagmar Knorr

BAND 15

Dagmar Knorr / Katrin Lehnen / Kirsten Schindler (Hrsg.)

Schreiben im Übergang von Bildungsinstitutionen

PETER LANG
EDITION

Bibliografische Information der Deutschen Nationalbibliothek
Die Deutsche Nationalbibliothek verzeichnet diese Publikation
in der Deutschen Nationalbibliografie; detaillierte bibliografische
Daten sind im Internet über http://dnb.d-nb.de abrufbar.

Gedruckt mit freundlicher Unterstützung
des Instituts für Deutsche Sprache und Literatur II
der Universität zu Köln und des prowitec e.V., Aachen.

Gedruckt auf alterungsbeständigem,
säurefreiem Papier.

ISSN 1431-0015
ISBN 978-3-631-66989-1 (Print)
E-ISBN 978-3-653-06132-1 (E-PDF)
E-ISBN 978-3-631-70430-1 (EPUB)
E-ISBN 978-3-631-70431-8 (MOBI)
DOI 10.3726/b10490

Inhalt

Vorwort

Schreiben ist ein lebenslanger Prozess, der – biografisch und sozialisatorisch – fast immer durch Übergänge geprägt ist: In der Schule wird gelernt, wie man eine Geschichte, einen Bericht oder eine Erörterung schreibt, im Studium werden Thesenpapiere, Seminararbeiten oder Laborprotokolle verfertigt, im Beruf hat man es mit Anträgen, Artikeln und Gutachten zu tun. Der Wechsel in neue berufliche, institutionelle und private Kontexte ist oft durch schwierige Übergänge mit entsprechend langwierigen Erwerbsprozessen geprägt. Die didaktische Gestaltung und gezielte Entlastung solcher Übergänge ist Gegenstand einer immer regeren Forschung. Der vorliegende Band geht auf das XI. Prowitec-Symposion „Schreiben im Übergang – Übergänge gestalten" an der Universität zu Köln im Mai 2015 zurück. Dort wurden theoretische Konzepte und empirische Studien zur Ausbildung und Professionalisierung übergangsbestimmter Schreibkompetenzen in Schule, Hochschule, Beruf – aber durchaus auch anderen (semi-)professionellen – Kontexten vorgestellt und angeregt diskutiert. Die Prowitec-Symposien erkunden seit nunmehr 20 Jahren sich verändernde Schreibumgebungen, Textproduktionspraxen und mediale Entwicklungen aus unterschiedlichen disziplinären und methodischen Perspektiven.

Die Produktion eines Sammelbandes gelingt nur, wenn sich viele Personen daran beteiligen. Wir danken an dieser Stelle den Autorinnen und Autoren, die durch ihre pünktliche Einreichung der Beiträge den Grundstein für dieses Vorhaben gelegt haben. Unser Dank gilt auch den zahlreichen Gutachterinnen und Gutachtern, die die Qualität des Bandes durch ihre Bereitschaft gesichert haben, sich an dem double-blind Reviewverfahren zu beteiligen.

Für die finanzielle Unterstützung danken wir dem Institut für Deutsche Sprache und Literatur II der Universität zu Köln und der Arbeitsgruppe Prowitec.

Hamburg, Gießen und Köln im August 2016

Dagmar Knorr, Katrin Lehnen und Kirsten Schindler

Katrin Lehnen und Kirsten Schindler (Gießen und Köln)

Schreiben im Übergang – Übergänge im Schreiben

Überlegungen zu einem losen Konzept und Überblick über den Band

Übergänge bringen es mit sich, dass man sie nur schwer beobachten und systematisch beforschen kann. Das, was einen Übergang markiert und was in ihm passiert, lässt sich meist nur im Rückblick erfassen oder allenfalls im Vorgriff antizipieren. Übergänge beschreiben Situationen und Phasen, die durch den Wechsel, die Adaption oder die Transformation bestehender Handlungsroutinen in neuen Kontexten, schlimmstenfalls durch das Aussetzen oder Versagen dieser Routinen gekennzeichnet sind. Wenn StudienanfängerInnen ihre erste Seminararbeit schreiben, sind sie in der Regel überfordert, weil das akademische Schreiben etwas anderes von ihnen verlangt als die schulische Schreib- und Textpraxis. BerufseinsteigerInnen tun sich schwer, neue Anforderungen zu meistern, die aus veränderten Schreibaufgaben, Textsorten und Kommunikationsabläufen resultieren und die nur bedingt mit den akademischen Schreibanlässen vergleichbar und den dort etablierten Schreibpraktiken bearbeitbar sind. Auch die weitreichende Digitalisierung ganzer Lebens- und Arbeitswelten erzeugt Übergänge und Überlappungen zwischen ‚alten‘ und ‚neuen‘ Schreibformen. Unvertrautheit und Ungewohnheit, so könnte man etwas lapidar sagen, sind konstitutive Momente, die Übergänge anstoßen und die Aneignung neuer Strategien und eines neuen Habitus veranlassen. Manchmal sind Übergänge reibungslos und bleiben fast unbemerkt, häufiger führen sie zu Irritationen, manchmal zum Nachdenken oder auch zu handfesten Krisen. Und je nach Aufmerksamkeit, die solchen Übergängen gewidmet wird und sie als Übergänge wahrnehmbar werden lassen, bemühen sich die beteiligten AkteurInnen, Übergänge zu gestalten und entsprechende Erwerbsprozesse gezielter zu stützen.

Einige dieser *Übergänge*, vor allem die institutionellen, sind in den letzten Jahren verstärkt in den Fokus gerückt:

- Übergänge und Erwerbsprozesse von der (gymnasialen) Oberstufe in die Hochschule (1)
- Übergänge und Erwerbsprozesse innerhalb der Hochschule (2) und

- Übergänge und Erwerbsprozesse von der Hochschule in den Beruf wie auch Umbrüche und Übergänge innerhalb beruflicher Schreibkarrieren (3).

1 Schreiben *im* Übergang

Schule – Hochschule

Mit Blick auf institutionelle *Übergänge* zwischen Schule und Hochschule bilden die mit den Bildungsstandards eingeleiteten bildungspolitischen Reformen ein anschauliches Beispiel für den Versuch eines bewussteren und gesteuerteren Umgangs mit Übergängen beim Wechsel in institutionell neue Schreibkontexte: Die Einführung der *Facharbeit* oder des *materialgestützten Schreibens* lassen sich als Reaktion auf Erwartungen und Ansprüche der weiterführenden Bildungsinstitutionen verstehen. Mit diesen wissenschaftspropädeutischen Aufgabenformaten, die den Fokus auf die Bearbeitung einer eigenen Fragestellung und den Umgang mit verschiedenen Quellen legen, werden Schreibkompetenzen anzubahnen gesucht, die im späteren Studium oder im Beruf gebraucht und vorausgesetzt werden (vgl. Allg. Bildungsstandards für die Oberstufe 2012). Die Bildungsstandards für die Allg. Hochschulreife formulieren im Kompetenzbereich Schreiben u. a., die SchülerInnen sollen beim erklärenden und argumentierenden Schreiben „zu fachlich strittigen Sachverhalten und Texten differenzierte Argumentationen entwerfen, diese strukturiert entfalten und die Prämissen ihrer Argumentationen reflektieren" sowie „wissenschaftspropädeutische Texte, zum Beispiel Fach- oder Seminararbeiten, planen, strukturieren, verfassen und überarbeiten" (ebd., 17). Und auch das Hessische Kerncurriculum für die gymnasiale Oberstufe im Fach Deutsch formuliert unter dem Kapitel *Überfachliche Kompetenzen*:

> **Wissenschaftspropädeutische Kompetenzen:** fachliches Wissen nutzen und bewerten; die Perspektivität fachlichen Wissens reflektieren; Verfahren und Strategien der Argumentation anwenden; Zitierweisen beherrschen; Verständigung zwischen Laien und Experten initiieren und praktizieren; auf einem entwickelten/gesteigerten Niveau abstrahieren; in Modellen denken und modellhafte Vorstellungen als solche erkennen (Kerncurriculum gymnasiale Oberstufe für das Fach Deutsch, Hessisches Kultusministerium, 8).

Beispiele wie diese zeigen, dass Übergänge hier als curricularer Bestandteil mitbedacht und Anforderungen der hochschulischen Schreibpraxis antizipiert werden. Wie in vielen Fällen bildungspolitischer Reformen eilen dabei Wünsche, Erwartungen und Ideen ihrer schreibdidaktischen Profilierung und empirischen Überprüfung voraus. Die hier zitierten Ausschnitte zeigen, dass extrem hohe, vermutlich unrealistische Ansprüche an die Textproduktion von Schüler-Innen formuliert werden, die empirisch kaum gedeckt sind. Die Vorstellung, dass SchülerInnen „in Modellen denken" und „modellhafte Vorstellungen als solche erkennen" ist selbst als Kompetenzziel für angehende LehrerInnen im Studium noch sehr hoch gegriffen. In jüngster Zeit setzt bei diesen Übergängen eine verstärkte Forschung und didaktische Konzeptualisierung ein (Abraham/Baurmann/Feilke 2015; Schindler 2014; Schindler/Siebert-Ott 2012; Schüler 2016/im Druck; Schüler/Lehnen 2014; Feilke/Köster/Steinmetz 2012; Feilke *et al.* 2016). Dies bleibt nicht folgenlos, wenn man z. B. der Einschätzung von Kruse (2014) folgt.

> Ich bin kein Spezialist für das Schreiben in der Schule, muss aber oft rückblickend beurteilen, was für Schreibkompetenzen meine Studierenden aus der Schule mitbringen. Lange Zeit habe ich Einführungskurse in das wissenschaftliche Schreiben gegeben und dabei die aus der Schule mitgebrachten Kompetenzen und Defizite sehr genau wahrzunehmen gelernt. In den letzten Jahren war spürbar, dass sich etwas im Deutschunterricht bewegt und dass sich sowohl Einstellungen als auch Kompetenzen der Erstsemester merklich verändert haben. […] Jedenfalls hat sich die Anzahl der Studierenden, die das Schreiben hassen, abgenommen, während die, die gerne und auch gut schreiben, heute sehr viel häufiger zu finden sind als früher (ebd., 35).

Hochschule

Die Übergänge zwischen Institutionen, Organisationen, Arbeitsplätzen etc. sind gemeinhin eher im Blickfeld als solche, die sich innerhalb einer Institution ergeben. Aber auch hier ist das schulische Schreiben zunächst ein anschauliches Beispiel für die Annahme und Gestaltung von Übergängen. Die Orientierung an Textsorten bzw. didaktischen Gattungen in der Schule, die als chronologische Abfolge mit zunehmender Komplexität in den Deutschunterricht integriert sind – erst Erzählen, dann Berichten, dann Erörtern etc. – und die damit ein Schreibcurriculum abbilden, sind Ausdruck der Modellierung von Übergängen bzw. Abgrenzungen (wenngleich die zu Grunde gelegte Entwicklungslogik nicht unbedingt den tatsächlichen Schreibkompetenzen entspricht, wie u. a. die empirische Studie von Augst *et al.* 2007 zeigt). Ebenso kann die Orientierung weg von einer produktorientierten Aufsatzdidaktik hin zu einem prozessorientierten Schreibunterricht in der Schule als ein typischer Übergang – von einem Schreibkonzept zu einem anderen – gelesen werden. Im hochschulischen Bereich sind innerinstitutionelle Übergänge, die mit der zweiten Hälfte des Titels unseres Beitrags *Übergänge im Schreiben* vielleicht besser umrissen sind, über viele Jahre nicht zum Gegenstand und nicht auffällig geworden. Das ändert sich mit Blick auf das Schreiben seit etwa Mitte der 1990er Jahre (vgl. Jakobs/Knorr/Molitor-

Lübbert 1995 Jakobs/Knorr 1997)[1]. Das wissenschaftliche Schreiben wird als Lern- und Erwerbsphänomen erkannt, d. h. als Prozess der allmählichen Aneignung und Verfertigung domänenspezifischer, wissenschaftlicher Schreib- und Textkompetenzen. Die Einrichtung von Schreibzentren wie auch Angebote zur Schreibberatung, zum Schreibcoaching und zu schreibintensiven Lehrveranstaltungen machen deutlich, dass Übergänge als Problem erkannt werden. Auch die unüberschaubare Fülle an Schreibratgebern zum wissenschaftlichen Schreiben, deren Produktion bis heute nicht abbricht, ist Ausdruck des Bedürfnisses, neue Schreibanforderungen zu meistern. Gleichzeitig setzt seit etwa fünfzehn Jahren eine verstärkte Forschung zum Erwerb wissenschaftlicher Textkompetenzen ein (vgl. Feilke/Steinhoff 2003; Pohl 2007; Steinhoff 2007), bei der es um die empirische Rekonstruktion dieser Aneignungs- und Verfertigungsprozesse geht – mit dem Ziel, daraus Einsichten für eine entwicklungssensitive, an Übergängen orientierte wissenschaftliche Schreib- und Textdidaktik zu gewinnen. Beobachtet man Studierende, dann zeigen sich wiederkehrende, ‚systematische‘ Übergänge, beginnend bei journalistisch orientierten, wissenschaftlich inadäquaten Praktiken hin zu einem entfalteten, domänentypischen Sprachgebrauch. Solche in Langzeitstudien zum Erwerb wissenschaftlicher Schreibkompetenz herausgearbeiteten Übergänge, wie die von Pohl (2007) und Steinhoff (2007) anhand der Analyse von Textprodukten Studierender zu unterschiedlichen Studienzeitpunkten herausgearbeitet werden, zeigen ‚typische‘ Entwicklungsverläufe, die didaktisch in einer universitären Schreiblehre zu modellieren sind (Feilke/Lehnen 2012).

Hochschule – Beruf

Institutionelle Übergänge sind in den letzten Jahren insbesondere für die Frage des Berufseinstiegs thematisiert worden. Dabei geht es allgemeiner um Kompetenzen und Kompetenzentwicklung bzw. die Erfassung und Bewertung professioneller Kompetenz, wie sie in der Professionalisierungs-, bzw. Expertise-/Novizenforschung, z. B. für die Berufsgruppe der Lehrerinnen und Lehrer, untersucht werden (Allemann-Ghionda/Terhart 2006; Huppert/Abs 2013). Mit Blick auf die besonderen Schreibanforderungen im Beruf werden Übergänge dabei in Form von teilnehmender Beobachtung/Langzeitstudien (Beaufort 2005; Sturm *et al.* 2016) oder rekonstruktiv in Form von leitfadengestützten Interviews zu ermitteln versucht (vgl. Jakobs 2006; Lehnen 2008; Schindler 2016a, für einen Überblick über Methoden vgl. Schindler 2016b). Dass sich mit dem Einstieg in den Beruf

---

1 Das bezieht sich nur auf den deutschsprachigen Raum. Im anglo-amerikanischen Raum setzt die Auseinandersetzung früher ein.

langwierige Enkulturationsprozesse ergeben, die Irritationen und Unsicherheiten auslösen, zeigt beispielsweise Beaufort (2005) am Beispiel der Schreibsozialisation von vier College Absolventinnen. Anders als im institutionellen Kontext einer Ausbildung (Schule, berufliche Lehre) fehlt es hier noch deutlicher an einem moderierten Übergangssystem. Die Folgen scheinen gravierend: Die Aneignungsprozesse werden aus Sicht der Schreibenden als problematisch und zeitintensiv, aus Sicht der ArbeitgeberInnen als kostspielig eingeschätzt. Wenn also von Personen unterschiedlicher Berufsgruppen, z. B. LehrerInnen, kritisiert wird, sie hätten das, was sie im Beruf alles schreiben können müssen, z. B. Gutachten oder Förderpläne, im Studium nicht gelernt, dann werden vor allem fehlende Übergänge beklagt (Lehnen 2008; Schindler 2016a) und im Rückblick an aktuellen Erfordernissen der eigenen Schreibpraxis festgemacht. Befragt danach, wie sie mit unbekannten Schreibaufgaben umgehen und Kenntnisse anzueignen versuchen, erhält man von LehrerInnen häufig Antworten der folgenden Art:

I: Bist du auf die Schreibtätigkeiten, die du jetzt im Lehrerberuf ausübst, vorbereitet worden?

B: Nein! Wir können das ja (nicht) ganz klar sagen: „Wie verfasst man Elternbriefe? Was schreibt man da rein, wie formuliert man die?" Das muss man erstmal lernen.

I: Wie hast du das gelernt?

B: ((runzelt die Stirn))

I: Hast du dir das angeeignet, indem du es von anderen übernimmst? Hast du Literatur gelesen, dich bei anderen Lehrern erkundigt?

B: Also man tauscht sich mit anderen Lehrern aus und fragt: Wie hast du denn den Brief geschrieben, kannst du mir ein paar Tipps geben? Man lernt aber immer dazu, manchmal bekommt man ja auch ne Rückmeldung, oder so ((lacht)) Man muss einfach lernen.

(Beispiel 1 Förderschullehrerin, 25 J., Korpus Schindler)

B: die anderen kenntnisse hab ich eigentlich nach dem referendariat erst mir selber (1) erworben aus der not heraus (1) wie verfasse ich einen elternbrief wie kann ich missverständnisse vermeiden (1) und hab mich da selber einfach mit lehrern ausgetauscht (1) oder eben schon geguckt im internet was ist da vorhanden (2) und die immer wieder überarbeitet auch

(Beispiel 2 Förderschullehrerin, 32 J., Korpus Lehnen)

Übergänge und Umbrüche sind nicht auf die Berufseinstiegsphase beschränkt. So beschreiben LehrerInnen, dass sich die Anforderungen an ihr Schreiben in den letzten Jahren deutlich verändert haben. Denn die Verpflichtung zur Dokumentation und entsprechend zur schriftlichen Absicherung hat ebenso zugenommen wie beispielsweise die Notwendigkeit sich mit Schülerinnen und Schülern und deren Eltern auch schriftlich (per E-Mail) auszutauschen. Wenn einerseits rechtliche oder mediale Veränderungen für Umbrüche beim Schreiben geltend gemacht werden, werden andererseits auch Veränderungen beruflicher Schreibaufgaben genannt, die mit (steigendem) beruflichen Status zustande kommen und das Schreibaufkommen erhöhen. Die Frage nach den Schreibtätigkeiten in ihrem Berufsalltag beantwortet eine Grundschulrektorin so:

> B: In meiner Funktion als Lehrerin: als Vorbereitung meiner Unterrichtsstunden (sowohl Gestaltung von Arbeitsblättern, als auch didaktische Notizen den Stundenablauf betreffend), Berichte, Zeugnisse, Listen, Elternbriefe [...]. In meiner Funktion als Schulleitung: schulische Korrespondenz per mail, Gesprächsnotizen per Hand, Listen, Pläne, Briefe (alles PC), sowie Beurteilungen, Zeugnisse, Projektplanungen, Reden, [...] und gefühlte 700 Mal am Tag meine Unterschrift. Die Zeit, die ich mit dem beruflichen Schreiben verbringe, macht sicherlich 80% meiner täglichen Arbeitszeit aus.
>
> (*Beispiel 3* Grundschulrektorin, 43 Jahre, Korpus Schindler)

Interessant mit Blick auf die Untersuchung von institutionellen Übergängen sind unterschiedliche Leitorientierungen. „Die Klärung des Kontextbegriffes" wird, wie Schindler ausführt, „in Studien zum beruflichen Schreiben deutlich stärker fokussiert" als Kontextbedingungen beim akademischen Schreiben. Dabei gerate „die Beschreibung der Schreibentwicklung [...] aber oft aus dem Blick". Schindler führt aus:

> Während die beiden Pole – Schreibeinstieg und Expertenschreiber – gut herausgearbeitet sind, bleibt der Zwischenraum vergleichsweise unbestimmt. Ein solches Forschungsdesiderat steht auch in einem Missverhältnis zu einer stark wachsenden Nachfrage nach beruflichem Schreibcoaching [...] – also dem Wunsch zu einer professionellen Entwicklung beruflicher Schreibkompetenz. (Schindler 2016b)

Ob und in welcher Weise die Hochschule überhaupt Ort sein kann, Übergänge in den Beruf bzw. berufliche Übergänge zu antizipieren und zu gestalten, ist strittig und hängt auch vom akademischen Selbstverständnis der Disziplin ab (Lehnen/Schindler 2010). Versuche der Anbahnung und vorgreifenden Übergangsgestaltung können beispielsweise im Praxissemester des Lehramtsstudiums gesehen werden, so wie es in einigen Bundesländern eingeführt wurde. Die Praxisphase wird in der Regel durch wissenschaftliche Begleitveranstaltungen flankiert. Ob die Studierenden nach ihrem Studienabschluss den beruflichen Einstieg dadurch als ,sanfter' empfinden, und ob sie sich besser vorbereitet fühlen, bleibt abzuwarten.

Eine interessante Lesart auf (fehlende) berufliche Schreibkompetenzen bzw. fehlende Übergänge schlagen Poe und Scott (2014) vor. Sie sehen das Problem nicht in erster Linie in den häufig beklagten, fehlenden Fähigkeiten der AbsolventInnen, sondern in den Arbeitskontexten selbst, die durch Aktivitäten

geprägt sind, die relativ weit entfernt sind von der Kommunikationspraxis in
Bildungsinstitutionen:

> The perennial cries from the business sector about the poor preparation of the workplace
> might suggest that there is a skills problem among college graduates. That is, students
> have poor writing abilities or have a poor sense of the decorum surrounding workplace
> literacies. Yet, another way to understand the anxiety expressed in discourse from the
> business and technical sectors is regarding the nature of workplace activity today. That
> is, because today workplace activity is networked, distributed, collaborative, and multi-
> modal, the process of textual production and management required in the workplace do
> not necessarily align with the disciplinary processes for text production found in higher
> education, or more accurately, the ways that students are taught about disciplinary writ-
> ing in higher education. In other words, the issue is not a skills problem but an activity
> problem (Poe/Scott 2014, 346–347).

Auch wenn das Interesse an Übergängen zwischen Bildungsinstitutionen wie
angedeutet gestiegen ist, ist das Wissen über das Gelingen und Misslingen der
besonderen Erwerbsprozesse beim Wechsel von einem (institutionellen) Kommu-
nikations- und Schreibkontext in einen anderen vage. Das hat unterschiedliche
Ursachen. Es hat u. a. damit zu tun, dass die beteiligten Institutionen in der Regel
kein besonderes ‚Übergangsmanagement‘ betreiben, bei dem sie sich gezielt über
Anforderungen, Aufgaben und ihre Verteilung verständigten und gemeinsame
Anstrengungen der Zuschreibung von Kompetenzfeldern und entsprechenden
Fördermaßnahmen unternehmen würden. Übergänge sind in der Regel weniger
von empirischer Forschung und eher von Debatten über Verantwortlichkeiten
geprägt und von Klagen darüber, dass die Ausbildung in der Vorgängerinstitu-
tion den Anforderungen der weiter führenden nicht genüge. Kissling (2006, 17)
benutzt den Begriff der „qualifikatorische(n) *Leer*stelle“, um fehlende Übergänge
am Beispiel des Übergangs von der Schule zur Hochschule zu markieren. Diese
qualifikatorischen Leerstellen sind auch für andere Übergänge beschreibbar.

2 Schreiben *als* Übergang

Die bisherigen Ausführungen haben danach gefragt, ob und in welcher Weise
institutionelle Übergänge zum Gegenstand der Auseinandersetzung in unterschiedlichen Bildungskontexten geworden sind. Diese Fragen sind exemplarisch
und nicht im Sinne eines systematischen Überblicks angerissen worden. Die teils
schon benannten Gründe für fehlende, leere oder schwierige Übergänge liegen
möglicherweise auch im Konstrukt des Übergangs selbst: Dem Übergang selbst
haftet etwas Flatterhaftes und schwer Greifbares an: Wo fängt ein Übergang an
und wo hört er auf? Wenn von einem Übergang die Rede ist, braucht es normaler-

weise Grenzen, die ein *vor* und *danach* plausibel und Kontexte klar unterscheidbar machen. Gerade das ist beim Schreiben und in der Schreibsozialisation eines einzelnen Schreibers/einer einzelnen Schreiberin kaum zu bestimmen. Denn mit dem Übergang in einen anderen Schreibkontext werden bestehende Schreibpraktiken nicht einfach abgelegt und durch neue ersetzt. Sie werden mitgenommen, verändert, erweitert und adaptiert. All dies geschieht allmählich und ist der systematischen Beobachtung und Reflexion häufig entzogen.

Wer sich in einem Übergang befindet, kann das zwar spüren, ist sich dessen aber nicht unbedingt bewusst. Wer die erste, zweite oder dritte Seminararbeit im Studium schreibt, mag sich quälen und fragen, wie man das macht. Er oder sie mag sich der Grenzen bewusst werden, auf die das eigene Schreiben (plötzlich) stößt. Er oder sie wird das eigene Schreibhandeln aber nicht notwendig als *Übergang* begreifen und darauf vertrauen, dass es irgendwann schon einfacher wird. Wahrscheinlicher ist, dass die Aufmerksamkeit und die Ressourcen in die stets konkrete Bearbeitung der schwierigen und unvertrauten Aufgabe fließen und nicht unbedingt in die Erkenntnis, dass man gerade dabei ist, einen Übergang zu meistern. Dies wird vielleicht erst im Nachhinein klar. Schaut man sich nach einigen Jahren die ersten Seminararbeiten wieder an, hat man in der Regel keine Schwierigkeiten, diese Texte als Übergangsphänomene zu begreifen. Und auch wenn viele Übergänge einer gewissen Entwicklungslogik folgen, so sind die Übergangspunkte eher fließend und Entwicklungssprünge eher nachträglich als solche identifizierbar. Insofern ist der Übergang immer schon ein *loses Konzept*.

Auch der folgende Gesichtspunkt macht das theoretische Konstrukt des *Übergangs* zu einer schwer fassbaren Kategorie: Übergänge in der Schreibsozialisation sind bei weitem nicht auf den Wechsel von Bildungsinstitutionen, Organisationen und Arbeitsplätzen beschränkt, Schreiben als Gegenstand von Bildungsprozessen ist nicht auf formale Bildungsinstitutionen beschränkt. Schreiben und Textproduktion finden überall statt. Sie sind Teil informeller Bildungsprozesse, wie sie durch digitale Medien besonders angeregt werden, und sie sind Teil alltäglichen Handelns außerhalb von institutionellen Kontexten. Auch dies zeigt sich sehr eindringlich am Beispiel des *vermehrten Aufkommens* von Schreibtätigkeiten durch digitale Medien, durch die *Allgegenwärtigkeit*, die das Schreiben erfährt, seit es durch Smartphones, Tablets etc. ortsentbunden ist, und die *Hybridisierung* von Textformen wie etwa E-Mails, Whatsapp-Nachrichten etc. Hicks und Perrin (2014) sprechen von einer „ongoing multimodal text production" und von einem „writing-by-the-way" (231) oder – wie im vorliegenden Band vom – „beiläufigen" gegenüber einem „fokussierten Schreiben" (Perrin/Gnach in diesem Band). Diese, durch Digitalisierung aufgekommenen qualitativ und quantitativ veränderten

Schreib- und Textproduktionspraktiken lassen sich ebenfalls als ein Schreiben im Übergang bzw. Schreiben im Umbruch deuten, wenngleich auch hier Übergänge fließend sind und verschiedene Praktiken nebeneinander bestehen.

In einem noch weiteren und losen Verständnis des Gegenstands lässt sich Schreiben als Prozess *lebenslangen Lernens* und damit als Prozess permanenter Übergänge begreifen. Dieses weite Verständnis von „Writing as lifelong learning" (Poe/Scott 2014, 333) mag das Konzept des *Schreibens im Übergang* potentiell aufweichen, wenn es ja gerade um die Profilierung spezifischer Übergänge geht – seien sie allgemein erwerbsbezogen (Wie lernen Kinder schreiben? Wie entwickeln sich domänenspezifische Schreibfähigkeiten?), institutionenbezogen (Schule vs. Hochschule vs. Beruf) oder auf Schreibtechnologien bezogen (Handschrift vs. Computer vs. Digitalisierung). Dennoch ist der allgemeine Gedanke des lebenslangen Lernens ein mit Blick auf a) die historische Entwicklung der Schrift, des Schriftgebrauchs und der Schreibkonzepte und mit Blick auf b) die besondere epistemische Funktion des Schreibens sehr lohnenswert. Dies soll kurz ausgeführt werden:

Historische und kulturelle Übergänge

Historisch befinden sich Konzepte der Schriftlichkeit und des Schreibens immer wieder im Übergang und Umbruch. Dies lässt sich an bildungspolitischen Reformen ebenso gut nachvollziehen wie auch an dem Streit über geeignete Methoden etwa in der Schriftspracherwerbsforschung (vgl. Schründer-Lenzen 2008). Während die heutigen Bildungsstandards im Fach Deutsch der Grundschule im Kompetenzbereich ‚Schreiben' vorsehen, dass bereits SchreibanfängerInnen, „Texte verständlich, strukturiert, adressaten- und funktionsgerecht schreiben: Erlebtes und Erfundenes; Gedanken und Gefühle; Bitten, Wünsche, Aufforderungen und Vereinbarungen; Erfahrungen und Sachverhalte" und dass sie, „Lernergebnisse geordnet festhalten und auch für eine Veröffentlichung verwenden" wie auch „nach Anregungen (Texte, Bilder, Musik) eigene Texte schreiben" (Bildungsstandards im Fach Deutsch für den Primarbereich, KMK 2004, 11), dann sind damit hohe Ansprüche an die Vermittlung, den Erwerb und den Gebrauch literaler Fähigkeiten verbunden. Demgegenüber sieht der Schreibunterricht früherer Jahrhunderte das Schreiben eigener Texte für SchülerInnen gar nicht erst vor. Schreiben hat stärker die Funktion des Verschriftens und Imitierens von Mustern. Im 18. Jahrhundert setzt sich allmählich der Gedanke einer mit dem Schreiben verbundenen Subjektwerdung durch. Dem Schreiben werden in einem umfassenderen Sinne Bildungsqualitäten zugeschrieben.

Im Verlauf des 18. Jahrhunderts wurden die Errungenschaften der Schriftbeherrschung zu einem gesamtgesellschaftlichen Phänomen. Die hierdurch sich entfaltende Emanzipation des Bürgers sollte zu einem aufgeklärten, autonomen Subjekt führen. […] Diejenigen, die die Kulturtechniken Lesen, Schreiben und Rechnen *richtig* anzuwenden verstanden, galten in den Augen der Aufklärungselite als fortschrittlich und zivilisiert. […] Doch die Kulturtechnik Schreiben hatte nicht für alle den gleichen Innovationseffekt und Bedeutungsgehalt. Vor allem für Angehörige der unteren Bildungsschicht erfuhr Schreiben so etwas wie eine mentale Selbstwertsteigerung, indem Schriftbeherrschung zu einer Art Topos für Glücksversprechen wurde; der oberen Bildungsklasse ging dieses Gefühl der Exklusivität vollkommen ab, gehörte es doch in diesen Kreisen zur Normalität, schreiben und lesen zu können. (Büttner 2015, 20)

Freilich ist die von Büttner beschriebene „sich entfaltende Emanzipation" längst nicht mit dem vergleichbar, was die Bildungsstandards für das Schreiben und die Textproduktion mit Blick auf den Selbstausdruck, die Selbstentfaltung und kommunikative Teilhabe heutzutage und bereits für Grundschulkinder vorsehen. Interessant ist aber, dass bereits im 18. Jahrhundert mit dem Schreiben die Vorstellung der Ausbildung des Verstandes verbunden wird, wie folgende Passage aus dem Lehrbuch von André von 1793 zeigt:

Weil es [Schreiben und Rechnen] weit zweckmäßiger und nothwendiger ist, nicht nur in Rücksicht einer jeden künftigen Berufs-Bestimmung (und ein geschickter Schreiber und Rechner wird sich allezeit eher in der Welt forthelfen, als ein blos geschickter Leser); sondern auch als unentbehrlicheres Hülfsmittel während der Jugendausbildung selbst. *Das durch mündlichen Unterricht Gelernte oder das Selbstbeobachtete und Gedachte niederschreiben, ist nicht nur eins der solidesten und unschädlichsten Mittel zur Ausbildung des Verstandes; sondern auch eine der nützlichsten Selbstbeschäftigungen, auf die immer der Erzieher sehr zu denken hat* (André, Christian Carl (1793): Erstes Lehrbuch des Zeichnens, Schreibens, Lesens, Rechnens, der französischen und Muttersprache. Zum Gebrauch für Lehrer der Kinder aus gebildeten Ständen. Mit 11 Kupfertafeln. Gotha, Halle: Johann Jakob Gebauer, S. 691, zit. nach: Büttner 2015, 150, Hervorhebung K.L./K.S.).

Die historische Entwicklung von Schrift und Schriftlichkeit, die darauf bezogenen Praktiken im Umgang mit Schrift, wie sie den Schreibunterricht kennzeichnen, ebenso wie Umbrüche und Paradigmenwechsel im Bildungssystem zeigen, dass Schreiben und Textproduktion als literale Praxis gesellschaftlichen und kulturellen Leitkonzepten unterliegt (vgl. Ludwig 2005).

Den verschiedenen Schreibpraxen, denen wir in diesem Buch begegnen werden, liegen immer unterschiedliche Konzeptionen von Schreiben zugrunde. So ist, um einige Ergebnisse vorwegzunehmen, die antike Konzeption von Schreiben durch die Buchstabenproduktion geprägt (Kapitel 1), die frühe mittelalterliche durch die Produktion von Wörtern und die Anfertigung von Manuskripten (Kapitel 2), die späte mittelalterliche durch die Produktion von Texten (Kapitel 3). Die entscheidenden und den Wandel prägenden

Veränderungen gehen steht von neuen Konzepten aus und schlagen sich in ihren nieder (Ludwig 2005, 7).

Historische Zugriffe erlauben eine differenzierte Einschätzung von Schreiban-forderungen und literalen Konzepten, Übergänge lassen sich dann weniger als individuelle Herausforderungen und mehr als gesamtgesellschaftliche Aufgaben und Ideen begreifen. Die Veränderung solcher Ideen und Aufgaben verdeutlicht, dass Schreiben und Textproduktion keine einheitlichen, stabilen Konzepte sind, sondern von den Kontexten abhängen, in denen sie (unterschiedlich) gebraucht werden. Mit Blick auf diese Kontextveränderungen führt Feilke (2006) aus, dass nicht das Schriftsystem allein Gebrauchsformen nahelegt, sondern dass die Her-ausbildung je spezifischer kultureller Praktiken den Umgang bestimmt:

> Unter dem kulturellen Aspekt wichtig ist aber auch, dass das Vorhandensein und der Gebrauch von Schrift nicht an sich schon bestimmte Verhaltenskonsequenzen, sprach-liche und kognitive Konsequenzen haben. Diese hängen vielmehr immer von den kul-turell vermittelten Gebrauchsweisen, den „literalen Praktiken" (Barton 1993), ab. Erst in Abhängigkeit davon entwickeln sich unterschiedliche Werte, Interessen und kognitive Schemata des Umgangs mit der Schrift (Feilke 2006, 18).

Konzepte von Schriftlichkeit, Schreiben und Textproduktion sind (historisch und kulturell) wandelbar. Sie markieren Übergänge. Dabei variieren Vorstellungen zur Funktion von Schriftlichkeit und Schreiben nicht nur historisch und in Abhän-gigkeit von kulturspezifischen und gesellschaftlichen Voraussetzungen, sondern auch disziplinär, d.h. mit Blick auf das Verständnis, das einzelne Fächer für den Umgang mit Schriftlichkeit und Texten entwickeln. Feilke (2006) führt an:

> Zur Frage, was Schriftlichkeit eigentlich ist und was an ihr im Blick auf Bildungsprozesse das wichtige und Relevante ist, gibt es wissenschaftlich verschiedene Vorstellungen und Antworten. Man denke etwa an den Textbegriff in der Theologie oder der Rechtswissen-schaft oder den Schriftbegriff in der Kalligraphie, der Kunst des „schönen" Schreibens. Es gibt sehr unterschiedliche disziplinäre Kulturen des Nachdenkens über Schrift und Schriftlichkeit, die zum großen Teil auch gar nicht im Gespräch miteinander stehen (ebd., 13).

Schreiben als Knowledge Transforming

In einem ebenfalls weiten und eher losen Verständnis bedingt Schreiben und Textproduktion häufig die Aneignung und Erweiterung des eigenen Wissens. Angesprochen ist die sog. epistemische Funktion des Schreibens: Schreiben markiert einen Übergang zu einem neuen Wissensstand, der im Schreiben ent-steht. Gegenüber einem einfachen Knowledge Telling kann das Schreiben zu einem Prozess des *Knowledge Transforming* geraten (Bereiter/Scardamalia 1987).

Schreiben und Textproduktion, so lässt sich mit Eigler (1985) und Molitor-Lübbert (2002) ausführen, ist ein geeignetes Medium des Denkens, über das sich Gedanken generieren und ausbauen und Erkenntnisse in neuer Qualität gewinnen lassen. Damit schafft Schreiben auf ganz andere Weise Übergänge, damit ist Schreiben ein permanenter Übergang zu Gedanken und Wissen, die erst im Schreibprozess verfertigt und dann gewusst werden. Insofern ist der eben bereits zitierte Gedanke von André von 1793, dass das „durch mündlichen Unterricht Gelernte oder das Selbstbeobachtete und Gedachte" niedergeschrieben werden sollte, weil es „eins der solidesten und unschädlichsten Mittel zur Ausbildung des Verstandes" ist, ein ziemlich moderner Gedanke, der das Schreiben als Lernmedium begreift. Diese Übergänge zu etwas Neuem, noch nicht Gedachtem und Gewusstem, die, so könnte man mit Steinhoff argumentieren, „aus dem medial-konzeptionellen Anforderungs- und Ermöglichungsprofil des Schreibens" (Steinhoff 2014, 331) erwachsen, machen das Schreiben und die Textproduktion zu einem besonderen Medium, das „ein einzigartiges Potential für verschiedenartige Prozesse der Aneignung von Weltwissen, Sprachwissen und metakognitivem Wissen" eröffnet (ebd.).

Dieser Gedanke des Übergangs und Aufbruchs zu etwas Neuem, noch nicht Durchdrungenem und Unverplantem sei abschließend durch ein Zitat der Schriftstellerin Christine Nöstlinger festgehalten, die in einem Interview darlegt, wie das Schreiben einer Geschichte vor sich gehen kann:

> Es gibt Bücher, die schreibt man halt so gut, wie man alles mögliche sonst noch erledigt. Und ist dann halbwegs stolz darauf. Und dann gibt es die andere Art, Bücher zu schreiben. „Hugo" gehört hierzu. Das war für mich schon deshalb aufregend, weil ich unheimlich gern schreibe, ohne daß ich weiß, wie es weitergehen wird. Und da muss man sich natürlich sehr viel mehr Zeit lassen. Man fängt eine Geschichte an und schreibt immer weiter. Und durch irgendwelche Zufälle, die sich sprachlich oft ergeben, kommt man auf ein Nebengleis und auf noch ein Nebengleis und auf noch ein Nebengleis. Doch wenn man Glück hat, dann rundet sich die Geschichte doch noch. Und wenn man kein Glück hat, schmeißt man alles wieder hin – und fängt aufs neue an. Es ist also die zunächst für mich spannende Frage: Geht's weiter? Und wenn ja: Wie?
> (Nöstlinger 1996, 22)

3 Überblick über die Beiträge des Bandes

Sind Übergänge einerseits empirisch schwer zu fassen, so sind sie andererseits wie erwähnt ein reger Untersuchungsgegenstand der letzten Jahre – und des aktuellen Diskurses, wie die Beiträge in diesem Band zeigen. Der Band versammelt Überblicksbeiträge, empirische Studien in unterschiedlichen Schreibkontexten wie auch didaktische Konzepte der Anbahnung von Übergängen und Gestaltung entsprechender Lehr- und Lernprozesse. Die Beiträge perspektivieren Fragen des Übergangs in unterschiedlicher Weise. Der Schwerpunkt liegt auf Übergängen, die durch einen institutionellen Wechsel bestimmt sind. Gleichzeitig beziehen sich einzelne Beiträge auch auf Übergänge ganz anderer Art, nämlich solche, die stärker auf mediale oder sprachliche Wechsel und Umbrüche beim Schreiben zurückzuführen sind.

Die folgenden Ausführungen liefern einen Überblick über die Beiträge und machen deutlich, in welcher Weise *Schreiben im Übergang* und *Übergänge im Schreiben* und zu einer zwar losen, aber produktiven Denkkategorie werden können.

Wenn man sich für Übergangsphänomene und Übergangsprozesse beim Schreiben zwischen Bildungsinstitutionen interessiert, dann kann es relevant sein, sich zu fragen, wie oft, worüber und wann überhaupt in entsprechenden Lernkontexten geschrieben wird. Darüber wissen wir bisher wenig, weil eher selten direkt in den Unterricht geschaut wird. **Maik Philipp** übernimmt es in seinem Beitrag, vorliegende Studien zu sichten und mit Blick auf genau diese Fragen zu bilanzieren. Mit dem Titel „Schreibunterricht in und zwischen den Bildungsetappen des Schulsystems – Übergänge oder Sollbruchstellen? Ein (internationaler) Forschungsüberblick" deutet sich bereits an, dass wir häufiger von Sollbruchstellen als von gestalteten, fließenden Übergängen ausgehen müssen. Die Ausführungen stützen sich v. a. auf (Meta-)Studien aus dem anglo-amerikanischen Raum. Sie belegen unter vielen anderen interessanten Befunden einen ernüchternd geringen Anteil tatsächlicher Schreibpraxis im Unterricht. Dass auf diese Weise Übergänge zwischen Bildungsetappen problematisch werden, versteht sich fast von selbst. Umgekehrt, und das zeigt der Beitrag mit Bezug auf internationale Studien ebenso deutlich, haben wir im deutschsprachigen Raum mehr oder weniger kaum Studien, die in vergleichbarer Weise ermitteln, was und wie viel tatsächlich im Unterricht geschrieben wird.

Christoph Bräuer, Melanie Brinkschulte und **Robert Halagan** konzentrieren sich in ihrem Beitrag auf den *institutionellen Übergang von der Schule zur Hochschule*. Das Schreiben im Seminarfach an niedersächsischen Gymnasien zielt auf die Ausbildung der Propädeutik von Schülerinnen und Schülern. So lernen diese beispielsweise einen ersten, längeren wissenschaftlichen Text zu planen, zu strukturieren, zu formulieren und zu gestalten. In einem Projekt an der Universität Göttingen werden Studierende ausgebildet, die im Rahmen ihres Forschungspraktikums Schülerinnen und Schüler bei dieser Schreibaufgabe begleiten und die Textarbeit anleiten. Die Vermittlung im Übergang von Schule zur Hochschule zeigt, dass diese Hilfestellung genutzt wird, aber auch erkennbar limitiert ist. Werden Hinweise zur konkreten Textgestaltung (Produktorientierung) von den

SchülerInnen aufgenommen, verbleiben Hinweise, die sich auf den komplexen Arbeitsprozess beziehen (Prozessorientierung) eher wirkungslos. Wie sich ein solches Ergebnis erklären lässt und welche Konsequenzen daraus für die Gestaltung der Propädeutik an Schulen zu ziehen sind, wird in dem Beitrag an Befunden aus verschiedenen Kooperationen exemplifiziert.

Dass sich auch Textsorten als Produkte des Schreibens im Übergang befinden können, zeigt **Andreas Seidler** am Beispiel der *Rezension*. Didaktisch nimmt die Rezension als Textsorte eine Schnittstellenfunktion wahr. Sie ist Gegenstand des schulischen Curriculums und hat ebenso im hochschulischen Bereich einen festen Platz. Mit ihr werden also vor allem auch didaktische Potentiale der Vermittlung einschlägiger Schreibkompetenzen verbunden. Gleichzeitig unterliegt die Textsorte einem gravierenden Umbruch, der mit dem Aufkommen neuer Schreib- und Kommunikationsformate im Netz begründet ist: „Die technischen Möglichkeiten des Web 2.0", so Seidler in seinem Beitrag, „bieten heute die Grundlage dafür, dass allerorten kulturelle und andere Produkte von jedermann und jederfrau rezensiert werden können. Das Schreiben von Rezensionen ist somit Teil des Privatlebens als Bürgerin, Leser, Konsumentin etc. geworden". Der Autor plädiert dafür, die Rezension in ihrer Brückenfunktion zwischen privatem Schreiben und (hoch-) schulischem Erwerb ernst zu nehmen.

Ines Lammertz und **Heidrun Heinke** Überlegungen zum Schreiben von Ingenieurstudierenden sind auf eine spezifische Domäne gerichtet und beschreiben *Übergänge innerhalb der Institution*. Ausgehend von der Unterscheidung der akademischen Textkompetenzen im engeren Sinne, das Schreiben eigener wissenschaftlicher Texte, und der Textkompetenzen im weiteren Sinne, das Beurteilen anderer wissenschaftlicher Texte, entwickeln und erproben sie ein Testinstrument für angehende WissenschaftlerInnen. Lammertz und Heinke gehen davon aus, dass beide Teilkompetenzen eng ineinandergreifen. Ihr Testinstrument, ein aufbereiteter wissenschaftlicher Text sowie ein Ratingbogen, müssen allerdings nicht auf Ingenieurstudierende beschränkt sein, sondern lassen sich entsprechend modifiziert auch für andere Disziplinen nutzen.

Die Rolle und das Potential von Selbstreflexion als Voraussetzung für die Professionalisierung von SchreiberInnen machen **Carmen Heine** und **Dagmar Knorr** zum Gegenstand einer systematischen Betrachtung. Damit stehen Fragen des Übergangs mit Blick auf eine bessere und gezielte Vorbereitung im Umgang mit neuen Schreibanforderungen im Fokus, die Zielgruppe bilden dabei diejenigen, die ihrerseits professionell mit der Betreuung von schriftlichen Arbeiten betraut sind. Gestützt auf zwei Forschungsprojekte, die die Entwicklung von Maßnahmen zur Förderung und die empirische Überprüfung akademischer Textkompetenz zum Gegenstand haben, wird in dem Beitrag ein komplexes, mehrfach erprobtes methodisches Design vorgestellt, das den Beteiligten einen bewussteren Zugang zum eigenen Schreibhandeln verschaffen möchte. Anhand einer Fallstudie zeigen die Autorinnen, wie über verschiedene Ansätze der Reflexion dieses Schreibhandelns ein stärkeres Bewusstsein der Anforderungen im Textproduktionsprozess hervorgebracht und zum Ausgangspunkt professionelleren Handelns werden kann.

In einer ähnlichen, aber anderen Weise wie bei Heine und Knorr stehen auch in dem Beitrag von **Jacqueline van Kruiningen** and **Robin de Boer** Selbststeuerungskonzepte beim Schreiben im Blickpunkt. Unter dem Titel „Writing about professional writing. Students' metacognitive awareness with regard to professional writing tasks" beschreiben die AutorInnen ein im Studium verankertes Konzept, das Studierende auf berufliche Schreibanforderungen vorbereiten soll und dabei die Rolle metakognitiven Wissens und metakognitiver Strategien zum Ausgangspunkt der didaktischen Überlegungen macht. Ähnlich, wie in dem Projekt von Heine und Knorr gezielt Selbstreflexionen veranlasst werden, werden auch die Studierenden in dem Projekt von van Kruiningen und de Boer aufgefordert sog. „metawriting tasks" zu bearbeiten, die die Arbeit an „professional writing tasks" begleiten. Auf diese Weise soll den Beteiligten stärker bewusst werden, was von ihnen verlangt wird bzw. wo sie selbst eigene Stärken und auch Handlungsbedarf sehen.

Einen Blick auf das *schulische Übergangssystem* wirft **Lilo Dorschky** in ihrem Beitrag. Dorschky beschreibt das Berufsvorbereitungsjahr als schulische Übergangsphase, die idealerweise in eine berufliche Ausbildung oder auch einen weiteren schulischen Abschluss mündet. Das Berufsvorbereitungsjahr ist Bestandteil der berufsbildenden Schulen und an Berufsschulen angesiedelt. Es wird von Jugendlichen besucht, die noch berufsschulpflichtig sind aber noch keinen Ausbildungsvertrag haben oder in einem Arbeitsverhältnis stehen. Die schulischen Angebote begreift Dorschky entsprechend als kompensatorische Lernangebote, die sich vor allem auf basale Lese- und Schreibfähigkeit beziehen. Dass die Vermittlung aber immer auch von der sozialen Situation der Lernenden bestimmt ist, wird am Beispiel der Schulmüdigkeit und des Verständnisses der Jugendlichen in der sozialen Hierarchie der Berufsschule ganz unten zu stehen konkretisiert.

In welcher Weise die Digitalisierung der Medien zu veränderten Produktions- und Rezeptionsgewohnheiten führen, zeigen **Daniel Perrin** und **Aleksandra Gnach** anschaulich in ihrem Beitrag. Überschrieben als *Übergang vom fokussierten zum beiläufigen Schreiben* führen die Autoren Beispiele aus drei Forschungsprojekten journalistischer Nachrichtenproduktionen vor. Beiläufiges Schreiben, das neben das fokussierte Schreiben gerückt ist, zeichnet sich dadurch aus, dass es fortwährend und an verschiedenen Orten stattfinden, zugleich spontan und dialogisch erfolgen kann. Perrin und Gnach beschreiben die beobachtbaren Veränderungen als Medien- und Berufsrollenwandel. Vormals getrennte Zuständigkeiten und Abläufe fallen zusammen und evozieren weitere Veränderungsprozesse. Unter *Leichter Sprache* wird eine spezifische Sprachvarietät verstanden, die Zugang zu schriftlichen Texten und damit gesellschaftliche Partizipation für Rezipienten ermöglichen soll, die konzeptionelle Schriftlichkeit als Hürde empfinden. Das Phänomen Leichte Sprache kann daher im Sinne eines *Übergangsphänomens* verstanden werden, das bei sprachlicher Reduktion inhaltlichen Transfer ermöglichen soll. Bislang sind Praktiken leichter Sprache wenig beschrieben oder auch linguistisch aufbereitet worden. **Bettina Bock** zieht in ihrer Arbeit eine solche Beschreibungsebene ein und fragt zugleich, welcher Schreib- und Produktionsstrategien es bedarf, um Text in leichter Sprache zu formulieren – und damit Übergänge zu schaffen!

Literatur

Abraham, Ulf/ Baurmann, Jürgen/ Feilke, Helmuth (2015): Materialgestütztes Schreiben. In: Praxis Deutsch 251, 4–12

Allemann-Ghionda, Cristina/ Terhart, Ewald (Hrsg.) (2006): Kompetenzen und Kompetenzentwicklung von Lehrerinnen und Lehrern. Ausbildung und Beruf. Weinheim u. a.: Beltz

Augst, Gerhard/ Disselhoff, Katrin/ Henrich, Alexandra/ Pohl, Thorsten/ Völzing, Paul-Ludwig (2007): Text-Sorten-Kompetenz. Eine echte Longitudinalstudie zur Entwicklung der Textkompetenz im Grundschulalter. Frankfurt/Main u. a.: Lang [Theorie und Vermittlung der Sprache; 48]

Beaufort, Anne (2005): Adapting to New Writing Situations. How Writers Gain New Skills. In: *Jakobs, Eva-Maria/ Lehnen, Katrin/ Schindler, Kirsten* (Hrsg.): Schreiben am Arbeitsplatz. Wiesbaden: Verlag für Sozialwissenschaften [Schreiben – Medium – Beruf; 1], 201–216

Bereiter, Carl/ Marlene Scardamalia (1987): The Psychology of Written Composition. Hillsdale NJ: Erlbaum

Bildungsstandards im Fach Deutsch für den Primarbereich, Kultusministerkonferenz 2004 <http://www.kmk.org/fileadmin/Dateien/veroeffentlichungen_beschluesse/2004/2004_10_15-Bildungsstandards-Deutsch-Primar.pdf> (01.08.2016)

Bildungsstandards im Fach Deutsch für die Allgemeine Hochschulreife, Kultusministerkonferenz 2012. <http://www.kmk.org/fileadmin/Dateien/veroeffentlichungen_beschluesse/2012/2012_10_18-Bildungsstandards-Deutsch-Abi.pdf> (01.08.2016)

Büttner, Peter O. (2015): Schreiben lehren um 1800. Hannover: Wehrhahn

Eigler, Gunther (1985): Text verarbeiten und Text produzieren. Entwicklungstendenzen angewandter kognitiver Wissenschaft. In: Unterrichtswissenschaft 13, 301–318

Feilke, Helmuth (2006): Literalität: Kultur, Handlung, Struktur. In: Argyro Panagiotopoulou/ Monika Wintermeyer (Hrsg.): Schriftlichkeit interdisziplinär – Voraussetzungen, Hindernisse und Fördermöglichkeiten. Frankfurt/Main: Johann Wolfgang Goethe-Universität [Frankfurter Beiträge zur Erziehungswissenschaft. Kolloquien; 11], 13–30

Feilke, Helmuth/ Lehnen, Katrin/ Rezat, Sara/ Steinmetz, Michael (2016, im Druck): Materialgestütztes Schreiben lernen. Konzepte – Aufgaben – Kopiervorlagen. Braunschweig: Schroedel

Feilke, Helmuth/ Köster, Juliane/ Steinmetz, Michael (Hrsg.) (2012): Textkompetenzen in der Sekundarstufe II. Freiburg: Fillibach/ Klett

Feilke, Helmuth/ Lehnen, Katrin (Hrsg.) (2012): Schreib- und Textroutinen. Theorie, Erwerb und didaktisch-mediale Modellierung [Reihe: Forum Angewandte Linguistik, 52], Frankfurt/Main u. a.: Peter Lang Verlag

Feilke, Helmuth/ Steinhoff, Torsten (2003): Zur Modellierung der Entwicklung wissenschaftlicher Schreibfähigkeiten. In: *Ehlich, Konrad/ Steets, Angelika* (Hrsg.): Wissenschaftlich schreiben – lehren und lernen. Berlin u. a.: de Gruyter, 112–128

Hicks, Troy/ Perin, Daniel (2014): Beyond single modes and media: Writing as an ongoing multimodal text production. In: *Eva-Maria Jakobs/ Daniel Perrin* (Hrsg.): Handbook of Writing and Text Production. New York u. a.: de Gruyter [De Gruyter Handbooks of Applied Linguistics Series; 10], 231–253

Huppert, Annette/ Abs, Hermann Josef (2013): Profession, Professionalisierung und Professionalität im Lehrerberuf. In: *Hufer, Klaus Peter/ Richter, Dagmar* (Hrsg.): Politische Bildung als Beruf. Verständnisse und Forschungen. Bonn [Bundeszentrale Politische Bildung], 65–80

Jakobs, Eva-Maria (2008): Berufliches Schreiben. Ausbildung, Training, Coaching. Überblick zum Gegenstand. In: *Jakobs, Eva-Maria/ Lehnen, Katrin* (Hrsg.): Berufliches Schreiben. Ausbildung, Training, Coaching. Frankfurt u. a. Main: Lang, 1–14

Jakobs, Eva-Maria/ Knorr, Dagmar/ Molitor-Lübbert, Sylvie (Hrsg.) (1995): Wissenschaftliche Textproduktion. Mit und ohne Computer. Frankfurt/Main u. a.: Lang [Textproduktion und Medium]

Jakobs, Eva-Maria/ Knorr, Dagmar (Hrsg.) (1997): Schreiben in den Wissenschaften. Frankfurt/Main u. a.: Lang [Textproduktion und Medium; 1]

Kerncurriculum gymnasiale Oberstufe für das Fach Deutsch, Hessisches Kultusministerium. <https://kultusministerium.hessen.de/sites/default/files/media/
kcgo-d.pdf> (01.08.2016)

Kissling, Walter (2006): Einleitung: Über einige aktuelle Rahmenbedingungen
wissenschaftlichen Schreibens im Studium. In: *Kissling, Walter/ Perko, Gudrun*
(Hrsg.): Wissenschaftliches Schreiben in der Hochschullehre. Reflexionen,
Desiderate, Konzepte. Innsbruck: Studienverlag, 7–24

Kruse, Otto (2014): Schreibkompetenz zwischen Schule und Hochschule. In: ide –
Informationen zur Deutschdidaktik 4, 35–46

Lehnen, Katrin (2008): Kommunikation im Lehrerberuf. Schreib- und medien-
spezifische Anforderungen. In: *Jakobs, Eva-Maria/ Lehnen, Katrin* (Hrsg.):
Berufliches Schreiben. Ausbildung, Training, Coaching. Frankfurt a. Main:
Lang [Textproduktion und Medium; 9], 83–102

Lehnen, Katrin/ Schindler, Kirsten (2010): Berufliches Schreiben als Lernmedium
und -gegenstand. Überlegungen zu einer berufsbezogenen Schreibdidaktik in
der Hochschullehre. In *Pohl, Thorsten/ Steinhoff, Torsten* (Hrsg.): Textformen
als Lernformen. Duisburg: Gilles & Francke [KoeBes; 7], 233–256

Ludwig, Otto (2005): Geschichte des Schreibens. Band 1. Von der Antike bis zum
Buchdruck. Berlin: de Gruyter

Molitor-Lübbert, Sylvie (2002): Schreiben und Denken. Kognitive Grundlagen
des Schreibens. In: *Perrin, Daniel/ Böttcher, Ingrid/ Kruse, Otto/ Wrobel, Arne*
(Hrsg.): Schreiben. Von intuitiven zu professionellen Schreibstrategien. Wiesbaden: Westdeutscher Verlag, 47–62

Nöstlinger, Christine (1996): Geplant habe ich gar nichts. Aufsätze – Reden – Interviews. Wien: Dachs

Poe, Mya/ Scott, Mary (2014): Learning domains: Writing as lifelong learning. In:
In: *Jakobs, Eva-Maria/ Perrin, Daniel* (Hrsg.): Handbook of Writing and Text
Production. New York u.a.: de Gruyter [De Gruyter Handbooks of Applied
Linguistics Series; 10], 333–358

Pohl, Thorsten (2007): Studien zur Ontogenese wissenschaftlichen Schreibens.
Tübingen: Niemeyer

Schindler, Kirsten (2016a/im Druck): Schreiben in Studium und Beruf. In: journal
für lehrerInnenbildung.

Schindler, Kirsten (2016b/im Druck): Studium und Beruf. In: *Becker-Mrotzek,
Michael/ Grabowski, Joachim/ Steinhoff, Torsten* (Hrsg.): Forschungshandbuch
empirische Schreibdidaktik. Münster: Waxmann

Schindler, Kirsten (2014): (Schrift-)Sprachliche Kompetenz. (Vor-)Wissenschaft-
liches Schreiben lernen und lehren am Beispiel der Facharbeit. In: ide – Informationen zur Deutschdidaktik 4, 78–88

Schindler, Kirsten/ Siebert-Ott, Gesa (2012): Textkompetenzen im Übergang Oberstufe – Universität. In: *Feilke, Helmuth/ Köster, Juliane/ Steinmetz, Michael* (Hrsg.): Textkompetenzen in der Sekundarstufe II. Freiburg: Fillibach bei Klett, 151–178

Schründer-Lenzen, Agi (2008): Schriftspracherwerb und Unterricht. Bausteine professionellen Handlungswissens. 3. Aufl. Wiesbaden: Verlag für Sozialwissenschaften

Schüler, Lisa/ Lehnen, Katrin (2014): Anbahnung wissenschaftlicher Schreib- und Textkompetenz in der Oberstufe. Textkonzeption und -komposition bei materialgestützten Schreibaufgaben. In: *Bachmann, Thomas/ Feilke, Helmuth* (Hrsg.): Werkzeuge des Schreibens. Beiträge zu einer Didaktik der Textprozeduren. Stuttgart: Fillibach bei Klett, 223–246

Schüler, Lisa (2016/im Druck): Materialgestütztes Schreiben argumentierender Texte. Untersuchungen zu einem neuen wissenschaftspropädeutischen Aufgabentyp in der Oberstufe. Baltmannsweiler: Schneider Verlag Hohengehren [Thema Sprache – Wissenschaft für den Unterricht]

Steinhoff, Torsten (2007): Wissenschaftliche Textkompetenz. Sprachgebrauch und Schreibentwicklung in wissenschaftlichen Texten von Studenten und Experten. Tübingen: Niemeyer

Steinhoff, Torsten (2014): Lernen durch Schreiben. In: *Feilke, Helmuth/ Pohl, Thorsten* (Hrsg.): Schriftlicher Sprachgebrauch. Texte verfassen. Baltmannsweiler: Schneider Verlag Hohengehren [Deutschunterricht in Theorie und Praxis; 4], 331–346

Sturm, Afra/ Schneider, Hansjakob/ Lindauer, Nadja/ Sommer, Tim (2016): Schreibbezogenes Fachwissen bei Lehrpersonen im ersten Berufsjahr. In: *Krelle, Michael/ Senn, Werner* (Hrsg.): Qualitäten von Deutschunterricht – Empirische Unterrichtsforschung im Fach Deutsch. Stuttgart: Fillibach bei Klett, 139–161

Maik Philipp (Zürich)

Schreibunterricht in und zwischen den Bildungsetappen des Schulsystems

Übergänge oder Sollbruchstellen?
Ein (internationaler) Forschungsüberblick

Abstract: The acquisition of writing competencies requires a curriculum that pays attention to transitions within the educational system. However, little is known about the current writing instruction in different grades. This chapter presents the current state of international research regarding writing instruction in primary and secondary school. Four main points are emphasized and analyzed: a) the variety of texts pupils write, b) the duration of daily and accumulated writing instruction and pupils' writing time, c) the appearance of evidence-based practices and d) the professional preparation of writing instructors. Implications of the predominantly problematic findings are discussed.

1 Einführende Bemerkungen

Schreiben gilt als wichtig, und zwar in und außerhalb der Schule. In einer Studie mit Lehrpersonen der Jahrgangsstufen 9 bis 12 meinten beispielsweise mit 96 Prozent aller Befragten die Pädagogen nahezu unisono, man brauche das Schreiben später im Leben. Überraschend ist dabei, dass ein Viertel der Lehrpersonen bezweifelte, dass die Schule ausreichend auf die schreibbezogenen Anforderungen des späteren Alltags vorbereitete. Und: Nur knapp die Hälfte der Pädagogen fand, dass ihre Schüler ausreichend gut schreiben können (Kiuhara/Graham/Hawken 2009). Damit deutet sich eine Doppelproblematik hinsichtlich des ausbaufähigen Übergangs in puncto Schreiben und der Verantwortung der Schule an: Einerseits geht es um den Übergang von der Schule in die Tertiärbildung bzw. die berufliche Bildung, andererseits um die Übergänge von der Sekundarstufe I in die Sekundarstufe II.

An dieser Übergangsproblematik setzt das vorliegende Kapitel an. Ausgehend von einer kurzen Skizzierung der Bildungsstandards zum Schreiben als (Utopie vom) Soll-Zustand in Abschnitt 2 wird der Schreibunterricht im Sinne einer empirischen Bestandsaufnahme kartiert. Dabei werden im Abschnitt 3, dem Hauptteil des Kapitels, vier Bereiche systematisch zum Ist-Zustand aufbereitet:

1) Texte: Welche Texte schreiben Schüler laut Auskunft von Lehrpersonen?

2) Dauer: Wie umfangreich ist die Schreibzeit im Unterricht?

3) Inhalte: Welche Formen der evidenzbasierten Schreibförderung kommen im Unterricht vor?

4) Vorbereitung: Wie schätzen Lehrpersonen ihre Vorbereitung auf den Schreibunterricht selbst ein?

Das Kapitel endet mit einigen zusammenfassenden und ausleitenden Bemerkungen (Abschnitt 4).

2 Das bildungspolitisch gewünschte Soll: die Bildungsstandards Schreiben

Im Jahr 2004 hat die Ständige Konferenz der Kultusminister (KMK) der Länder in der Bundesrepublik Deutschland die Bildungsstandards im Fach Deutsch in verschiedenen Schulformen der Regelschulzeit bis zur Sekundarstufe I verabschiedet. Dieser historisch beispiellose Vorgang hat die Output-Orientierung des Bildungssystems sehr deutlich markiert und ist in fachdidaktischen Kreisen Gegenstand von Kontroversen. So beklagt etwa Feilke (2014, 7) die mangelnde „übersichtliche und fachtheoretisch fundierte Darstellung der Kompetenzziele", wobei letztere verbindlich regeln sollen, was Kinder und Jugendliche am Ende von einzelnen Bildungsetappen im Schulsystem erworben haben sollen. Diese im Kern positive Intention führte allerdings laut Feilke (ebd.) zu „fachlich kaum hierarchisierten, vielfach rein additiven Listen von Einzelstandards."

Die Bildungsstandards im Fach Deutsch für die Klassenstufe 4 und für die Klassenstufe 9 spezifizieren für die Domäne Schreiben Anforderungen in den drei Hauptprozessen des Schreibens: Planen, Schreiben, Überarbeiten. Diese drei Prozesse bilden das strukturierende Darstellungsprinzip in der Gegenüberstellung in Tabelle 1. Aspekte der Rechtschreibung sind bewusst ausgespart, weil Orthografie nicht mit Schreiben gleichzusetzen ist.

Tabelle 1: Gegenüberstellung der Bildungsstandards im Bereich Schreiben für
die Klassenstufe 4 und die Klassenstufe 9 (Hauptschule) (Quelle der
Bildungsstandards: Kl. 4: KMK 2004b, 11; Kl. 9: KMK 2004a, 12 f.)

Klassenstufe 4	Klassenstufe 9, Hauptschule
Texte verfassen	einen Schreibprozess eigenverantwortlich gestalten
a) Texte planen	
1) Schreibabsicht, Schreibsituation, Adressaten und Verwendungszusammenhang klären 2) sprachliche und gestalterische Mittel und Ideen sammeln: Wörter und Wortfelder, Formulierungen und Textmodelle	1) den Schreibauftrag verstehen 2) einen Schreibplan entwickeln 3) Informationsquellen nutzen: z. B. Bibliotheken, Nachschlagewerke, Zeitungen, Internet 4) Stoffsammlung erstellen, Informationen ordnen: z. B. Mindmap
b) Texte schreiben	
3) verständlich, strukturiert, adressaten- und funktionsgerecht schreiben: Erlebtes und Erfundenes; Gedanken und Gefühle; Bitten, Wünsche, Aufforderungen und Vereinbarungen; Erfahrungen und Sachverhalte 4) Lernergebnisse geordnet festhalten und auch für eine Veröffentlichung verwenden 5) nach Anregungen (Texte, Bilder, Musik) eigene Texte schreiben	5) gedanklich geordnet schreiben 6) formalisierte lineare Texte/nichtlineare Texte verfassen: z. B. sachlicher Brief, Lebenslauf, Bewerbungsschreiben, Ausfüllen von Formularen, Schaubild, Diagramm, Tabelle 7) grundlegende Schreibfunktionen umsetzen: erzählen, berichten, informieren, beschreiben, appellieren, argumentieren 8) produktive Schreibformen nutzen: z. B. umschreiben, weiterschreiben, ausgestalten 9) kreative Schreibformen nutzen: z. B. Figurengeschichten, Verwandlungsgeschichten, Schreiben zu Bildern 10) Inhalte verkürzt wiedergeben 11) wesentliche Informationen aus linearen und nichtlinearen Texten zusammenfassen 12) wesentliche Gestaltungsmittel untersuchen und darstellen 13) Argumente finden und formulieren 14) Argumente gewichten und Schlüsse ziehen 15) begründet Stellung beziehen 16) Texte sprachlich gestalten: strukturiert, verständlich und zusammenhängend schreiben 17) Texte mit Hilfe von neuen Medien verfassen: z. B. Textverarbeitungs- und Mailprogramme

Klassenstufe 4	Klassenstufe 9, Hauptschule
c) Texte überarbeiten	
6) Texte an der Schreibaufgabe überprüfen, 7) Texte auf Verständlichkeit und Wirkung überprüfen 8) Texte in Bezug auf die äußere und sprachliche Gestaltung und auf die sprachliche 9) Richtigkeit hin optimieren 10) Texte für die Veröffentlichung aufbereiten und dabei auch die Schrift gestalten	18) eigene und fremde Texte hinsichtlich Aufbau, Inhalt und Formulierungen revidieren 19) Verfahren zur Überprüfung der sprachlichen Richtigkeit kennen und nutzen

Betrachtet man den Tabellenkopf, wird der gestiegene Anspruchsgrad schon bei dem übergeordneten Ziel deutlich: Geht es in Klassenstufe 4 lediglich darum, *Texte zu verfassen*, wird von den Jugendlichen des formal niedrigsten Regelschulabschlusses verlangt, ihre *Schreibprozesse eigenverantwortlich zu gestalten*. Wie schwer das ist und wie viele Umwege und Lernerfahrungen selbst professionelle Schreiber dafür in Kauf nehmen, zeigt insbesondere die Expertiseforschung (Kellogg 2006). Lässt man die von Fachdidaktikern kritisierte Beliebigkeit der Einzelstandards außen vor, so kann man doch die gewünschten Fähigkeiten im Vergleich beider Altersgruppen als Hauptunterschied festhalten. Beispielsweise fehlen beim Planen in Klasse 4 noch die Nutzung der Schreibumgebung (Informationsquellen zur Recherche verwenden) und die Entwicklung von Schreibplänen oder einer geordneten Stoffsammlung. Was ebenfalls auffällt: die Ausweitung auf immer mehr Textsorten und Schreibanlässe, bei denen Hauptschuljugendliche handlungsfähig sein sollen, wie es etwa der Blick auf Standard Nr. 3 bei der Klasse 4 und die Nummern 6–11 in Klasse 9 zeigt.

Nimmt man probehalber an, der Unterricht sollte im Lichte dessen, was über Schreibkompetenz, deren Dimensionalität, Genese und Förderung bekannt ist (s. Philipp 2015 für einen Überblick), die Schreibkompetenz wie laut KMK gewünscht fördern, dann müsste der Schreibunterricht sowohl in der Primar- als auch in der Sekundarschule sehr in- und extensiv ausfallen. Insbesondere müsste ein solcher Schreibunterricht umfassend die Prozesse Planen, Schreiben und Überarbeiten fördern und fordern, mit diversen Textgenres/Schreibanlässen arbeiten, viel Schreibzeit ermöglichen und im besten Falle Schreiben als soziale Praxis etablieren. Mit diesem zugegeben hohen Soll-Vorstellungen zum Kompetenzerwerb im Schreiben lässt sich nun danach fragen, wie gut der gegenwärtige Schreibunterricht darauf vorbereiten kann.

3 Das Ist: Ein Blick auf den gegenwärtigen Schreibunterricht[1]

Mit der Frage nach dem Ist-Zustand des Schreibunterrichts wendet sich die Perspektive. Aus dem deutschsprachigen Raum liegen jedoch zum Ist-Zustand kaum Daten vor, schon gar nicht aktuelle. Deshalb sollen an dieser Stelle Befunde aus den USA konsultiert und vorgestellt werden, da hier ein Forschungsteam rund um den Psychologen und Schreibforscher Steve Graham ein Set von gleich mehreren Studien vorgelegt hat, die den Stellenwert, die Praktiken und die Inhalte des Schreibunterrichts über die gesamte Schulzeit zum Gegenstand hatten. Dabei dominierten Fragebogenstudien, also Selbstauskünfte. Die Ergebnisse dieser Studien werden, wo es der Forschungsstand erlaubt, durch weitere Befunde ergänzt, und zwar vornehmlich der „National Study of Writing Instruction". Aus Platz- und Komplexitätsgründen werden die Ergebnisse um vier inhaltlich zusammenhängende Bereiche herum gruppiert: Texte (3.1), Dauer (3.2), Inhalte (3.3) und Ausbildung (3.4).

Eine einleitende Bemerkung ist noch vor der Ergebnisdarstellung nötig. Wenngleich die Anforderungen und daraus (potentiell) resultierenden Übergangsprobleme für das deutsche Schulsystem bzw. den Schreibunterricht an deutschen Schulen dargestellt werden sollen, stützt sich die empirische Bestandsaufnahme zu den genannten Aspekten (Texte, Dauer, Inhalte sowie Vorbereitung) weitgehend auf Studien aus dem US-amerikanischen Forschungsraum. Dies hat den Grund, dass vergleichbare Studien für das deutsche Schulsystem bisher nicht vorliegen. Die Untersuchung der schulischen Schreibpraxis in Deutschland ist bisher überwiegend auf qualitative Einzelstudien bezogen und lässt nur bedingt Rückschlüsse auf allgemeine Tendenzen des Schreibunterrichts zu. Wenn also stellvertretend Studienergebnisse aus einem anderen Kulturraum herangezogen werden, dann erfolgt dies mit der gebotenen Vorläufigkeit und dem Hinweis, dass dieses große Forschungsdesiderat von der empirisch arbeitenden Schreibdidaktik dringend anzugehen ist.

3.1 Texte: Welche Texte schreiben Schüler laut Auskunft von Lehrpersonen?

Kaum erforscht ist derzeit, was die Schüler in der Schule konkret schreiben. Immerhin vier Studien haben dies genauer von Lehrpersonen einschätzen lassen. Die Daten in Tabelle 2 basieren auf den Auskünften von insgesamt knapp 840

---

1   Abschnitt 3 und Teile aus Abschnitt 4 wurden überwiegend aus Philipp (2016) übernommen.

Lehrpersonen verschiedener Fächer, die für jeden Schreibanlass bzw. für jede Textsorte separat angegeben haben, wie häufig er bzw. sie zum Einsatz kommt. Weil die Daten wegen unterschiedlicher Frageformate bzw. unterschiedlichen Antwortmöglichkeiten nicht immer direkt miteinander vergleichbar sind, wurden für die Darstellung die Häufigkeiten der (aggregierten) Nennungen zum ausschlaggebenden Kriterium gemacht. Unterschieden werden zwei Nennungen, die für dieses Kapitel aufsummiert wurden. Zum einen wurden *die mindestens monatlichen Nennungen* aufsummiert (also Nennungen bei „täglich", „mindestens wöchentlich", „mehrfach im Monat" und „mindestens monatlich"). Diese stehen zuerst und bilden in der absteigenden Reihenfolge das Ordnungsprinzip. Zum anderen wurden als Teilmenge ergänzend noch *die mindestens wöchentlichen Nennungen* (gekennzeichnet mit „w") ergänzend ausgewiesen, um besonders häufige Nennungen zusätzlich erkennbar zu machen. Zur Orientierung wurden schließlich jene Textsorten bzw. Schreibanlässe mit Zahlen in Kreisen versehen, die in mindestens zwei Untersuchungen vorgekommen sind und daher in mehreren Spalten auftauchen. Dadurch sollen Trends sichtbar gemacht werden

Tabelle 2: Die zehn häufigsten Schreibanlässe bzw. Textsorten in verschiedenen Klassenstufen (Quellen: Kl. 1–3 = Cutler/Graham 2008, Prozentangaben beziehen sich auf die im Schuljahr geschriebenen Textsorten; Kl. 4–6 = Gilbert/Graham 2010; Kl. 6–8 = Graham/Capizzi/Harris/Hebert/Morphy 2014; Kl. 6–8 = Kiuhara/Graham/Hawken 2009; für die Klassenstufen 4–12 gilt: Prozentangaben beziehen sich auf mindestens monatliche bzw. wöchentliche (gekennzeichnet mit „% w") Schreibaufträge; Angaben basieren auf den Aussagen von 838 Lehrpersonen)

Kl. 1–3	Kl. 4–6	Kl. 6–8	Kl. 9–12
Geschichten 96%	Kurzantworten 86% (66% w) ⑥	Kurzantworten 91% (77% w) ⑥	Kurzantworten 95% (82% w) ⑥
Ein Bild malen und dazu schreiben 95%	Arbeitsblätter ausfüllen 78% (44% w) ❷	Arbeitsblätter ausfüllen 89% (67% w) ❷	Schriftlich auf gelesene Texte reagieren 89% (72% w) ❸
Briefe an eine andere Person 89%	Schreibjournal 77% (61% w) ❶	Schriftlich auf gelesene Texte reagieren 81% (54% w) ❸	Arbeitsblätter ausfüllen 87% (72% w) ❷

Kl. 1–3	Kl. 4–6	Kl. 6–8	Kl. 9–12
Schreibjournal 87 % ❶	Schriftlich auf gelesene Texte reagieren 74 % (50 % w) ❸	Zusammenfassungen 74 % (48 % w) ❹	Zusammenfassungen 78 % (52 % w) ❹
Arbeitsblätter ausfüllen 86 % ❷	Notizen anfertigen 71 % (35 % w) ❼	Notizen anfertigen 72 % (35 % w) ❼	Liste 56 % (38 % w) ❺
Persönliche Berichte 80 %	Zusammenfassungen 70 % (16 % w) ❹	Liste 71 % (48 % w) ❺	Schreibjournal 54 % (44 % w) ❶
Schriftlich auf gelesene Texte reagieren 78 % ❸	Liste 56 % (27 % w) ❺	Beschreibung 62 % (32 % w) ❽	Anleitung 41 % (26 % w) ❿
Gedichte 75 %	Beschreibung 53 % (17 % w) ❽	Schreibjournal 54 % (44 % w) ❶	Text abschreiben 35 % (26 % w)
Zusammenfassungen 66 % ❹	Etwas vergleichen bzw. kontrastieren 52 % (19 % w) ❾	Etwas vergleichen bzw. kontrastieren 34 % (15 % w) ❾	Argumentative Texte 24 % (7 % w)
Liste 65 % ❺	Ursache und Wirkung darstellen 50 % (18 % w)	Anleitung 26 % (8 % w) ❿	E-Mails 23 % (16 % w)

Markant ist der *große Bruch zwischen dem Schreiben in den ersten drei Klassenstufen und den Folgeklassen*. Narrative Texte (auch persönliche Berichte ließen sich darunter fassen) und kommunikative Texte kommen in dieser starken Ausprägung ab Klassenstufe 4 nicht mehr vor. Dafür bilden dann das Ausfüllen von Arbeitsblättern, kurze schriftliche Antworten und das Schreiben von Listen eine dominante und zum Teil stark schulisch geprägte Form des Schreibens. In den Klassenstufen 4 bis 8 kommen Notizen, beschreibende und vergleichende Texte hinzu, in den Klassenstufen 6 bis 12 Anleitungen. Zudem wird das lesebezogene Schreiben in Form der Zusammenfassungen und der schriftlichen Reaktionen auf Gelesenes in den Klassenstufen 4 bis 12 immer bedeutsamer.

Noch verlässlichere Daten stammen aus einer bislang noch nicht berücksichtigten Studie, dem „National Writing Project" in den USA (Applebee/Langer 2011). In dieser Studie wurden 20 Sekundarschulen genauer untersucht, die hinsichtlich ihrer Schreibförderung einen exzellenten Ruf genossen. Genau dieses Image war auch Einschlusskriterium in der Untersuchung. Unter anderem wurden bei knapp 140 Jugendlichen sämtliche Schreibaufträge und Texte über einen Zeitraum von neun Wochen gesammelt und analysiert. Die etwas mehr als 8.500 Schreibaufträge wurden nicht nach Genres oder Textsorten ausgewertet, sondern danach, wie kognitiv anspruchsvoll die zugrundliegenden Schreibprozesse sein können. So interessierte man sich, wieviele lange Texte die Jugendlichen schrieben. Im Durchschnitt belief sich bei längeren Texten der Umfang auf 1,6 Seiten pro Woche im Englischunterricht sowie auf zusammengenommen 2,1 Seiten in den natur- und sozialwissenschaftlichen Fächern sowie Mathematik. Von allen gesammelten Schreibaufträgen erforderten lediglich 19 Prozent eine Textlänge von mindestens einem Absatz.

Damit lässt sich als eine erste empirische Tendenz festhalten: *Je älter die Heranwachsenden werden, desto kürzer werden die Texte und desto seltener schreiben die Schüler zu verschiedenen Anlässen.* Kurzantworten und Arbeitsblätter dominieren zusehends das schulische Schreiben, die wenig Planung und/oder Revision erfordern. Diese Fragebogendaten werden von mutmaßlich exzellenten Schreibschulen und den dort gesammelten sowie analysierten Schreibaufträgen gestützt. Gleichwohl zeichnet sich als zweite Tendenz ab, dass *das lesebezogene Schreiben (und damit implizit das Schreiben, um zu lernen) in seiner Bedeutung zunimmt, je älter die Schüler sind.*

3.2 Dauer: Wie umfangreich ist die Schreibzeit im Unterricht?

In dem im Abschnitt zuvor erwähnten „National Writing Project" interessierte sich das Forschungsteam auch für die Schreibzeit längerer Texte. Konkret wurden die neunwöchigen Unterrichtsbeobachtungen dahingehend analysiert, zu welchem Anteil der Unterrichtszeit die Jugendlichen Texte mit einer Länge von mindestens einem Absatz produzierten. Das war in den Middle Schools (bis Klassenstufe 8) bei neun Prozent der Unterrichtszeit der Fall und bei zwölf Prozent in den High Schools (Klassenstufen 9 bis 12; Applebee/Langer 2011). Erheblich geringer ist der Anteil, den ein US-amerikanischer Forscher bei Zehntklässlern über eine mehrtägige Beobachtung der Unterrichtszeit ermittelte (Fisher 2009). Hier waren magere zwei Prozent der Unterrichtszeit reine Schreibzeit, in der es wenig wahrscheinlich ist, längere Texte zu schreiben, die die Absatzgrenze überschreiten.

Wie es in jüngeren Jahrgangsstufen aussieht, hat man ebenfalls schon zu erforschen begonnen. Eine recht verbreitete Frage in Fragebogenstudien betrifft die mit Schreiben bzw. Schreibunterricht verbrachte Zeit, die Lehrpersonen für ihren eigenen Unterricht einschätzen sollten. Die Ergebnisse zur täglichen Zeit in Minuten aus Sicht von mehr als 600 Lehrpersonen aus vier Studien sind in Abbildung 1 zusammengetragen und umfassen die ersten acht Schuljahre. Zunächst zum *Schreibunterricht*: Der ist mit knapp 50 Minuten pro Tag in den Klassenstufen 1 bis 3 am umfangreichsten. Spezifische Nachfragen ergaben, dass Lehrpersonen schätzen, dass drei Viertel des Schreibunterrichts auf Textoberflächenmerkale wie Handschrift, Rechtschreibung sowie Grammatik entfallen, und dass das Planen und Revidieren als mental anspruchsvolle Prozesse bei einem Drittel des Unterrichts Gegenstand der Förderung sind (Cutler/Graham 2008). In den Klassenstufen 3 bis 6 fällt der tägliche Schreibunterricht mit einer Viertelstunde bereits erheblich kürzer aus. In den Klassenstufen 6 bis 8 ist mit geschätzten sieben Minuten nochmals erheblich weniger Zeit für den Schreibunterricht reserviert. Damit deutet sich aus den Daten ein deutlicher Rückgang an zwei Stellen an: nach den ersten beiden Schuljahren der Primarstufe zum einen und in der Sekundarstufe zum anderen.

Abbildung 1: Dauer des täglichen Schreibunterrichts und der täglichen (unterrichtlichen)
Schreibzeit von Schülern in verschiedenen Jahrgangsstufen (eigene
Darstellung; Quellen der Daten: Kl. 1–3 = Graham/Harris/Fink-
Chorzempa/MacArthur 2003; Kl. 3–4 = Brindle 2013; Kl. 4–6 =
Gilbert/Graham 2010, Kl. 6–8 = Graham/Capizzi/Harris/Hebert/Morphy
2014; Angaben basieren auf den Aussagen von 609 Lehrpersonen)

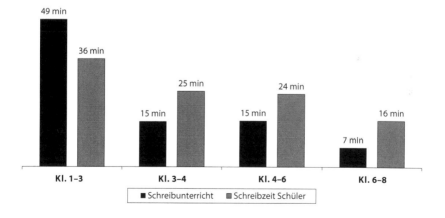

Was sich bei der Dauer des täglichen Schreibunterrichts sehr deutlich zeigt, setzt sich bei der täglichen *Schreibzeit der Schüler* als Muster fort, in der sie selbst etwas schreiben. In den Klassenstufen 1 bis 3 ist es eine gute halbe Stunde pro Tag. In einer weiteren Studie (Cutler/Graham 2008) schätzen Lehrpersonen derselben Klassenstufen ein, dass ihre Schüler täglich 21 Minuten lang Texte mit einer Mindestlänge von einem Absatz schreiben, also Texte, die mindestens ein wenig Planen erfordern. Wendet man sich den Zeiträumen der täglichen Schreibzeit in den Klassenstufen 3 bis 6 in Abbildung 1 zu, ist die tägliche Schreibzeit geringer und beläuft sich auf 24 bzw. 25 Minuten. In den Klassenstufen 6 bis 8 bleibt dann nur noch eine Viertelstunde täglicher Schreibzeit.

Warum sind die rückläufigen Zeiten im Laufe der Schulzeit ein Problem? Das wird ersichtlich, wenn man die Expertiseforschung als wichtigem Vorläufer der Kompetenzforschung konsultiert. Aus der Expertiseforschung stammt die Annahme, dass man für echte Expertise – also hohe Könnerschaft – in verschiedenen Domänen rund zehn Jahre Zeit bzw. 10.000 Stunden absichtsvollen Übens benötigt; Amateure hingegen weisen nur etwa 1.500 Stunden des Übens auf (Kellogg 2008). Unter dieser Perspektive des Kompetenzerwerbs interessiert, wie sich die täglichen Zeiten aus Abbildung 1 kumulieren lassen, um so einen zumindest simulierten Gesamtumfang der mit Schreiben bzw. Schreibförderung verbundenen Zeit von der ersten bis zur achten Klasse abschätzen zu können. Das Ergebnis einer solchen Berechnung ist in Tabelle 3 festgehalten (s. die Tabellenbeschriftung für einige Details zur Berechnung).

Tabelle 3: Kumulierte Schreibunterrichtszeit und Schreibzeit in verschiedenen Klassenstufen (gerundete Werte; Basis: eigene Berechnungen mit der Annahme von 200 Schultagen pro Schuljahr; * für die Klassenstufen 1–3, 4–6 sowie 6–8 wurde wegen der Überlappungen der vier Studien zwei Drittel als Berechnungsgrundlage genommen, sodass aus jeder Studie ein Intervall von genau zwei Jahren rechnerisch zugrunde gelegt wurde; # Rundungsfehler)

	Kl. 1–3 [Kl. 1–2]*	Kl. 3–4	Kl. 4–6 [Kl. 5–6]*	Kl. 6–8 [Kl. 7–8]*	Summe Kl. 1–8
Schreibunterricht in Stunden	109	50	34	14	208#
Schreibzeit Schüler in Stunden	80	84	54	34	253#
Summe	189	135#	88	49#	461

In der Tabelle 3 zeigt sich deutlich der Rücklauf der Schreib(unterrichts)zeit. Will man die pro Schuljahr mutmaßlich genutzte Zeit für das Schreiben bzw. den Schreibunterricht benennen, muss man die Stundenzahlen aus der Tabelle 3 noch halbieren, sodass im besten Fall knapp 55 Stunden Schreibunterricht pro Schuljahr zu Schulbeginn und 42 Stunden Schreibzeit am Ende der Grundschule unterstellt werden können. Am Ende des Untersuchungszeitraums sind es dann noch rechnerisch sieben Stunden Schreibunterricht und 17 Stunden unterrichtlichen Schreibens pro Schuljahr. Zusammengenommen ergeben sich bei dem simulierten Längsschnitt zum einen etwas mehr als 200 Stunden reiner Schreibunterricht über acht Schuljahre (das entspricht knapp neun Tagen Zeit im Gesamt). Zum anderen kommt man auf etwas mehr als 250 Stunden Schreibzeit (zehneinhalb Tage). Zusammengenommen beläuft sich die Bilanz auf rund 460 Stunden und damit etwas mehr als 19 Tage mit Schreibunterricht konfrontierter und mit Schreiben verbrachter Zeit.

3.3 Inhalte: Welche Formen der evidenzbasierten Schreibförderung kommen im Unterricht vor?

Die beiden Abschnitte zuvor zeigen, dass zum einen das schulische Schreiben Transformationen bzw. Übergängen bei den Textsorten und Schreibanlässen unterliegt und dass zum anderen die Schreibzeit und die Dauer des Schreibunterrichts rückläufig sind. Damit spielt der geringe Umfang des Schreibens den Textsorten insofern in die Hände, als die dominanten Textsorten – Arbeitsblätter und Kurzantworten – nicht viel Zeit zum Schreiben einfordern. Angesichts der rückläufigen Schreibunterrichtszeit (von Klassenstufe 1 bis 8) stellt sich die Frage, welche Inhalte realistisch und empirisch im Unterricht vorkommen (s. hierfür überblicksartig Philipp 2015). Für die Antwort auf diese Forschungsfrage wurden die Selbstauskünfte von fast 1.000 Lehrpersonen in Tabelle 4 verarbeitet. Die Tabelle ist ähnlich sortiert wie die zehn häufigsten Schreibanlässe bzw. Textsorten in verschiedenen Klassenstufen aus Tabelle 2 im Abschnitt 3.1.

Tabelle 4: *Die zehn häufigsten Fördermaßnahmen im regulären Schreibunterricht (Angaben: mindestens monatlich vorkommende Maßnahmen nebst wöchentlichem Vorkommen (in Klammern mit „w"); eigene Darstellung; Quellen: Kl. 1–3 = Cutler/Graham 2008; Kl. 3 = Brindle 2013; Kl. 4–6 = Gilbert/Graham 2010; Kl. 6–8 = Graham/Capizzi/Harris/Hebert/Morphy 2014; Kl. 9–12 = Kiuhara/Graham/Hawken 2009; Angaben basieren auf den Aussagen von 985 Lehrpersonen)*

Kl. 1–3	Kl. 3–4	Kl. 4–6	Kl. 6–8	Kl. 9–12
Rechtschreibung vermitteln 100 % (100 % w) (0)	Planungsstrategien vermitteln 97 % (71 % w) (5)	Bekräftigen 98 % (76 % w) (9)	Bekräftigen 87 % (55 % w) (9)	Direkte Vermittlung 71% (45 % w)
Zeichensetzung unterrichten 98 % (82 % w) (1)	Spezifische Schreibziele für die Aufgabe festlegen 97 % (65 % w) (6)	Direkte Vermittlung basaler Fähigkeiten 93 % (77 % w) (1)	Schreiben als Lernwerkzeug nutzen 75 % (37 % w) (12)	Bekräftigen 70 % (47 % w) (9)
Grammatik unterrichten 98 % (93 % w) (2)	Strategien zum Schreiben von Absätzen 96 % (57 % w) (7)	Zusammenfassen vermitteln 90 % (44 % w) (11)	Zusammenfassen vermitteln 73 % (39 % w) (11)	Spezifische Schreibziele für die Aufgabe festlegen 69 % (33 % w) (6)
Groß- und Kleinschreibung vermitteln 97 % (92 % w) (1)	Revisionsstrategien vermitteln 95 % (59 % w) (8)	Rechtschreibung vermitteln 88 % (78 % w) (0)	Direkte Vermittlung basaler Fähigkeiten 62 % (48 % w) (1)	Schreiben als Lernwerkzeug nutzen 65 % (25 % w) (12)
Sätze konstruieren 96 % (78 % w) (3)	Bekräftigen 91 % (77 % w) (9)	Revisionsstrategien vermitteln 86 % (48 % w) (8)	Planungsstrategien vermitteln 57 % (23 % w) (5)	Aktivitäten vor dem Schreiben durchführen 52 % (22 % w) (4)
Schreibstrategien modellieren 93 % (78 % w)	Basale Schreibfähigkeiten vermitteln 91 % (74 % w) (1)	Planungsstrategien vermitteln 85 % (47 % w) (5)	Modelle studieren und imitieren lassen 55 % (21 % w) (10)	Schreibaufträge mit dem Computer bearbeiten lassen 52 % (16 % w)

Kl. 1–3	Kl. 3–4	Kl. 4–6	Kl. 6–8	Kl. 9–12
Schaubilder nutzen 91 % (69 % w) ❹	Vermittlung von Selbst-regulations-strategien 91 % (56 %w)	Schreiben als Lernwerkzeug nutzen 79 % (36 % w) ⓬	Revisionsstrate-gien vermitteln 55 % (17 % w) ❽	Planungsstrate-gien vermitteln 50 % (13 % w) ❺
Handschrift trainieren 90 % (81 % w) ❶	Feedbacks der Lehrpersonen zu den Texten 90 % (71 % w)	Strategien zum Schreiben von Absätzen 78 % (39 % w) ❼	Strategien zum Schreiben von Absätzen 53 % (20 % w) ❼	Grammatik unterrichten 47 % (26 % w) ❷
Planen 89 % (63 % w) ❺	Aktivitäten vor dem Schreiben durchführen 88 % (56 % w) ❹	Das eigene Schreiben be-urteilen lassen 74 % (33 % w) ❸	Sätzekombinie-ren vermitteln 42 % (20 % w) ❸	Schreiben als Forschen nutzen 45 % (13 % w) ⓭
Schreibkonfe-renzen Lehrper-son-Schüler 87 % (66 % w) ❸	Modelle studieren und imitieren lassen 86 % (53 % w) ❿	Sätzekom-binieren vermitteln 67 % (27 % w) ❸	Schreiben als Forschen nutzen 41 % (12 % w) ⓭	Zusammenfas-sen vermitteln 43 % (16 % w) ⓫

Wenn man die Werte aus im Überblick betrachtet, ergibt sich für die *Klassenstufen 1 bis 3* ein Muster, das dem Schriftspracherwerb als zentraler Aufgabe der Primarschule geschuldet ist. Sehr viele technische und basale Fertigkeiten (wie Rechtschreibung, Interpunktion, Grammatik, Groß- und Kleinschreibung, Sätze konstruieren, Handschrift trainieren) stehen deutlich erkennbar im Zentrum des Unterrichts und betreffen den Schreibprozess Verschriften im Sinne des Formulierens. Daneben unterstützen die Lehrpersonen die Kinder bei der Themenfindung, indem sie Schaubilder nutzen, mit den Kindern Texte planen und in Schreibkonferenzen über Texte mit den Kindern sprechen. Außerdem gibt noch ein recht großer Teil an, Schreibstrategien zu modellieren. Auffällig sind ferner die durchgängig hohen Prozentanteile, denn selbst der letzte Eintrag in der Tabelle verdeutlicht, dass immer noch mehr als sechs Siebtel der Lehrpersonen die Maßnahme – in diesem Falle: die Schreibkonferenzen – mindestens monatlich durchgeführt werden.

Die Lehrpersonen der *Klassenstufen 3 und 4* nehmen die basalen Fähigkeiten ebenfalls noch ernst. Allerdings ist hier ein anderer Akzent erkennbar, der vor allem damit zu tun hat, dass viele Fördermaßnahmen die umfassende

Selbstregulation der Schreibprozesse betreffen. So dienen Maßnahmen wie das Vermitteln von Planungs-, Revisions- und Selbstregulationsstrategien direkt der Förderung sogenannter hierarchiehoher Schreibprozesse. Auch die extern vorgegebenen Aufgabenziele, das Feedback (hier auch: die Bekräftigung) sowie die planerischen Aktivitäten vor dem Schreiben und das Studium von gelungenen bzw. weniger gelungenen Modellen stehen als Förderansätze im Einklang mit dem, was zur Vermittlung des selbstregulierten Schreibens als günstig gilt (Philipp 2014).

Wendet man sich gesamthaft den höheren *Klassenstufen 4 bis 12* zu, ergibt sich als Muster, dass die Häufigkeit der Fördermaßnahmen allgemein anscheinend rückläufig ist: Je älter die Schüler sind, desto seltener werden sie gefördert. Markant ist, dass das Schreiben nun stärker als Lernwerkzeug genutzt wird, etwa um Texte zusammenzufassen oder um es als Forschungswerkzeug zum Fachlernen zu verwenden, und dass in den Klassenstufen 4 bis 8 Planungs- und Revisionsstrategien neben jenen zum Schreiben von Absätzen angeführt werden. Auch das Loben und die direkte Vermittlung – beides wurde in Klassenstufe 1 bis 3 nicht direkt erfragt – bilden wichtige und häufige Fördermaßnahmen. Auffällig ist zudem, dass die in Klassenstufe 1 bis 3 noch zentralen Basisfähigkeiten nur vereinzelt wieder in höheren Jahrgangsstufen auftauchen, etwa in Form des Sätzekombinierens (Klasse 4 bis 8), das auf der Fähigkeit zur Satzkonstruktion aufsattelt, und der Rechtschreibung in den Klassenstufen 4 bis 6.

Da Fragebogendaten mit Selbstauskünften nicht immer ein korrektes Bild der Realität widerspiegeln, sind *Unterrichtsbeobachtungen* ein günstiges Korrektiv bzw. ein Instrumentarium, um den Schreibunterricht noch besser zu verstehen. Auch hier kann das bereits mehrfach erwähnte „National Writing Project" konsultiert werden (Applebee/Langer 2011). In ihm wurden bei 260 Klassen aus 20 Sekundarschulen über einen Zeitraum von neun Wochen der Unterricht in verschiedenen Fächern beobachtet und analysiert. Am meisten wurde im Muttersprachenfach Englisch geschrieben und das Schreiben unterrichtet, weshalb im Folgenden daraus ein beispielhafter Befund vorgestellt werden soll. In der multimethodisch arbeitenden Studie sollten Lehrpersonen in Fragebögen angeben, wie häufig sie bestimmte Fördermaßnahmen bzw. Elemente im Unterricht nutzen. Drei dieser Fördermaßnahmen – die explizite Schreibstrategievermittlung, das Studium von Textmodellen und die Verwendung von Beurteilungsrastern – nutzten laut Selbstauskunft mindestens vier von fünf Lehrpersonen „immer" bzw. „häufig" (s. Tabelle 5). In eben jenen Klassen, deren Unterricht neun Wochen lang besucht wurde und in denen sich als mindestens häufig in der Selbstwahrnehmung eingesetzte Fördermaßnahmen eigentlich problemlos hätten nachweisen lassen müssen, wurde aber nur in maximal sechs Prozent des Unterrichts tatsächlich beobachtet, was laut Lehrpersonen alltäglich war. Insofern stellt sich die Frage, ob der Schreibunterricht in der Realität wirklich so positiv ausfällt, wie es die Fragebogendaten suggerieren.

Tabelle 5: Nennungen zur Häufigkeit (immer bzw. häufig) von Elementen des Schreibunterrichts im Englischunterricht und tatsächlich beobachteter Anteil der Unterrichtszeit (eigene Darstellung basierend auf Applebee/Langer 2011, 20 und 22)

Element/Förder-maßnahme des Schreibunterrichts	Selbstauskunft Lehr-personen: Einsatz erfolgt immer bzw. häufig im Englisch-unterricht	Anteil der Klassen, in denen im Englischun-terricht das Förder-element faktisch beobachtet wurde	Verhältnis Selbstauskunft–Beobachtung
Explizite Strategievermittlung	90 %	6 %	15 : 1
Textmodelle studieren lassen	85 %	6 %	15 : 1
Beurteilungsraster zum Überprüfen nutzen	82 %	4 %	20 : 1

3.4 Vorbereitung: Wie schätzen Lehrpersonen ihre Vorbereitung auf den Schreibunterricht selbst ein?

Die sich in den bisher dargestellten Befunden andeutenden Problemlagen zur schulischen Schreibförderung dürften mit der Vorbereitung auf den Schreibun-terricht zu tun haben. Es ist wichtig, die problematischen Befunde nicht allein den befragten Lehrpersonen anzulasten, sondern sie vielmehr als Ausdruck der unzureichenden Ausbildung zu werten. Tatsächlich ergibt sich aus den empiri-schen Daten von knapp 1.000 befragten Lehrpersonen ein solches Bild. In fünf Studien wurden die Lehrpersonen nach der Adäquatheit der Vorbereitung auf den Schreibunterricht während des Studiums gefragt, in vier dieser Studien wurde zudem erfasst, ob durch Weiterbildungsmaßnahmen im weitesten Sinne oder weitere Maßnahme jenseits des Studiums etwaige Defizite beseitigt wurden. Die Befunde dazu sind in Abbildung 2 versammelt.

Abbildung 2: *Einschätzungen von Lehrpersonen zur Angemessenheit ihrer Aus- und*
Weiterbildung für den schulischen Schreibunterricht (Angaben in Prozent;
eigene Darstellung; Quellen: Kl. 1–3 = Cutler/Graham 2008; Kl. 3–4 =
Brindle 2013; Kl. 4–6 = Gilbert/Graham 2010; Kl. 6–8 = Graham/Capizzi/
Harris/Hebert/Morphy 2014; Kl. 9–12 = Kiuhara/Graham/Hawken
2009; Abweichungen von 100 Prozent ergeben sich durch Rundungsfehler;
Angaben basieren auf den Aussagen von 985 Lehrpersonen)

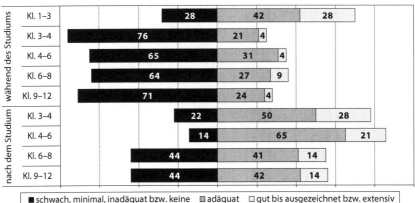

Besonders wichtig in Abbildung 2 ist die vertikale, mittige Trennung der Anteile von Lehrpersonen, die ihre Ausbildung als minimal oder inadäquat bzw. als
angemessen bis sehr gut beurteilen. In dem Diagramm sind entsprechend die
Anteile von maximal schwach vorbereiteten Lehrpersonen in schwarzen Balken
dargestellt. Auffällig ist, dass nur unter Lehrpersonen der Klassenstufen 1 bis 3 die
Unzufriedenheit in puncto *Ausbildung im Studium* mit 28 Prozent recht gering
ausfällt. Ebenso groß ist allerdings auch der Anteil jener Lehrpersonen, die sich
als mindestens gut vorbereitet wähnen. Ab der Klassenstufe 3 ist die Lage anders:
Zwischen zwei Dritteln und drei Vierteln der befragten Lehrpersonen schätzen
ihre Ausbildung als unzureichend ein.

Die sich daraus ergebende Korrekturbedürftigkeit des schreibdidaktischen
Wissensstandes für Lehrpersonen ab der Klassenstufe 3 legt einen Handlungsbedarf *nach dem Studium* nahe. Zwar schätzen die Lehrpersonen die Beseitigung
des Mangels durch Weiterbildungen etc. mehrheitlich positiv ein: Mehr bzw. sogar
deutlich mehr als die Hälfte der Lehrpersonen – besonders jene, die in der Primarschule unterrichten – ist der Auffassung, nach Weiterbildungsmaßnahmen
besser für die Belange des eigenen Schreibunterrichts präpariert worden zu sein.
Dennoch ist insbesondere im Sekundarschulalter ab Klassenstufe 6 ein großer

Anteil, nämlich vier von neun Lehrpersonen, immer noch nicht ausreichend vorbereitet für den eigenen Schreibunterricht.

In einer der Studien mit Lehrpersonen der Klassenstufen 3 und 4 (Brindle 2013) wurde glücklicherweise noch per Mehrfachantwort-Frage vertiefend danach gefragt, auf *welche Art und Weise* sich die Lehrpersonen *nach dem Hochschulstudium weiterbilden*. Dabei überwogen die Zusammenarbeit mit anderen Lehrpersonen (88 Prozent) und Lektüren über Schreibförderung (87 Prozent) deutlich die anderen Antwortalternativen. Als dritthäufigste Nennung wurde die Unterstützung durch andere Lehrpersonen erwähnt (54 Prozent). Es folgten Konferenzbesuche (48 Prozent), die Unterstützung über Internetangebote (41 Prozent), Coachings und mehrtägige Fortbildungen (jeweils 28 Prozent). Damit zeichnen sich drei Quellen der Nachbereitung ab: Kolleginnen, Texte sowie Weiterbildungsmaßnahmen. Die wissenschaftliche Aus- und Weiterbildung schneidet insgesamt eher schlecht ab.

4 Ausleitende Gedanken

Angesichts der hohen Anforderungen, die sich aus den geforderten Kompetenzen der Bildungsstandards Schreiben ergeben, sollen die Schule im Allgemeinen und der Deutschunterricht als Hort der Schriftlichkeit im Besonderen Heranwachsende dazu befähigen, schreibend in diversen Situationen handlungsfähig zu sein. Damit dieses Ziel erreicht werden kann, braucht man einen curricular abgestimmten, inhaltlich aufeinander aufbauenden und in seiner Effektivität überprüfbaren Unterricht.

Aus Sicht der Grundlagenforschung ist schon viel gewonnen, wenn man überhaupt etwas über den gegenwärtigen *faktischen* Schreibunterricht erfährt, um belastbare Aussagen zu günstigen Übergängen oder problematischen Sollbruchstellen zu erhalten. Hier hat gegenwärtig eher die US-amerikanische als die deutschsprachige Forschung Ausreichendes geleistet. In diesem Beitrag wurden deshalb vier ausgewählte, miteinander inhaltlich zusammenhängende Bereiche mittels Studien aus den USA systematisch betrachtet. Die *Essenz der Forschung* lautet:

- *Texte*: Zu Beginn der Schulzeit dominiert ein eher narratives Schreiben, dem in der Sekundarstufe ein eher expositorisches Schreiben folgt. Dabei ist ein Schreiben längerer Texte auf dem Rückzug, und kurze Texte dominieren den schulischen Schreiballtag. Gleichwohl steigt, relativ gesehen, das schriftliche Reagieren auf Gelesenes in seiner Bedeutung.
- *Dauer*: Die von Lehrpersonen per Selbstauskunft angegebenen Zeiten sowohl des täglichen Schreibunterrichts als auch der schülerseitigen Schreibaktivitäten unterliegen einem Rückgang, der sich über die implizite Logik des Schrift-

spracherwerbs erklären lässt: Sobald die Kinder (vermeintlich) dazu in der Lage sind, sprachformal korrekte, leserliche Texte zu produzieren, wird der Schreibunterricht zurückgefahren, ohne dass erkennbar schon die ebenfalls wichtigen Fähigkeiten im Planen und Überarbeiten ausreichend gefördert worden wären. Aus Sicht des Kompetenzerwerbs ist der Befund paradox, dass die zu erwerbende Fähigkeit immer weniger geübt zu werden scheint, je stärker die erwarteten Fähigkeiten es eigentlich erfordern.

- *Inhalte*: Bei den Inhalten des Schreibunterrichts dominiert in der frühen Primarstufe klar das technische (Hand- und Recht-)Schreiben. Mit einer Ausnahme in der späten Primarstufe, in der laut Selbstauskünften viel Wert auf das Vermitteln des selbstregulierten Schreibens gelegt wird, fordert dann der Schreibunterricht gleichsam ein, dass die Jugendlichen Texte planen, schreiben und überarbeiten sowie diese Fähigkeiten zum Lernen nutzen. Besonders auffällig ist, dass die Fördermaßnahmen – analog zur Schreibzeit – quantitativ rückläufig sind.

- *Vorbereitung*: Ein auffälliger Befund besteht darin, dass jene Lehrpersonen ihre Ausbildung deutlich positiver wahrnehmen, die unter Erwerbsperspektive den am günstigsten wirkenden Schreibunterricht zu Beginn des Schriftspracherwerbs inszenieren. Schon Lehrpersonen, die ab Klasse 3 Kinder im Schreiben unterrichten, beklagen hingegen eine hochschulseitig ausbaufähige Vorbereitung auf den Schreibunterricht, und dies setzt sich bis in die Klassenstufe 12 fort. Aber nur Lehrpersonen der Jahrgangsstufen 3 bis 6 gelingt es durch eigene Bemühungen, sich besser auf ihren Unterrichtsalltag vorzubereiten – und zwar anscheinend ohne sonderlich nennenswerte aktive wissenschaftliche Beteiligung. Im Sekundarschulbereich ist immer noch knapp die Hälfte der Lehrpersonen unterversorgt.

Was lässt sich nun über den Schreibunterricht, wie er sich in US-amerikanischen Studien – Stichwort: Übertragbarkeit auf deutsche Verhältnisse – gestaltet, hinsichtlich der Übergangsthematik sagen? Sind die Übergänge günstig gestaltet – oder handelt es sich um Sollbruchstellen zwischen den Bildungsetappen? Aus Sicht der Forschung ist eher Letzteres zu bejahen. Nach einer zeitintensiven Schulung basaler *technischer* Fähigkeiten innerhalb des Schriftspracherwerbs wird das Schreiben randständiger und weniger gefördert, zugleich wird es aber als Lernwerkzeug gefordert, ohne dass sich eine institutionelle und curriculare Konsolidierung des *inhaltlichen* Schreibens erkennen lässt. Insofern ist schon in der Primarstufe, vor allem aber in der Sekundarschule erheblicher Verbesserungsbedarf zu attestieren.

Dieser anzumahnende Verbesserungsbedarf betrifft aber nicht nur die schulischen Verhältnisse. Im Grunde – das zeigt sich bei den Antworten der Lehrpersonen zur Aus- und Weiterbildung – verspielt das Hochschulsystem die Chance, Lehrpersonen ausreichend auf den späteren Schreibunterricht vorzubereiten. Im Grunde müssen vor diesem Hintergrund die vielen problematisch zu nennenden Befunde zum Schreibunterricht nicht verwundern. Vielmehr verweisen die Befunde aus der Schule zur eher ausbaufähigen Gestaltung der Übergänge auf die mangelhafte Übergangsgestaltung von der Hochschule in den Beruf. Auf diesem zu bestellenden Feld hat die Schreibdidaktik noch vieles zu leisten.

Literatur

Applebee, Arthur/ Langer, Judith (2011): A Snapshot of Writing Instruction in Middle Schools and High School. In: English Journal 100 (6), 14–27

Brindle, Mary (2013): Examining Relationships among Teachers' Preparation, Efficacy, and Writing Practice. Unpublished Doctoral Dissertation. Nashville: Vanderbilt University

Cutler, Laura/ Graham, Steve (2008): Primary Grade Writing Instruction: A National Survey. In: Journal of Educational Psychology 100 (4), 907–919

Feilke, Helmuth (2014): Überarbeiten! Überlegungen zu Bildungsstandards, Textkompetenz und Schreiben. In: Didaktik Deutsch 37 (19), 6–9

Fisher, Douglas (2009): The Use of Instructional Time in the Typical High School Classroom. In: Educational Forum 73 (2), 168–176

Gilbert, Jennifer/ Graham, Steve (2010): Teaching Writing to Elementary Students in Grades 4–6: A National Survey. In: The Elementary School Journal 110 (4), 494–518

Graham, Steve/ Capizzi, Andrea/ Harris, Karen/ Hebert, Michael/ Morphy, Paul (2014): Teaching Writing to Middle School Students: A National Survey. In: Reading and Writing 27 (6), 1015–1042

Graham, Steve/ Harris, Karen/ Fink-Chorzempa, Barbara/ MacArthur, Charles (2003): Primary Grade Teachers' Instructional Adaptations for Struggling Writers: A National Survey. In: Journal of Educational Psychology 95 (2), 279–292

Kellogg, Ronald (2006): Professional Writing Expertise. In: *Ericsson, Anders/ Charness, Neil/ Feltovich, Paul/ Hoffman, Robert* (Eds.): The Cambridge Handbook of Expertise and Expert Performance. Cambridge: Cambridge University Press, 389–402

Kellogg, Ronald (2008): Training Writing Skills: A Cognitive Development Perspective. In: Journal of Writing Research 1 (1), 1–26

Kiuhara, Sharlene/ Graham, Steve/ Hawken, Leanne (2009): Teaching Writing to High School Students: A National Survey. In: Journal of Educational Psychology 101 (1), 136–160

KMK (2004a): Bildungsstandards im Fach Deutsch für den Hauptschulabschluss. Berlin: KMK

KMK (2004b): Bildungsstandards im Fach Deutsch für den Primarbereich. Berlin: KMK

Philipp, Maik (2014): Selbstreguliertes Schreiben. Schreibstrategien erfolgreich vermitteln. Weinheim: Beltz Juventa

Philipp, Maik (2015): Schreibkompetenz. Komponenten, Sozialisation und Förderung. Tübingen: Francke

Philipp, Maik (2016): Grundlagen der effektiven Schreibdidaktik und der systematischen schulischen Schreibförderung (4., erw. Aufl.). Baltmannsweiler: Schneider Hohengehren

Christoph Bräuer, Melanie Brinkschulte und Robert Halagan
(Göttingen)

Strategien im akademischen Schreiben

Zum Potential von Schreibstrategien im Rahmen einer Unterrichtsreihe zu „Wissenschaftspropädeutik im Seminarfach" an Gymnasien

Abstract: The article deals with the pedagogic arrangement on Academic Writing in the transition from school to university. We focus on the evaluation of a unit in the seminar course (so called 'Seminarfach' in German), which exists since 2012 in collaboration between the university and a secondary school in Göttingen, conducted by students in the research internship. In the overall positive evaluations there are significantly low-rate concerning process-oriented contents, especially the lesson about the communication of writing strategies. These results are used as an opportunity to rethink the communication about writing procedures. We argue that writing procedures are only meaningful and self-effective when they are actually experienced as a strategic option in action. This is accompanied by the proposal to integrate writing consulting more intensively in school lessons than in the current situation.

1 Einleitung – Problemstellung

In Schulen gehört eine propädeutische Ausbildung zur obligatorischen und curricular seit einem Jahrzehnt festgeschriebenen Aufgabe der gymnasialen Oberstufe (vgl. KMK 2013). Auch wenn dieser Bildungsauftrag in den einzelnen Bundesländern auf unterschiedliche Weise umgesetzt wird (vgl. Schindler/Fischbach 2015), muss man dies doch als einen Erfolg schreibdidaktischer Forschung und Lehre der vergangenen vier Jahrzehnte ansehen.

Mit diesem Erfolg beginnen jedoch zugleich auch die Herausforderungen für die Bildungsinstitutionen, denen diese Vermittlungsaufgabe zufällt. In den vergangenen Jahren ist deutlich herausgearbeitet worden, welche Fertigkeiten und Fähigkeiten im Konstrukt einer „wissenschaftlichen Textkompetenz" zusammenspielen (vgl. Steinhoff 2007). Eine solch komplexe Kompetenz lehren und lernen zu können, stellt für Lehrende und Lernende gleichermaßen eine Anforderung dar, zumal der verlangten „wissenschaftspropädeutischen Bildung" (KMK 2013, 5) eine Brückenfunktion zukommt:

- Ein erster Übergang liegt darin, dass die Schüler*innen den Schritt von einem subjektbezogenen zu einem objektbezogenen Schreiben nachvollziehen (können) müssen: Von den alltagsnahen Textformen etwa der Erörterung wird zu akademischen Textformen übergegangen; zu den spezifischen Übergangsformen des propädeutischen Schreibens zählen etwa das „materialgestützte Schreiben" (vgl. Sturm 2016; Schindler/Fernandez 2016), das „Kontroversenreferat" (Steinseifer 2012) und die Seminar- oder Facharbeit (Steets 2003).

- Ein zweiter Übergang betrifft den vom instruierten Schreiben zum selbstregulierten Schreiben der Lernenden: Gerade mit der Anfertigung der Seminar- oder Facharbeit übernehmen die Schüler*innen ein erstes großes Schreibprojekt, bei dem sie für alle Arbeitsphasen der Textproduktion selbst verantwortlich zeichnen, indem sie den eigenen Schreibprozess über einen längeren Zeitraum hinweg und für einen umfangreichen Text initiieren, organisieren und regulieren müssen. Um das Ziel eines prozess- wie kompetenzorientierten Schreibunterrichts einzulösen, müssen zugleich die Lehrenden diese Verantwortung an die Schüler*innen abgeben, damit diese sie im Sinne eines selbstwirksamen Kompetenzerlebens (vgl. Pajares 2003) annehmen können. Ein Weg, um dieses Ziel zu erreichen, besteht im Übergang von einem rein instruierenden hin zu einem unterstützenden Schreibunterricht, der die Schüler*innen in ihrer selbstverantworteten Gestaltung des propädeutischen Schreibens betreuend und beratend begleitet.

  Als Voraussetzung für ein selbstreguliertes propädeutisches Schreiben gilt das kompetente Verfügen über Techniken, Methoden und Verfahren des Lesens, Auswertens und Schreibens, denen deshalb gerade auch im Rahmen des akademischen Schreibens eine zentrale Rolle zugeschrieben wird – sie werden gegenwärtig in der Literatur häufig als „Strategien" bezeichnet (vgl. Girgensohn/Sennewald 2012, 38 ff.).

Mit dem folgenden Beitrag greifen wir die didaktische Gestaltung dieser beiden Übergänge auf, indem wir ein Kooperationsprojekt zwischen der Georg-August-Universität Göttingen und einem Göttinger Gymnasium vorstellen, welches nun seit sechs Semestern besteht (vgl. Bräuer/Brinkschulte/Halagan 2016). Die Bestimmungen für die gymnasiale Oberstufe in Niedersachsen sehen ein sogenanntes „Seminarfach" vor (vgl. Nds. KM 2014), das alle Schüler*innen der Qualifikationsphase obligatorisch zweistündig besuchen. Im Rahmen dieses Faches wird „wissenschaftspropädeutische Bildung" angebahnt, besonders aber eine fünfwöchige Facharbeit geschrieben.

In diesem Beitrag steht die Evaluation des Projekts durch Schüler*innen im Fokus: Sie evaluieren Unterrichtsinhalte, die die selbstregulierende Gestaltung des Schreibprozesses behandeln, deutlich negativer als Inhalte, die vornehmlich Text(sorten)merkmale und Textprozeduren (Feilke 2014) bedienen. Wir fragen, wie es zu diesem Befund kommt und welche didaktischen Implikationen daraus zu ziehen sind. Dazu werden wir zunächst die theoretischen und konzeptionellen Grundlagen des Projekts skizzieren, um auf dieser Grundlage die empirischen Befunde darzustellen und als didaktische Konsequenz die Integration schulischer Schreibberatung in die Vermittlung von Schreibprozeduren vorzuschlagen.

Für unsere Argumentation greifen wir die von Feilke (2012, 7) eingeführte Differenzierung „literaler Prozeduren" auf. Da weder vom fertigen Schreibprodukt eindeutig auf dahinter stehende Schreibprozesse geschlossen werden kann noch Angaben zum Schreibprozess eindeutig vorhersagbare Aussagen auf die Auswirkungen im Produkt zulassen (Emig 1971)[1], gewinnen literale Prozeduren als „stabile und verfügbare Komponenten von Prozessen" (Feilke 2014, 20) besondere Relevanz für die Vermittlung des Schreibens. Während Schreibprozeduren sich dabei auf die Gestaltung des Schreibprozesses richten, beziehen sich Textprozeduren auf den Text und seine Komposition. Wir schlagen in Erweiterung dieser Differenzierung eine Bestimmung von Schreibprozeduren vor, nach der diese als „bestimmendes routiniertes Handlungswissen" (Feilke 2012, 7) in einer konkreten, authentischen Schreibsituation dazu beitragen, den Schreibprozess in seiner Komplexität vom Ideengenerieren bis zum Überarbeiten selbstreguliert zu gestalten. Schreibprozeduren als Elemente des Schreibprozesswissens (Beaufort 2005, 210; 2007, 19) stellen eine Problemlösung auf einem mittleren Abstraktionsniveau dar. Schreibprozeduren helfen in spezifischen Problemsituationen eines typischen komplexen Schreibprozesses. Sie werden im konkreten, individuellen Schreibprozess in einer strategischen Weise ausgewählt, verknüpft und ausgeführt, um ein gesetztes Ziel zu erreichen. Daher sind Schreibprozeduren zwar vermittelbar, müssen jedoch vom Individuum auf jede authentische Schreibsituation adaptiert werden.

Am Beispiel der Evaluation des Bausteins ‚Schreibstrategien'[2] zeigt sich, weshalb gerade die Instruktion propädeutischer Schreibprozeduren im Kontext

---

1 An dieser Stelle möchten wir den Diskutant*innen dieses Themas in der Liste ‚Schreiben an Hochschulen' danken.

2 Der Baustein heißt unseren konzeptionell-theoretischen Überlegungen zum Trotz ‚Schreibstrategien', weil diese Bezeichnung im schulischen Kontext als gut eingeführt gelten muss und daher in diesem Kontext bewusst beibehalten wurde; dies gilt es entsprechend im Weiteren bes. in Abschnitt 3 zu berücksichtigen.

der forschungsfernen Institution Schule schwierig für die Schüler*innen ist. Erst wenn der authentische Schreibkontext gegeben ist, gewinnen Schreibprozeduren für die Schreibnovizen an strategischer Bedeutung. Dies zeigen die Anliegen, die von Schüler*innen in den integrierten Schreibberatungen vorgebracht werden.

Mit diesem Beitrag möchten wir zeigen, dass Schreibprozeduren *erst dann bedeutsam und selbstwirksam werden*, wenn sie im Rahmen eines selbstbestimmten Schreibprojekts als strategische Handlungsoption konkret erfahrbar werden. Zu dieser Erkenntnisgewinnung kann eine in den Unterricht integrierte Schreibberatung beitragen.

2 Herausforderung: Prozess- und kompetenzorientierte Strategien

Schon seit den 1980er Jahren findet im deutschsprachigen Raum eine Schreibprozessorientierung in Theorie und (schulischer) Praxis beachtliche Resonanz (Baurmann 2014, 349). Sie zeigt sich darin, dass zunehmend einzelne Arbeitsphasen und deren Zusammenspiel im Schreiben in den Blick gerückt werden (bspw. Becker-Mrotzek 2007; Fix 2006). Mit diesem Fokus auf ein „prozessorientiertes Schreiben" (vgl. Ruhmann/Kruse 2014, 15) wird neben der Selektionsfunktion schulischer Textproduktion (Baurmann 2014, 351) die Qualifizierungsfunktion des Schreibunterrichts gestärkt, „die schriftsprachlichen Fähigkeiten aller Schülerinnen und Schüler angemessen" zu fördern (ebd.). Dazu ist ein „schreiber-differenzierter Unterricht" notwendig, der Schüler*innen einerseits in ihren individuellen Schreiberfahrungen und in ihren unterschiedlichen Schreibpraktiken ernst nimmt, der ihnen andererseits „durch geeignete Aufgaben und unterrichtliche Arrangements das zunächst schmale Repertoire an Schreibstrategien zu erweitern" sucht (ebd., 352). Mit der schüler-differenzierten Gestaltung von Schreibprozessen werden Aspekte der Selbstwirksamkeit und der Selbstregulation im Schreiben wichtig, auf die mit der geforderten Vermittlung von Schreibprozeduren (Feilke 2014), Schreibstrategien (vgl. Baurmann 2014; Glaser/Brunstein 2014) bzw. strategischer Kompetenz (vgl. Schindler/Sieber-Ott 2012) reagiert wird.

Es sind eben diese Fähigkeiten zur selbstregulierten Gestaltung komplexer Schreibprojekte, die in den beiden skizzierten Übergangsphasen zentral für eine Weiterentwicklung der Schreibkompetenzen sind. Auf diese Fähigkeiten, ihre theoretischen Konstrukte und ihre didaktische Modellierung soll im Weiteren kurz eingegangen werden.

2.1 Prozessorientierte Schreibdidaktik

Für Ruhmann und Kruse (2014, 18) bezeichnet eine „prozessorientierte Schreibdidaktik" weniger ein „methodisches Konzept" als eine pädagogische bzw. didaktische Grundhaltung, die sie über folgende Grundsätze charakterisieren (ebd., 17 f.): Schreiben wird aus der *Perspektive der Schreibenden* betrachtet als deren individueller Problemlöseprozess, der entsprechend über ein einfaches „Hinschreiben" hinausweist und sich in iterativen und rekursiven Schleifen der eigenen textsprachlichen Lösung annähert. Zugleich können sich Schreiber*innen jedoch Hilfsmittel für die Textproduktion aneignen, die sie bei der Problemlösung unterstützen können, so dass Schreibprozesse prinzipiell lehr- und lernbar bleiben.

Ruhmann und Kruse (ebd.) weisen darauf hin, dass eine solche Schreib(prozess)kompetenz nur in der *selbstständigen* Auseinandersetzung mit Themen entsteht.

Die Entwicklung dieser Kompetenz im Schreiben werde aber „durch Instruktion, Reflexion und Kollaboration wirksam gefördert", etwa durch eine instruktionsorientierte Anleitung, die den Schreibprozess in einzelne, weniger komplexe Teilprozesse zerlegt, und „*Prozeduren*" vermittelt, „um diese Teilprozesse besser wahrzunehmen und zu steuern" (ebd., 17; Herv. d. Aut.). Reflexion schließlich fördere die Selbstwahrnehmung und die bedachte Verwendung sprachlicher Mittel (ebd.), also die strategische Kompetenz.

Feilke bringt den Zusammenhang auf folgenden Nenner: „[D]as Schreiben kann man nur lernen, indem man *selbst* schreibt" (vgl. Feilke 2014, 14). Seinen Überlegungen folgend übernehmen „literale Prozeduren" eine Art Mittlerfunktion zwischen Prozess und Produkt (ebd.). Sie fungieren als sozial bewährte Lösungsmuster für spezifische Problemstellungen und können daher gleichsam von *kompetenten Anderen* übernommen werden; in dieser „doppelte[n] Sozialität" des Übernehmens und des Lernens am Modell liegt die Möglichkeit, Prozeduren zu *lehren* und zu *lernen* (Feilke 2014, 20). Weitergehend unterscheidet Feilke „Schreibprozeduren" und „Textprozeduren": Während Schreibprozeduren das Vorgehen beim Schreiben an sich betreffen, beziehen sich Textprozeduren auf den Text und dessen Komposition (ebd., 20 f.). Textprozeduren bezeichnen die „kommunikativ-sprachlichen Handlungskomponenten" des zu schreibenden Textes, wie sie sich in der sprachlichen Gestalt der Textoberfläche darstellen; sie sind als Ausdruck sprachlicher *Konvention* für die Textproduktion wie für die Textrezeption gleichermaßen bedeutsam und stellen zentrale Komponenten einer Textkompetenz dar (ebd., 21).

Im Unterschied dazu erfahren Schreibprozeduren immer ihre *individuelle* Ausprägung (vgl. Feilke 2014, 21). Schreibende unterscheiden sich, so betonen es auch Ruhmann und Kruse (2014, 17), sehr darin, welche „Schreibroutinen" sie ausbilden und welche „Schreibstrategien" sie bevorzugt einsetzen. Daher sei jede uniforme Vorgabe von Schritten oder Methoden und Verfahren des Schreibens kritisch zu betrachten und jede vorgeschlagene Prozedur müsse individuell reflektiert werden.

In der Konsequenz zeigt sich, dass sich Schreib- wie Textprozeduren als didaktischer Zugriff der Aneignung von Schreib- und Textkompetenz darin gleichen, dass an ihrer Aneignung „andere modellhaft anleitend mitwirken" (Graumann 1990, 124; zit. n. Feilke 2014, 16), sich aber darin unterscheiden, dass Textprozeduren aufgrund ihres konventionellen Charakters ‚bloß' „übernommen werden" können (ebd.), während dessen Schreibprozeduren darüber hinaus *individualisiert* und *adaptiert* werden müssen. Deshalb bedarf eine Didaktisierung von Schreibprozeduren einer Differenzierung bis hin zur Individualisierung von schulischem Schreibunterricht. Entsprechend sind sie in einer für alle gleichlaufenden Unterrichtung (vgl. Feilke 2014, 20) kaum gestaltbar.

Stellt man die unterschiedlichen Denk- und Arbeitsstile in Rechnung, müssen schreiber-differenzierte didaktische Gestaltungen entwickelt werden, die die unterschiedlichen Lernausgangslagen *und* die individuellen Lösungswege gleichermaßen berücksichtigen. Voraussetzung für eine solche didaktische Modellierung ist, dass in den Blick genommen wird, „was Schreibende tun, wenn sie schreiben", um „damit Schreibhandlungen zugänglich für Anleitung und *Betreuung*, Unterricht und *Beratung*" zu machen" (Ruhmann/Kruse 2014, 18; Herv. d. Aut.).

Neben der „modellhaften" Anleitung im Unterricht kommt in einer derart prozessorientierten Schreibdidaktik der Betreuung und Beratung der Schüler*innen in ihren Schreibprojekten eine größere Bedeutung zu. Gerade in diesen Situationen sehen wir die Möglichkeit, die von Ruhmann/Kruse (ebd.) hervorgehobenen individuellen mentalen Steuerprozesse und die dahinterliegenden Denkprozesse ansprechbar und damit beeinflussbar zu machen. Die Auseinandersetzung mit Schreibprozeduren erlaubt es, für die Wahrnehmung der Prozesshaftigkeit zu sensibilisieren, und schafft einen gemeinsamen Hintergrund, vor dem individuelle Lösungswege thematisierbar werden.

2.2 Schreibstrategien

Für eine selbstregulierte Steuerung des individuellen Schreibprozesses und eine zielführende Gestaltung von (komplexen) Schreibprojekten wird auf die Bedeutung von Strategien verwiesen. Allerdings ist die Verwendung des Strategiebegriffs uneinheitlich und durch eine „verwirrende Vielfalt" gekennzeichnet (vgl. Bimmel 2002).

In Bezug auf Schreibstrategien wird in linguistischer Perspektive die Untersuchung von Ortner (2000) breit rezipiert. Ortner hat die Produktionsweisen von erfahrenen und erfolgreichen Schriftstellern analysiert und deren Selbstauskünfte über die Gestaltung der eigenen Schreibprozesse in zehn unterschiedliche „Schreibstrategien" zusammengefasst (vgl. Sennewald 2014; Girgensohn/Sennewald 2012, 38 ff.). Ortner selbst bestimmt Strategien als „wiederholt vollzogene Verfahren", mit deren Hilfe ähnliche Probleme bewältigt werden (Ortner 2000, 351; Herv. i. Orig.). Sie fungieren als Ablauf- und Organisationsschemata (Sennewald 2014, 170), in denen sich besondere *Schreibgewohnheiten* manifestieren.[3] Die verschiedenen Schreibgewohnheiten unterscheiden sich deutlich im Grad der Zerlegung des Schreibprozesses; insoweit diese Ablauf- und Organisationsschemata der individuellen Präferenz und Gewohnheit der Autoren folgen und nicht einer jeweils neuen adaptiven Anpassung an eine spezifische Schreibsituation im Prozess, sprechen wir im Folgenden hier *nicht* von Strategien. Denn eine Strategie setzt die – explizite oder implizite – Entscheidung voraus, die Entscheidung verlangt eine Alternative.

In instruktionspsychologischer Perspektive zielen strategische Schreibfertigkeiten stärker auf selbstreguliertes Schreiben ab, das sich durch planende, überwachende und überprüfende Aktivitäten auszeichnet („Strategiekompetenz", vgl. Schindler/Siebert-Ott 2012). Mit Glaser und Brunstein (2014, 468) lässt sich ein solches Schreiben darüber charakterisieren, dass sich das Strategische einer Schreibhandlung in einem *Schreibhandlungsplan* zeigt, durch den ein Schreibziel festgelegt wird, der auch entsprechende „Schreibstrategien" für dessen Zielerreichung nahelegt. Des Weiteren initiiert, überwacht und überprüft der Schreibhandlungsplan die Ausführung dieser strategischen Schreibhandlungen und stellt die motivationalen, affektiven Begleitbedingungen zielführend sicher (in Analogie zu Lesestrategien, vgl. Bimmel 2002, 117). Entsprechend werden in instruktionspsychologischen Modellierungen kognitive, metakognitive Strategien und Stützstrategien unterschieden (vgl. Philipp 2015, 63 ff.).

Mit Blick auf die Individualität von Schreibprozessen und die Komplexität umfangreicherer Schreibprojekte bleiben beide Modellierungen von Strategien unbefriedigend: Sowohl Modellierungen, die von Schreibgewohnheiten ausgehen als auch Modellierungen, die vorab aufgestellte Schreibpläne und deren ‚strategische' Umsetzung annehmen, sind voraussetzungsreich und (kon)textunsensibel

---

3   Inwieweit sie tatsächlich auf spezifische Anlässe und Schreibsituationen reagieren und inwieweit sie den Schreibprozess für die Autor*innen kompetent gestalten, bleibt deshalb fraglich, da der Erfolg ihrer Textproduktionen die Darstellung ihres Schreibprozesses zwangsläufig überformen muss.

(vgl. Bräuer 2010, 105). Demgegenüber verstehen wir unter einer *Schreibstrategie* das bewusste Steuern und alternative Gestalten des eigenen Schreibprozesses in den Momenten, in denen bewährte und erprobte Verfahrensweisen nicht (mehr) zielführend sind. In diesen Momenten zeigt sich das *Strategische* dadurch, dass der Schreiber adaptiv reagieren kann, indem er angemessene *Schreibprozeduren* auswählen und der gegebenen Situation entsprechend einsetzen kann. Es geht einerseits um das Wissen um Schreibprozeduren, andererseits um das Verfügen über Schreibprozeduren im Schreibprozess: Durch ihren adaptiven Einsatz wird aus Schreibprozeduren eine je spezifische und situative *Schreibstrategie*, werden Schreibprozeduren individuell bedeutsam und selbstwirksam.

Die Wahrnehmung dieser Momente, an denen Schreibprozeduren gewechselt oder modifiziert werden müssen, stellt für Schreibnovizen eine große Herausforderung dar. Eine Sensibilisierung für die Prozesshaftigkeit des Schreibens und die Komplexität des Zusammenspiels einzelner Teilprozesse muss zuallererst erworben werden, am besten an einem eigenen und konkreten Schreibprojekt. Die Erforschung zum Lernen von Strategien in der Fremdsprachendidaktik zeigt, dass Metakognition sowie Möglichkeiten zum Transfer und zur Reflexion von Lernstrategien für das effiziente Lernen eine bedeutende Rolle einnehmen (Schramm 2010, 218).

3 „Wissenschaftspropädeutik im Seminarfach" – eine Unterrichtsreihe in 12 Bausteinen

Das Kooperationsprojekt „Wissenschaftspropädeutik im Seminarfach" (WiPiS) läuft seit dem Sommersemester 2012 und wurde seitdem mit drei weiteren Studierendenkohorten durchgeführt. Die Unterrichtsreihe wird jeweils in der Vorbereitungsveranstaltung gemeinsam mit den Studierenden fachlich fundiert entwickelt, erprobt und modifiziert. Die Studierenden führen die zwölfstündige Unterrichtsreihe im Seminarfach des Kooperationsgymnasiums jeweils im ersten Schulhalbjahr der Qualifikationsphase 1 im Rahmen ihres semesterbegleitenden Fachpraktikums durch. Im Anschluss an diese Instruktion bieten die Studierenden in der folgenden Schreibphase für alle Schüler*innen eine Schreibberatung an (vgl. Brinkschulte/Bräuer 2016), für die sie ebenfalls im Rahmen der Praktikumsvorbereitung qualifiziert wurden.

3.1 Das Konzept der 12 Bausteine

Die Umsetzung der grundlegenden Schreib- und Textprozeduren in zwölf Doppelstunden verlangt zunächst eine Auswahl von inhaltlichen Schwerpunkten und ihre Reihung (siehe Abbildung 1). Mit der Umsetzung der Kompetenzorientierung in produkt- und prozessorientierten Bausteinen folgt das Konzept den Vorschlägen prozessorientierter Schreibdidaktik. Dabei soll sowohl der grundsätzlichen Rekursivität des Prozesses durch Querverweise zwischen einzelnen Bausteinen als auch der Tatsache Rechnung getragen werden, dass einzelne Schreibprozeduren voraussetzungsreich sind.

Abbildung 1: Das Bausteinkonzept im Überblick

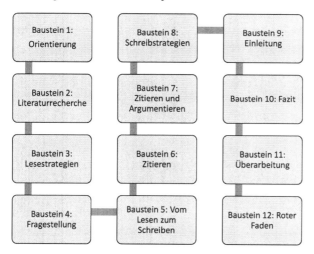

Sechs Bausteine zeichnen sich durch eine stärkere Orientierung am Produkt aus, sechs durch eine stärkere Orientierung am Prozess. Die an Textmerkmalen orientierten Bausteine (9, 10) sprechen sowohl die Funktionen von Textelementen an, etwa die Aufgaben einer Einleitung und eines Schlusses, als auch deren Ausgestaltung struktureller und textsprachlicher Art durch Textprozeduren (Baustein 4, 11). Darüber hinaus vermitteln sie die formalen Konventionen akademischen Schreibens, besonders das Zitieren und Belegen (Baustein 6, 7).

Für die prozessorientierten Bausteine behandeln drei in einem übergreifenden Sinne das Schreiben, die eigenen Schreibmotivationen und -intentionen sowie das Feedback auf eigene und fremde Texte (1, 2, 12). Drei Bausteine (3, 5, 8) greifen in einem engeren Sinne den *Schreibprozess* auf: Sie thematisieren jeweils Prozeduren und zielen auf deren strategischen Einsatz.

3.2 Die Rahmenbedingungen im Seminarfach

Die Entwicklung der Unterrichtsreihe musste drei Anforderungen genügen: (1) Den institutionellen Rahmenbedingungen des Unterrichts und hier besonders des Seminarfachs, (2) der didaktischen Entscheidung, die Textform zum Ausgangspunkt einer kumulativen Prozessentwicklung zu nehmen, und (3) den Anforderungen an Wissen und Kompetenzen, wie sie in der Schreibforschung für Schreibkompetenzen modelliert werden (Bräuer/Brinkschulte/Halagan 2016, 99 f.).

(1) Zu den besonderen Herausforderungen zählt, dass im ersten Halbjahr das Schreiben der Facharbeit nur vorbereitet, die eigentliche Facharbeit jedoch erst zu Beginn des zweiten Schulhalbjahres angefertigt wird. Die Vermittlung des akademischen Schreibens und die Textproduktion der Facharbeit fallen somit zeitlich auseinander. Hieraus resultiert ein mehrmonatiger Zeitraum, in dem das propädeutische Schreiben vorbereitet werden kann. Der nicht gesicherte Status des Seminarfaches im Fächergefüge bringt es mit sich, dass der Vor- und Nachbereitung der Stunden geringe Priorität zugeschrieben wird und längere Schreib- und Lesezeiten in den Unterricht integriert werden müssen. Erschwerend kommt hinzu, dass die Facharbeit in der Schule ihrem situativen Kontext des Forschens entbunden ist (vgl. Steets 2011).

(2) Das Konzept sieht vor, akademische Schreibkompetenzen über die Arbeit an der Textform Facharbeit zu entwickeln (vgl. Schneuwly 1995). Die Herausforderung für Schüler*innen, die Facharbeit selbstverantwortlich anzufertigen, ist der Unterrichtsreihe als Problembasierung zugrunde gelegt. In den Doppelstunden werden ausgewählte Schreib- und Textprozeduren *modular* und *kumulativ* angeleitet, um dieses Problem für die Schüler*innen lösbar zu gestalten. Die einzelnen Stunden sind in sich inhaltlich abgeschlossen, bauen aber zugleich aufeinander auf (,Baustein'-Konzeption). Zusammengehalten werden sie durch die thematische Klammer eines durchgängigen Oberthemas.

(3) Das Schreiben einer Facharbeit bietet erstmalig die Chance, im Rahmen der Institution Schule die oftmals lineare Strukturierung des Schreibprozesses aufzubrechen und die Komplexität der Textproduktion didaktisch zu entfalten und zu gestalten. Das akademische Schreiben verlangt darüber hinaus in besonderer Weise die Verknüpfung von Lese- und Schreibprozessen.

Sie zeigt sich nicht nur in der lesenden Kontrolle des selbst geschriebenen Textes, sondern ebenfalls in der Rezeption von Texten Dritter und in deren Ver- und Einarbeitung in den eigenen Text – wie es sich paradigmatisch im Zitieren und Belegen zeigt.

3.3 Der Baustein „Schreibstrategien"

Der Baustein „Schreibstrategien" zielt darauf ab, Schüler*innen die Bedeutung und die Funktion von Schreibprozeduren zur Generierung, Auswahl und Strukturierung von Ideen für eine Facharbeit zu vermitteln. Die Schüler*innen können erkennen, dass die Entwicklung individueller Schwerpunkte den Ausgangspunkt für eine eigenständig propädeutische Auseinandersetzung mit Inhalten bildet. Sie können erlernen, welche Schreibprozeduren sie hierfür situationsangemessen und individuell einsetzen können. Hierdurch erfahren die Schüler*innen die Bedeutsamkeit und Wirksamkeit strategischen Schreibens. Betont wird zugleich, dass es nicht *die* Schreibstrategie gibt, sondern dass die Kenntnis unterschiedlicher Prozeduren zunächst einmal den Ausgangspunkt der Entwicklung einer individuellen Schreibstrategie bilden kann.

Hierzu werden zunächst die eigenen Schreiberfahrungen und -gewohnheiten über ein ‚Zustimmungsbarometer' reflektiert und auch problematisiert. Die Schüler*innen sollen sich hier auf einer gedachten Linie im Raum nach ihrer Zustimmung oder Ablehnung zu Aussagen wie „Während des Schreibens fallen mir oft neue Aspekte ein, die mir vorher nicht bewusst waren" oder „Es fällt mir oft schwer meine Gedanken zu ordnen" positionieren.

Im Zentrum des Bausteins steht die Erprobung und Reflexion eines visuellen wie eines linearen Verfahrens (Abbildung 2), das jeweils drei Schreibprozeduren miteinander verknüpft (vgl. Beinke/Brinkschulte/Bunn/Thürmer 2016, 19–29). In beiden Verfahren sollen Schüler*innen zunächst offen und ungebunden Ideen entwickeln, um so einen möglichst großen ‚Ideenpool' zu erhalten. Im darauffolgenden Schritt werden die Ideen geordnet und schließlich in einem letzten Schritt zueinander in Beziehung gesetzt.

Eingeführt werden beide Verfahren durch eine videografierte Anwendung der Prozeduren durch zwei Experten (Abbildung 3). Durch die Beobachtung des Schreibprozesses sollen die Schüler*innen am Modell die technische Ausführung der Schreibprozeduren wie auch die inhaltliche Entwicklung der Gedanken nachvollziehen können (vgl. Feilke/Lehnen/Schüler/Steinseifer 2016, 156–157).

Abbildung 2: Verknüpfung von Schreibprozeduren im visuellen und im linearen Vorgehen (vgl. Beinke/Brinkschulte/Bunn/Thürmer 2016, 19–29)

Visuelles Vorgehen	Lineares Vorgehen
1. Brainstorming und Clustern Sie brauchen: 1 leeres DIN A4 Papier, 1 Stift. Notieren Sie zu dem Oberthema, zu dem Sie etwas schreiben möchten, 7 Stichworte auf einen Zettel. Wählen Sie anschließend ein Stichwort aus und schreiben es in die Mitte des Papiers. Von diesem ausgehend assoziieren Sie weitere Begriffe. Sie hangeln sich in Form von Assoziationsketten von Stichwort zu Stichwort.	1. Fokussiertes Freewriting Sie brauchen 1 leeres DIN A4 Papier, 1 Stift. Notieren Sie zu dem Oberthema, zu dem Sie etwas schreiben möchten, 7 Stichworte auf einen Zettel. Wählen Sie anschließend ein Stichwort aus und beginnen nun das Freewriting. Sie haben dazu 10 Minuten Zeit. Geraten Sie zwischendurch ins Stocken, schreiben Sie genau dieses auf: „jetzt weiß ich grad nicht weiter" oder Sie malen Wellen auf das Papier, um im Schreibfluss zu bleiben.
2. Mind Map Sie brauchen ein DIN A4 Papier, bunte Stifte. Schreiben Sie Ihr Ausgangsstichwort erneut in die Mitte des Papiers. Wählen Sie interessante Begriffe aus Ihrem Cluster aus und ordnen Sie sie zu einer Mind Map an, indem Sie die Inhalte in eine hierarchische Anordnung bringen. Wählen Sie dabei verschiedene Stiftfarben für die einzelnen Themen. Ergänzen Sie ggf. fehlende Inhalte.	2. Themenkatalog Sie brauchen 1 DIN A4 Papier, 1 Stift. Entwickeln Sie auf der Grundlage Ihres Freewritings einen Themenkatalog wichtiger Inhalte. Ergänzen Sie dabei die einzelnen Themen um weitere Informationen und versehen Sie Ihre Themen mit passenden Überschriften.
3. Concept Map Fertigen Sie nun auf der Basis Ihres Clusters eine Concept Map an und veranschaulichen somit, in welcher Beziehung die einzelnen Stichworte zueinander stehen.	3. Verbindung schaffen Verschaffen Sie sich einen Überblick über die einzelnen Themen Ihres Kataloges und formulieren Sie passende Überleitungen zwischen entsprechenden Themen.

Abbildung 3: Screenshot des Schreibprozeduren-Videos

Die Schüler*innen erhalten einen entsprechenden Beobachtungsauftrag, auf dessen Grundlage dann beide Verfahren diskutiert und anschließend erprobt werden. Nach der Erprobung der einzelnen Prozeduren findet eine Diskussion und Reflexion der beiden Verfahren hinsichtlich ihrer Bedeutung, ihrer Funktion und einer möglichen individuellen Adaption statt.

4 Auswertungen der Schüler*innen-Evaluation und der Schreibberatungen

Zur nachhaltigen Verbesserung und Weiterentwicklung des Bausteinkonzepts wird seit Projektbeginn 2012 nach jeder Durchführung der Unterrichtsreihe eine summative Evaluation durchgeführt, um die unmittelbare Rückmeldung der Lernenden zu erhalten. Hierzu wird die persönliche Wahrnehmung des Konzepts durch die Schüler*innen mittels eines Fragebogens erfasst, der sowohl die einzelnen Bausteine abfragt als auch Items zur Evaluation des Gesamtkonzepts enthält. Die Schreibberatungsgespräche werden aufgezeichnet und können so ebenfalls für die Evaluation des Gesamtkonzepts hinzugezogen werden. Nach Abgabe der Facharbeit werden mit ausgewählten Schüler*innen retrospektive Interviews geführt.

Im Folgenden stellen wir aus den Datensätzen der summativen Evaluation sowie der Auswertung der Schreibberatungen ausgewählte Ergebnisse vor, die das Potential von Strategien im akademischen Schreiben erhellen können.

4.1 Der Feedback-Fragebogen und seine Ergebnisse

Die Items des Fragebogens erfassen mit ca. 8 bis 10 Items pro Baustein das durch die Schüler*innen wahrgenommene Anforderungsniveau sowie die Angemessenheit der zur Verfügung gestellten Bearbeitungszeit. Sie erheben die Einschätzung des Nutzens und der thematischen Passung der angewendeten Methoden und der Bedeutung und der Relevanz der Bausteininhalte für das Schreiben der eigenen Facharbeit. Ein offen gestaltetes Item lässt Raum für ein persönliches Feedback.

Das vorletzte Item zu jedem Baustein lautet: *„Die Inhalte dieses Bausteins halte ich mit Blick auf das Schreiben meiner Facharbeit für sinnvoll."* Die Schüler*innen waren aufgefordert, diese Aussage auf einer vierstufigen Skala von „stimme nicht zu", über „stimme eher nicht zu", „stimme eher zu" zu „stimme zu" zu bewerten. In Tabelle 1 sind die Ergebnisse dieses Items dargestellt (Anzahl, Mittelwert (M), Standardabweichung (SD), Ablehnung zusammengefasst in % und Zustimmung zusammengefasst in %).

Tabelle 1 stellt die den Bausteinen durch die Schüler*innen zugesprochene Relevanz der Inhalte dar; wir haben die Ergebnisse der ersten Kohorte 2012 denen der Kohorte aus 2015 gegenübergestellt. Diese beiden Jahrgänge wurden gewählt, um eventuell veränderte Einschätzungen seitens der Schüler*innen, die sich im Verlauf der Jahre ergeben haben, berücksichtigen zu können.

Es zeigt sich, dass die Reihe insgesamt eine hohe Akzeptanz erfährt und die vermittelten Inhalte als relevant für das Schreiben der Facharbeit eingeschätzt werden; dies bestätigen auch die Lehrkräfte in den Abschlussgesprächen.

Bei genauerer Betrachtung fallen dennoch Unterschiede auf: Die Bausteine sind so konzipiert, dass in den Unterrichtseinheiten die Prozess- und Produktebene verknüpft unterrichtet werden, um einen Kompetenzzuwachs bei den Lernenden im Hinblick auf propädeutisches Schreiben zu erreichen. Jedoch sind die Schwerpunkte in den einzelnen Bausteinen unterschiedlich gewichtet.

Auffällig ist, dass die Bausteine (z. B. BS 9 „Einleitung", BS 10 „Fazit"), die sich auf die sprachliche Oberfläche bzw. auf die Ausgestaltung der Facharbeit beziehen, besonders positiv von den Schüler*innen über den gesamten Projektverlauf von 2012–2015 evaluiert werden. Für den Baustein 10 liegt die Zustimmung für 2012/13 beispielsweise bei 95,1 % (n = 82; Mittelwert: 1,49, SD: ,593); vergleichbar hoch ist die Relevanz-Zuschreibung für diesen Baustein in 2015/16: 89,1 % (n = 64; M: 1,55, SD: ,688). Für den Baustein 9 findet sich eine ebenso hohe Relevanz-Zustimmung, sie liegt 2012/13 bei 90,4 % (n = 83; M: 1,60; SD: ,661) und 2015/16 bei 96,6 % (n = 65; M: 1,51; SD: ,562). Diese Werte zeigen also eine deutliche Zustimmung, die Schüler*innen halten diesen Unterrichtsinhalt als zentral für das Verfassen der eigenen Facharbeit.

Hinter diese eindeutige Zustimmung zurück fallen diejenigen Unterrichtseinheiten, die die Prozessebene – also die Schreibprozeduren – zum Schwerpunkt haben. Dies betrifft vor allem die Bausteine zu den Lesestrategien (B S4) und zu den Schreibprozessstrategien (BS 8). So erfährt der Baustein „Schreibstrategien" nur eine Relevanz-Zuschreibung von 55 % (2012/13; n = 71; M: 2,45; SD: ,807) bzw. 50,8 % (2015/16; n = 63; M: 2,48; SD: ,820).

Tabelle 1: Relevanz der einzelnen Bausteine in den Jahrgängen 2012/13 und 2015/16

Kohorte 2012/13					Kohorte 2015/16				
N	M	SD	Stimme eher zu (in %)	Stimme eher nicht zu (in %)	N	M	SD	Stimme eher zu (in %)	Stimme eher nicht zu (in %)
Ziel & Aufbau Facharbeit (BS 1)								**Orientierung (BS 1)**	
83	2,14	,735	69,9%	30,1%	62	2,00	,653	79,1%	20,9%
Recherchieren (BS 2)								**Literaturrecherche (BS 2)**	
81	1,79	,666	91,4%	8,6%	64	1,84	,650	92,3%	7,6%
Lese- & Auswertungstechniken I (BS 3)								**Lesestrategien (BS 3)**	
81	2,26	,738	69,1%	30,9%	64	2,16	,895	60,9%	39,1%
Lese- & Auswertungsstrategien II (BS 4)								**Vom Lesen zum Schreiben (BS 5)**	
79	2,11	,698	77,2%	22,8%	64	2,05	,825	76,6%	23,5%
Schreibstrategien (BS 5)								**Schreibstrategien (BS 8)**	
71	2,45	,807	55%	45%	63	2,48	,820	50,8%	49,2%
Fragestellung (BS 6)								**Fragestellung (BS 4)**	
80	1,82	,742	85%	15%	64	1,52	,642	92,2%	7,8%
Zitieren & Belegen (BS 7)								**Zitieren (BS 6)**	
83	1,51	,722	89,2%	10,8%	65	1,40	,632	92,3%	7,7%
Zitieren & Argumentieren (BS 8)								**Zitieren & Argumentieren (BS 7)**	
84	1,54	,667	90,5%	9,5%	65	1,51	,664	93,8%	6,2%
Einleitung (BS 9)								**Einleitung (BS 9)**	
83	1,60	,661	90,4%	9,6%	65	1,51	,562	96,6%	3,1%
Fazit (BS 10)								**Fazit (BS 10)**	
82	1,49	,593	95,1%	4,9%	64	1,55	,688	89,1%	10,1%
Überarbeiten (BS 11)								**Textüberarbeitung (BS 11)**	
79	1,99	,776	70,9%	29,1%	52	1,88	,784	82,7%	17,3%
Hauptteil & Roter Faden (BS 12)								**Hauptteil & Roter Faden (BS 12)**	
83	1,88	,739	80,7%	19,3%	49	1,71	,707	85,8%	14,2%

Um einen genaueren Überblick über die Einschätzungen der Schüler*innen zu diesem Baustein zu erhalten, werden die Ergebnisse des Fragebogens nochmals genauer dargestellt (vgl. Tabelle 2).

Tabelle 2: Schülerinnenfeedback zum Baustein Schreibstrategien

	Kohorte 2012/13					Kohorte 2015/16				
	n	M	SD	Stimme eher zu (in %)	Stimme eher nicht zu (in %)	n	M	SD	Stimme eher zu (in %)	Stimme eher nicht zu (in %)
Schwierigkeitsgrad ist angemessen	78	2,68	,634	69,2	30,8[1]	62	2,56	,692	67,7	32,3[1]
Bearbeitungszeit ist angemessen	78	2,97	,664	68	32[1]	63	3,02	,813	58,7	41,3[1]
Methode ist gewinnbringend	77	2,95	1,191	33,8	32,5	62	2,92	1,135	37,1	27,4
Methode ist angemessen	77	2,71	1,099	39	18,2	62	2,79	1,073	42	22,6
Schreibstrategie ist hilfreich für Schreibfluss	77	2,47	,821	53,2	46,8	63	2,54	,964	41,2	58,7
Video ist hilfreich für Nachvollzug	55	2,36	1,025	67,3	32,7	18	2,44	,984	55,6	44,4
Baustein ist sinnvoll für das Schreiben einer Facharbeit	71	2,45	,807	55	45	63	2,48	,820	50,8	49,2

Die Ergebnisse zeigen, dass Anforderungsniveau und Bearbeitungszeiten des Bausteins im unauffälligen Bereich liegen. Aber die Reflexion der eigenen Schreiberfahrungen und -gewohnheiten im ‚Zustimmungsbarometer' wird in ihrem Gewinn und in ihrer Passung kritisch gesehen. Auch der Aussage, die beiden Verfahren würden helfen, in das Schreiben zu kommen, stimmen weniger als die Hälfte der Schüler*innen zu. Interessant ist, dass die modellhafte Vermittlung über die Videografiesequenz noch am positivsten abschneidet: Wir erklären uns diesen Befund derart, dass das ungewohnte Lehr-Lern-Format – das Lernen am videografierten Modell – selbst nicht den Grund für die geringe Bedeutsamkeit liefert; vielmehr schließen wir darauf, dass die geringe Relevanz sich aus dem Lerngegenstand selbst ergibt – die Prozeduren werden nicht als bedeutsam eingeschätzt. Die hohen Standardabweichungen weisen aber auch auf eine große Spreizung in den Lerngruppen hin – offensichtlich gibt es eine Hälfte, die die Inhalte und Methoden des Bausteins durchaus wertschätzen und eine größere Hälfte, die beides geringschätzen.

Die Ergebnisse zeigen aus unserer Sicht, dass Schüler*innen der Instruktion von Schreibprozeduren eine deutlich geringere Relevanz zuschreiben als der von Textprozeduren, obwohl gerade ersteren mit Blick auf die beiden skizzierten Übergänge eine hohe Bedeutung zukommt.

4.2 Auswertung von Anliegen in Schreibberatungen

Während des authentischen Schreibprozesses der Facharbeit nehmen die Schüler*innen mindestens einmal eine Schreibberatung in Anspruch (vgl. Brinkschulte/Bräuer 2016). Somit wurden in den vier Durchläufen von 2012/13 bis 2015/16 insgesamt ca. 400 Schreibberatungen durchgeführt, wovon 55 per Tonaufnahme aufgezeichnet wurden, die im Durchschnitt 20 Minuten dauerten. Nur diese sind Gegenstand dieser Analyse (n=55). Bei der quantitativen Auswertung von Schreibberatungen wurden die schülerseitig formulierten Anliegen zu Beginn oder während des Verlaufs der Schreibberatungen erfasst und thematisch kategorisiert. Die Schüler*innen äußern – zum großen Teil unterstützt durch die Schreibberater*innen – insgesamt 225 Anliegen in der authentischen Arbeitsphase an den Facharbeiten, die sie während der Schreibberatung besprechen möchten. Dies entspricht einem Durchschnitt von vier Anliegen pro Schreibberatung. Die schülerseitig formulierten Anliegen sind in der Abbildung 4 thematisch geordnet aufgelistet.

Abbildung 4: Schülerseitig formulierte Anliegen in Schreibberatungen (n=55; Anliegen: 225)

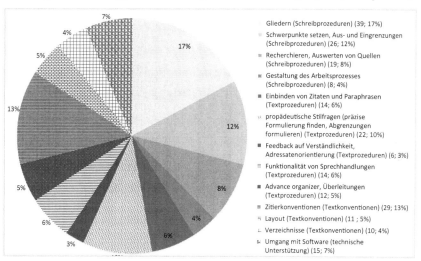

Gliedern (Schreibprozeduren) (39; 17%)

Schwerpunkte setzen, Aus- und Eingrenzungen (Schreibprozeduren) (26; 12%)

Recherchieren, Auswerten von Quellen (Schreibprozeduren) (19; 8%)

Gestaltung des Arbeitsprozesses (Schreibprozeduren) (8; 4%)

Einbinden von Zitaten und Paraphrasen (Textprozeduren) (14; 6%)

propädeutische Stilfragen (präzise Formulierung finden, Abgrenzungen formulieren) (Textprozeduren) (22; 10%)

Feedback auf Verständlichkeit, Adressatenorientierung (Textprozeduren) (6; 3%)

Funktionalität von Sprechhandlungen (Textprozeduren) (14; 6%)

Advance organizer, Überleitungen (Textprozeduren) (12; 5%)

Zitierkonventionen (Textkonventionen) (29; 13%)

Layout (Textkonventionen) (11 ; 5%)

Verzeichnisse (Textkonventionen) (10; 4%)

Umgang mit Software (technische Unterstützung) (15; 7%)

Die inhaltliche Kategorisierung der Anliegen umfasst vier große Themenfelder, mit dem sich die propädeutisch schreibenden Schüler*innen auseinandersetzen: Schreibprozeduren (gepunktet dargestellt, insgesamt 41 %), Textprozeduren (gestreift dargestellt, insgesamt 30 %), Textkonventionen (gekachelt dargestellt, insgesamt 22 %) und Umgang mit Software (grau, 7 %).

Beim Umgang mit der Software beziehen sich die Fragen der Schüler*innen auf das Bedienen der Software, um z. B. ein automatisches Inhaltsverzeichnis erstellen zu können. Diese stellen mit 7 % nur einen geringen Anteil der Schreibberatungen dar, da derartige operative Fragen weitestgehend aus den Schreibberatungen ausgelagert sind.

Die Kategorie der Textkonventionen umfasst 22 % der Anliegen, die sich mit den normativ gesetzten, formalen Konventionen der Textform Facharbeit auseinandersetzen. In diese fallen entsprechend Nachfragen nach dem Erstellen von Verzeichnissen, wie z. B. Abbildungs- oder Abkürzungsverzeichnissen (4 %), nach der Layout-Gestaltung des Textkörpers und des Deckblatts (5 %) und vor allem nach Regeln zu Zitierkonventionen (13 %), damit sowohl Referenzen im Text als auch im Literaturverzeichnis den Konventionen entsprechend angegeben sind.

Die Textprozeduren erfassen das kommunikativ-sprachliche Handeln (Feilke 2014, 21), damit ein propädeutischer Text realisiert werden kann. Insgesamt 30 % der schülerseitig vorgebrachten Anliegen konnten dieser Kategorie zugeordnet werden. In diese Kategorie wurden Anliegen eingeordnet, die sich mit Ausdrücken der „alltäglichen Wissenschaftssprache" (Ehlich 1993, 33) auseinandersetzen, wie sie z. B. mit Sprechhandlungsverben für das Einbinden von Zitaten (Fandrych 2004) genutzt werden. Die Schüler*innen äußerten in 6 % ihrer Anliegen Nachfragen zu dieser Thematik. Ebenfalls zu den Textprozeduren lassen sich Anliegen einordnen, in denen Schüler*innen Unsicherheiten in der propädeutisch-stilistischen Ausgestaltung auf der Wort- und Satzebene verbalisieren. Zu einem Anteil von 10 % in den schülerseitig formulierten Anliegen suchten sie nach einer Rückmeldung zur Präzisierung von Formulierungen oder wie sie Ab- und Eingrenzungen verbalisieren könnten. Auf angewandte Art wurden zu einem Anteil von 5 % Themen wie Advance Organizer oder Nachfragen nach Überleitung von Schüler*innen thematisiert. Zum Teil wurde in den Schreibberatungen ein Feedback auf Rohfassungen oder Entwürfe erbeten. Die Schreibberater*innen sollten in der Regel auf die Verständlichkeit achten (3 %). Die Funktionalität von Sprechhandlungen, wie z. B. die Funktion des Illustrierens, wurde von Schüler*innen zu 6 % auf angewandte Weise thematisiert.

Mit Schreibprozeduren wird eine Kategorie von Themen in Schreibberatungsanliegen bezeichnet, die den, eigentlichen Arbeitsprozess, das Vorgehen beim Arbeiten an einer Facharbeit, erfasst. Anliegen, die dieser Kategorie zugeordnet werden können, werden zu 41 % von Schüler*innen in den Schreibberatungen geäußert. Sie umfassen Themen wie das Vorgehen beim Entwerfen einer Gliederung (17 %) oder die Unsicherheit, wie Schwerpunktsetzungen in der inhaltlichen Auseinandersetzung oder Ein- und Abgrenzungen vorzunehmen seien (12 %). Zum Teil beziehen diese Fragen das Finden bzw. Fokussieren einer Fragestellung für die Facharbeit ein. Dass sich 29 % der Anliegen in dieser Kategorie mit der Planung auseinandersetzen, hängt auch damit zusammen, dass viele Schüler*innen zu einem frühen Zeitpunkt ihrer Arbeitsphase an der Facharbeit in die Schreibberatung kommen. Dies geht zum Teil auf Initiativen der Lehrkräfte zurück.

Zusammenfassend zeigt sich, dass die Schüler*innen in den Schreibberatungen Anliegen äußern, die sich auf den gesamten Schreibprozess beziehen und dabei insbesondere Schreib- und Textprozeduren ansprechen, die während des authentischen Arbeitsprozesses an der Facharbeit eine besondere Rolle zu spielen scheinen, um den Arbeitsprozess voranzutreiben.

5 Schlussfolgerungen und didaktische Implikationen

Wie aus der Analyse der Evaluationsdaten hervorgeht, halten Schüler*innen während der Instruktionsphase, die der Vorbereitung auf das Verfassen der Facharbeiten dient, Unterrichtseinheiten für sinnvoller, die deklaratives und prozedurales Wissen zum Themenfeld der Textprozeduren für eine Facharbeit vermitteln. Die Schüler*innen scheinen dieses Wissen zu benötigen, um sich ein erstes Handlungsrepertoire für die Arbeit an ihrem ersten eigenständigen, komplexen Schreibprojekt aufzubauen. Dieses dient ihnen als Grundlage und Orientierung für die eigenständige, authentische Arbeit an der Facharbeit. Während der Instruktionsphase werden die thematisierten Schreibprozeduren von den Schüler*innen als weniger relevant erachtet. Am Beispiel von Strategien, um Gedanken zu entwickeln, auszuwählen und zu sortieren, wird gezeigt, dass Schüler*innen ihnen bekannte Schreibstrategien zwar wiedererkennen, diese jedoch (noch) nicht auf die komplexere Schreibsituation des Verfassens einer Facharbeit übertragen. Erst wenn die Schüler*innen in der authentischen Schreibsituation des Verfassens ihrer Facharbeiten sind, gewinnen Schreibprozeduren ihre Funktion und ihre Bedeutung für die Schreibenden, wie anhand der Anliegen in den Schreibberatungen verdeutlicht werden konnte. Dabei müssen Schreibstrategien nicht völlig neu sein, sondern Schreibende können bereits aus anderen Kontexten bekannte Schreibprozeduren auf den situationellen Kontext des propädeutischen Schreibens übertragen und diese entsprechend für das individuelle Vorgehen adaptieren. Daher ist es nicht erstaunlich, dass in den Schreibberatungen mehr Schreibprozeduren nachgefragt werden und diese offensichtlich eine größere Bedeutung zugeschrieben bekommen.

Die hohe Relevanz, die Schüler*innen den Textprozeduren und Textkonventionen beimessen, kann noch einen anderen Grund haben: Die Facharbeit geht als Qualifikationstext in eine Bewertung ein, die nach bestimmten Kriterien erfolgt, welche am Produkt festgemacht werden und somit an der sprachlichen Oberfläche sichtbar sein müssen. Dementsprechend ist es durchaus nachvollziehbar, dass Lehrkräfte und in der Folge ihre Schüler*innen in der Instruktionsphase mehr Wert und Aufmerksamkeit auf die Produktseite denn auf die Ebene der Schreibprozeduren legen. Zudem sind Gegenstände der sprachlichen Oberfläche für die Vermittlung deklarativen Wissens leichter zu fassen und auch entsprechend leichter überprüfbar.

Umgekehrt sind manche Schreibprozeduren, die für das Verfassen eines komplexen Textes zentral oder zumindest hilfreich sind (wie z. B. die Erarbeitung von Schreibplänen, die Generierung von Schreibideen oder die differenzierte Planung einer Argumentation), nicht mehr ohne weiteres am fertigen Text nachvollziehbar. Dies mag ebenso dazu beitragen, dass Schüler*innen während ihrer Schreibphase Unsicherheiten oder Unklarheiten in der Realisierung von Schreibprozeduren verspüren, weshalb sie diese in den Schreibberatungen thematisieren.

Wenn Schüler*innen in ihrer propädeutischen Textkompetenz (Schindler/Siebert-Ott 2012) gestärkt werden sollen, gehören alle Dimensionen dieser Kompetenz dazu. Von der Institution Schule und von den Lernenden werden Textprozeduren und -konventionen ohnehin als wichtig angesehen. Da Schreibprozeduren und mit ihnen Schreibstrategien deutlicher in ihrer funktionalen Einbettung gesehen werden, wenn sich die Lernenden in einem authentischen Schreibprojekt befinden, liegt eine Konsequenz auf der Hand, die bereits für andere deutschdidaktische Kontexte gefordert wird: das Schaffen authentischer Schreibarrangements. Die Erweiterung eines Repertoires an Schreibstrategien fördert die Entfaltung von Schreibprozeduren. Mit dem Verfassen einer Facharbeit ist diese authentische, eigenständige Schreibsituation geschaffen. Jedoch wird erst durch die Schreibberatungen eine integrierende Verknüpfung zur Instruktionsphase geschaffen, die die individuelle Schreibsituation aufgreift, indem sie individuell und umfassend auf den*die Schreibende*n in seiner*ihrer Schreibsituation eingeht. Dies zieht aber auch eine notwendige Veränderung der Instruktionsphase nach sich, die zu einer individuellen Auseinandersetzung mit Schreib- und Textprozeduren anregt sowie eine Sensibilisierung für die Schreibsituation bestimmende Kontextfaktoren enthält. Erreicht werden kann dies durch eine Arbeit mit Schreibberater*innen und/oder Schreib-Peers direkt im Unterrichtsgeschehen.

Die zu Beginn skizzierten Übergänge, die Schüler*innen beim propädeutischen Schreiben leisten müssen, dass sie vom subjekt- zum objektbezogenen Schreiben und vom instruierten zum selbstregulierten Schreiben kommen, können gerade durch die Verschränkung der Instruktionsphase mit einer integrierten Schreibberatung produktiv gestaltet werden, so dass Schreibende lernend Schlüsse für die individuelle und situationsangemessene Ausgestaltung ihrer Schreibprozesse ziehen können.

Literatur

Baurmann, Jürgen (2014): Prozessorientierung und Methoden des Schreibunterrichts. In: *Feilke, Helmuth/ Pohl, Thorsten* (Hrsg.): Schriftlicher Sprachgebrauch. Texte verfassen. Baltmannsweiler: Schneider-Verl. Hohengehren, 349–363

Beaufort, Anne (2005): Adapting To New Writing Situations. How Writers gain New Skills. In: *Jakobs, Eva-Maria/ Lehnen, Katrin/ Schindler, Katrin* (Hrsg.): Schreiben am Arbeitsplatz. Wiesbaden: VS Verlag [Schreiben – Medien – Beruf], 201–216

Beaufort, Anne (2007): College Writing and Beyond. A New Framework for University Writing Instruction. Logan, Utah: Utah State University Press

Becker-Mrotzek, Michael (2007): Planungs- und Überarbeitungsstrategien entwickeln. In: Informationen zur Deutschdidaktik (ide) 31 (1), 25–34

Beinke, Christiane/ Brinkschulte, Melanie/ Bunn, Lothar/ Thürmer, Stefan (^{3}2016): Die Seminararbeit. Schreiben für den Leser. Konstanz: UVK-Verl.-Ges.

Bimmel, Peter (2002): Strategisch lesen lernen in der Fremdsprache. In: Zeitschrift für Fremdsprachenforschung, 13 (1), 113–141

Bräuer, Christoph (2010): Könnerschaft und Kompetenz in der Leseausbildung. Theoretische und empirische Perspektiven. Weinheim und München: Juventa

Bräuer, Christoph/ Brinkschulte, Melanie/ Halagan, Robert (2016): Akademisches Schreiben lernen lehren. In: *Bräuer, Christoph/ Brinkschulte, Melanie* (Hrsg.): Akademisches Schreiben – Lehren und Lernen. Osnabrücker Beiträge zur Sprachtheorie (OBST) 88, 89–119

Brinkschulte, Melanie/ Bräuer, Christoph (2016): Vom Beraten zum Schreiben. In: *Bräuer, Christoph/ Brinkschulte, Melanie* (Hrsg.): Akademisches Schreiben – Lehren und Lernen. Osnabrücker Beiträge zur Sprachtheorie (OBST) 88, 121–143

Emig, Janet (1971): The Composing Process of Twelfth Graders. Urbana: NCTE Press

Ehlich, Konrad (1993) Deutsch als fremde Wissenschaftssprache. In: Jahrbuch Deutsch als Fremdsprache 19. München: iudicium, 13–42

Fandrych, Christian (2004): Bilder vom wissenschaftlichen Schreiben. Sprechhandlungsausdrücke im Wissenschaftsdeutschen: Linguistische und didaktische Überlegungen. In: *Wolff, Armin/ Ostermann, Torsten/ Chlosta, Christoph*

(Hrsg.): Integration durch Sprache. Materialien Deutsch als Fremdsprache 73, Regensburg: Fachverband Deutsch als Fremdsprache, 269–291

Feilke, Helmuth (2012): Was sind Textroutinen? Zur Theorie und Methodik des Forschungsfeldes. In: Feilke, Helmuth/ Lehnen, Katrin (Hrsg.): Schreib- und Textroutinen. Theorie, Erwerb und didaktisch-mediale Modellierung. Frankfurt/Main u. a.: Lang, 1–32

Feilke, Helmuth (2014): Argumente für eine Didaktik der Textprozeduren. In: Feilke, Helmuth/ Bachmann, Thomas (Hrsg.): Werkzeuge des Schreibens. Beiträge zu einer Didaktik der Textprozeduren. Stuttgart: Fillibach, 7–34

Feilke, Helmuth/ Lehnen, Katrin/ Schüler, Lisa/ Steinseifer, Martin (2016): Didaktik eristischer Literalität. In: Bräuer, Christoph/ Brinkschulte, Melanie (Hrsg.): Akademisches Schreiben – Lehren und Lernen = Osnabrücker Beiträge zur Sprachtheorie (OBST) 88, 145–173

Fix, Martin (2006): Texte schreiben. Paderborn u. a.: Schöningh

Girgensohn, Kathrin/ Sennewald, Nadja (2012): Schreiben lehren, Schreiben lernen. Eine Einführung. Darmstadt: WBG

Glaser, Cornelia/ Brunstein, Joachim (2014): Selbstreguliertes Schreiben. Modelle, Prozesse und Anwendungen. In: Feilke, Helmuth/ Pohl, Thorsten (Hrsg.): Deutschunterricht in Theorie und Praxis. (DTP). Handbuch zur Didaktik der deutschen Sprache und Literatur in elf Bänden. 4. Schriftlicher Sprachgebrauch – Texte verfassen. Baltmannsweiler: Schneider Hohengehren, 465–477

Graumann, Carl-Friedrich (1990): Aneignung. In: Kruse, Lenelis/ Graumann, Carl-Friedrich/ Lantermann, Ernst-Dieter (Hrsg.): Ökologische Psychologie. Ein Handbuch in Schlüsselbegriffen. München: Psychologie Verlagsunion, 124–130

KMK (2013): Vereinbarung über die Abiturprüfung der gymnasialen Oberstufe in der Sekundarstufe II (Beschluss der KMK vom 13.12.1973 i. d. F. vom 06.06.2013). Berlin u. Bonn

Niedersächsisches Kultusministerium (Nds. KM) (2014): Verordnung über die gymnasiale Oberstufe (VO-GO) vom 17. Februar 2005 und Ergänzende Bestimmungen zur Verordnung über die gymnasiale Oberstufe (EB-VO-GO)

Ortner, Hanspeter (2000): Schreiben und Denken. Tübingen: Niemeyer

Pajares, Frank (2003): Self-Efficacy Beliefs, Motivation, and Achievement in Writing. A Review of the Literature. In: Reading and Writing Quarterly 19, 139–158

Philipp, Maik (³2015): Grundlagen der effektiven Schreibdidaktik. Und der systematischen schulischen Schreibförderung. Baltmannsweiler: Schneider Hohengehren

Ruhmann, Gabriela/ Kruse, Otto (2014): Prozessorientierte Schreibdidaktik: Grundlagen, Arbeitsformen, Perspektiven. In: *Dreyfürst, Stephanie/ Sennewald, Nadja* (Hrsg.): Schreiben. Grundlagentexte zur Theorie, Didaktik und Beratung. Opladen u. a.: Budrich, 15–34

Schindler, Kirsten/ Fernandez, Graciela (2016): Facharbeit und materialgestütztes Schreiben anleiten und begleiten. In: Osnabrücker Beiträge zur Sprachtheorie (OBST) 88, 63–87

Schindler, Kirsten/ Fischbach, Julia (2015): Zwischen Schule und Hochschule: Akademisches Schreiben. Eine Kontroverse. <www.zeitschrift-schreiben.eu>, erschienen: 16.06.2015 (24.01.2016)

Schindler, Kirsten/ Siebert-Ott, Gesa (2012): Textkompetenzen im Übergang Oberstufe – Universität. In: *Feilke, Helmuth/ Köster, Juliane* (Hrsg.): Textkompetenzen in der Sekundarstufe II. Stuttgart: Fillibach, 151–175

Schneuwly, Bernard (1995): Textarten – Lerngegenstände des Aufsatzunterrichts. In: Osnabrücker Beiträge zur Sprachtheorie (OBST) 56, 116–132

Schramm, Karen (2010): Metakognition. In: *Surkamp, Carola* (Hrsg.): Metzler Lexikon Fremdsprachendidaktik. Stuttgart: Weimar: Metzler, 218

Sennewald, Nadja (2014): Schreibstrategien. Ein Überblick. In: *Dreyfürst, Stephanie/ Sennewald, Nadja* (Hrsg.): Schreiben. Grundlagentexte zur Theorie, Didaktik und Beratung. Leverkusen: UTB, 169–190

Steets, Angelika (2003): Wissenschaftspropädeutik in der Oberstufe: Die Facharbeit. In: Der Deutschunterricht 3, 58–70

Steets, Angelika (2011): Die schulische Seminararbeit als sinnvolles Propädeutikum. Möglichkeiten und Grenzen. In: Der Deutschunterricht 5, 62–69

Steinhoff, Torsten (2007): Wissenschaftliche Textkompetenz. Sprachgebrauch und Sprachgebrauch in wissenschaftlichen Texten von Studenten und Experten. Tübingen: Narr

Steinseifer, Martin (2012): Schreiben im Kontroversen-Labor. Konzeption und Realisierung einer computerbasierten Lernumgebung für das wissenschaftliche Schreiben. In: *Feilke, Helmuth / Lehnen, Katrin* (Hrsg.): Schreib- und Textroutinen. Theorie, Erwerb und didaktisch-mediale Modellierung. Frankfurt/Main u. a.: Lang, 61–82

Sturm, Afra (2016): Modellierung schreibbezogener Studierfähigkeiten in der Schweiz. In: Osnabrücker Beiträge zur Sprachtheorie (OBST) 88, 41–61

Andreas Seidler (Köln)

Die Rezension

Eine Textsorte im professionellen, privaten und schulischen Kontext

Abstract: The text type „review" itself stands for a writing in transition. It connects the professional, educational and private domains of writing. In journalism, the review has been an established genre for nearly 300 years. In the educational context it appears as a writing assignment and a lot of young academics start their publication activities by writing a review. Beyond that, writing reviews about all kinds of products has become common for amateurs within the Web 2.0. community. With theses new possibilities, journalistic writing itself is in a transition. The article enquires the didactical surplus of the widespread dissemination of the genre. It asks how educational writing can benefit from the occurrence of the text type outside of educational establishments. For this purpose, linguistic studies and journalistic textbooks get exploited and the links between review-writing and educational standards are examined.

1 Einleitung: Eine Textsorte im Übergang

Die Textsorte der Rezension steht in mehrerlei Hinsicht für ein „Schreiben im Übergang". Dies wird bei einem Blick auf ihre Rolle in unterschiedlichen gesellschaftlichen Kommunikationszusammenhängen deutlich. Sie findet sich im bildungsinstitutionellen Kontext in der Phase des Übergangs von der Schule zur Hochschule. Die Analyse und das Schreiben von Rezensionen sind mögliche Aufgabenstellungen, die z.B. im Kernlehrplan (2013) des Landes Nordrhein-Westfalen für die gymnasiale Qualifikationsphase genannt werden. Auch im späteren Übergang vom Studium zum eigenständigen wissenschaftlichen Arbeiten haben Rezensionen oft eine Initiationsfunktion, beginnen viele angehende Wissenschaftlerinnen und Wissenschaftler ihre Publikationstätigkeit doch mit dem Verfassen einer Rezension.

Aber nicht nur innerhalb der Bildungsinstitutionen findet sich die Textsorte in Übergangsphasen. Sie stellt auch eine Verbindung her zwischen diesen Institutionen und dem Schreiben im privaten und im professionellen Kontext. Journalistisch ist die Rezension eine seit ca. 300 Jahren etablierte Textsorte. Von daher lässt sich argumentieren, die Vermittlung von Schreibkompetenzen in diesem Bereich in den Bildungsinstitutionen sei eine direkt für den Beruf qualifizierende Maßnahme.

Wie allen Internetnutzern bekannt ist, haben die professionellen Schreiber aus Journalismus und Wissenschaft ihr Privileg auf die Textsorte der Rezension aber seit einigen Jahren verloren. Die technischen Möglichkeiten des Web 2.0 bieten heute die Grundlage dafür, dass allerorten kulturelle und andere Produkte von jedermann und jederfrau rezensiert werden können. Das Schreiben von Rezensionen ist somit Teil des Privatlebens als Bürgerin, Leser, Konsumentin etc. geworden. Die Rolle als Verbindungsglied zwischen privatem, professionellem und bildungsinstitutionellem Kontext kommt daher wohl keiner anderen Textsorte in dem Maße zu wie dieser.

Im Folgenden werden die Verbindungen zwischen dem Schreiben von Rezensionen in den unterschiedlichen Domänen genauer betrachtet mit dem Ziel, sowohl in den übergreifenden Aspekten als auch an den Reibungspunkten schreibdidaktisches Potenzial zu identifizieren. Die leitende Frage lautet dabei, welchen Nutzen der schulische Schreibunterricht aus dem außerschulischen Vorkommen der Textsorte ziehen kann, über die einfache Tatsache hinaus, dass es sich im Unterschied zu vielen anderen schulischen Schreibaufgaben um eine mit lebensweltlichem Bezug handelt.

Zunächst wird hierzu die aktuelle Situation des kritischen Schreibens zwischen der Krise des professionellen Journalismus und der aufblühenden Laienkritik im Web 2.0 dargestellt. Im Anschluss wird die Textsorte der Rezension sowohl deskriptiv als auch normativ erschlossen. Dabei werden linguistische Untersuchungen und journalistische Lehrwerke berücksichtig. Letztere werden im Hinblick auf Vorgaben zur Gestaltung der Texte und auf mögliche Übungsformen, die sich auch für den schulischen Kontext adaptieren lassen, ausgewertet. Abschließend werden die verschiedenen Dimensionen der Schreibaufgabe Rezension auch mit Bezug auf die nach den Bildungsstandards im Deutschunterricht zu vermittelnden Kompetenzen erläutert, um die Brückenfunktion der Rezension zwischen didaktischem Schreiben und Schreibformen außerhalb des schulischen Kontextes zu verdeutlichen.

2 Zur aktuellen Situation der Kunstkritik

In einer Übergangsphase steckt nunmehr seit fast zwei Jahrzehnten auch die Kunstkritik selbst. Die Umwälzungen betreffen dabei sowohl ihre mediale als auch ihre ökonomische Basis.

Seit Ende der 1990er Jahre hat die aufkommende Konkurrenz des Internets den Printjournalismus in eine wirtschaftliche Krise geführt, die insbesondere auch das Ressort des Feuilletons in Mitleidenschaft zieht. Zahlreiche Zeitungen haben in den vergangenen Jahren ihre Literatur- und Kulturseiten ausgedünnt.

Im selben Zeitraum entstanden im WWW jedoch zahlreiche neue Plattformen für Film-, Literatur-, Theaterkritik etc. Neben den Onlineauftritten der bekannten Zeitungen und Magazine sind dies auch neue redaktionell betreute Foren wie *critic.de*, *nachtkritik.de* und *glanzundelend.de*, um nur einige wichtige Beispiele zu nennen. Diese werden häufig von professionellen Schreiberinnen und Schreibern bedient, machen ihr Angebot für die Lesenden aber kostenlos. Einnahmen werden durch das Schalten von Werbebannern auf den Webseiten generiert. Die Zeilenhonorare, die für Rezensionen bezahlt werden, sind dabei jedoch sowohl bei den Online-Plattformen als auch bei den krisengeschädigten Printmedien sehr gering.

Ein neues Phänomen, welches das Internet mit sich gebracht hat, ist die unüberschaubare Masse von Laienrezensenten, die ihre Bewertungen auf privaten Blogs, in Online-Communities wie *Lovelybooks.de* oder auf den Seiten von Verkaufsplattformen wie *Amazon.de* publizieren. Dieses Phänomen hat auf Seiten der professionellen Kritik bereits früh, Ende der 1990er Jahre, zu Ängsten und Abwehrreaktionen geführt. „Der Kritiker als aussterbende Spezies", lautete der Untertitel eines ZEIT-Artikels der Literaturkritikerin Sigrid Loeffler aus dem Jahr 1999. Die sich im Internet ausbreitende Laienkritik bedenkt die Autorin mit wenig freundlichen Worten, die gleichzeitig die Furcht davor zu erkennen geben, dass die eigene Profession überflüssig wird: „Das Meinungsbild über neue Kulturwaren wird dort durch buzz, durch Netzgebrabbel, bestimmt – es entsteht demokratisch und kommt gänzlich ohne Profikritiker aus." (Loeffler 1999) In dieser Äußerung findet sich bereits sowohl die Hoffnung als auch die Klage, die mit den neuen publizistischen Möglichkeiten im Internet verbunden waren und sind.

Einerseits ist da die Hoffnung auf eine Demokratisierung des Diskurses über Kunst, an dem sich nun alle ohne Zulassungsbeschränkung beteiligen können. Dies erscheint geradezu als Realisierung der aufklärerischen Utopie vom mündigen Bürger, der sich selbst äußert, anstatt sich auf das Urteil von Autoritäten zu verlassen (vgl. Pfohlmann 2007, 188).

Auf der anderen Seite stehen die Klagen über den Qualitätsverlust der kritischen Äußerungen, sobald die Rede auf das Massenphänomen der Laienkritiken vor allem auf der Seite von *Amazon.de* kommt. Nach David Hugendick, dem Leiter der Literatur-Redaktion von ZEIT-Online, erschaffen die „Myriaden geschriebener Kurzrezensionen […] ein Paralleluniversum, das meist fern der analytischen Auseinandersetzung mit Literatur steht" (Hugendick 2008). Noch polemischer spricht Oliver Bendel in einem Beitrag für das Onlinemagazin *Telepolis* in Bezug auf die Laienkritik im Web 2.0 von „User-generated Nonsense" (Bendel 2009).

Vielleicht provoziert es professionelle Kritiker und Kritikerinnen, dass die Kundenkommentare bei *Amazon.de* explizit als Rezensionen bezeichnet werden, um ihnen dadurch ein erhöhtes kulturelles Kapital zu verleihen (vgl. Neuhaus 2015, 48), obwohl die Texte den Standards professioneller Kritik nur in den seltensten Fällen gerecht werden. Die Mängel, die sich an den Laienrezensionen beobachten lassen, sind zahlreich. Kurz, subjektiv und selten grammatisch und orthographisch korrekt, könnte die Beschreibung einer typischen Laienkritik lauten (vgl. Pfohlmann 2007, 188). Bendel schreibt über den Fall der Laienliteraturkritik:

> „Es spielt weniger eine Rolle, wie das Buch ist, wie es sprachlich, inhaltlich, historisch und kulturell einzuordnen wäre, sondern mehr, wie es auf den Rezensenten wirkt, wie er sich fühlt beim Lesen und davor und danach. Das Gefühl drängt sich in den Vordergrund und wird häufig in einem euphorischen oder vernichtenden Urteil ausgedrückt". (Bendel 2009)

Die Leserinnen und Leser solcher Kritiken erfahren damit einiges über die Wirkung eines Werkes auf die Rezensierenden, aber wenig über die Eigenschaften des rezensierten Werkes. Andrea Bachmann-Stein zieht aus der Analyse von mehr als 200 Buchrezensionen auf *Amazon.de* das Fazit: „Laienrezensionen orientieren sich nicht an literaturkritischen Standards, leitend für die Rezensionsweise sind vielmehr auf das individuelle Leseerleben bezogene wirkungspsychologische Kriterien." (Bachmann-Stein 2015, 89)

Gegenüber der professionellen Kritik ist damit eine Verarmung der Beurteilungskriterien zu verzeichnen. Bei der Laienliteraturkritik ist es vor allem das Kriterium der Spannung, das so sehr im Zentrum steht, dass alle anderen möglichen Qualitäten literarischer Texte dadurch beiseitegeschoben werden (vgl. Neuhaus 2015, 47).

Neben den wirtschaftlichen Problemen für die professionell Schreibenden und den Qualitätsmängeln der Laienrezensionen hat das Internet dem kritischen Schreiben über Kunst aber auch zahlreiche Vorteile verschafft. Thomas Anz fasst diese am Beispiel der Literaturkritik in fünf Punkten zusammen:

1) habe das Internet zu einer erhöhten Nachhaltigkeit der Kritik geführt, da die Rezensionen aus den Feuilletons in den Online-Portalen der Tages- und Wochenzeitungen dauerhaft und einfach auffindbar sind (vgl. Anz 2010, 49).
2) finde die Literaturkritik durch das Internet eine größere Verbreitung als früher durch die Printmedien, denn heute ist es ohne großen Aufwand möglich, im Internet gezielt nach unterschiedlichen Rezensionen aus verschiedenen Blättern zu einem bestimmten Buch zu suchen und diese zu lesen und zu vergleichen (vgl. ebd., 50).
3) habe das Internet der Kritik viele neue Autoren und Autorinnen sowie neue Adressatinnen und Adressaten zugeführt (vgl. ebd., 51). Dies ist die positive

Seite der ohne jede redaktionelle Auswahl stattfindenden Laienkritik im Netz, dass sie dem kritischen Schreiben über Kunst auf Seiten der Produzierenden und der Rezipierenden ein erweitertes Publikum erschlossen hat, das die Eingangsschwelle zum klassischen Feuilleton zuvor nicht überschritten hat.

4) habe die Kritik durch das Internet auch ihren Gegenstandsbereich erheblich erweitert. Während etwa Trivial- und Genreliteratur in den klassischen Feuilletons kaum Beachtung finden, gehören diese zu den beliebtesten Gegenständen der Laienkritik im Netz (vgl. ebd., 52).

5) habe die Literaturkritik „ihre dialogischen und populären Traditionen im Internet neu aufgegriffen, intensiviert und erweitert" (ebd., 53). Die Kommentarfunktionen sowohl in den Online-Feuilletons als auch bei den Amazon-Kundenrezensionen bieten die ideale technische Voraussetzung für einen lebendigen und wechselseitigen Austausch über Kunstwerke. Allerdings muss dabei einschränkend gesagt werden, dass diese Instrumente für den dialogischen Austausch von Meinungen und Argumenten im Zusammenhang mit Kunstthemen nur selten genutzt werden.

Gerade im Hinblick auf mögliche schreibdidaktische Arrangements sind diese technischen Möglichkeiten zur Publikation von Beiträgen und deren wechselseitiger Kommentierung jedoch sehr interessant, ermöglichen sie doch die Gestaltung von Aufgaben „mit Profil" (vgl. Bachmann/Becker-Mrotzek 2010), bei denen Schreibaufgaben in Kommunikationszusammenhänge mit realen Adressaten und authentischem Feedback eingebettet werden können. Dies kann, muss aber nicht auf der kommerziellen Seite von *Amazon.de* stattfinden, sondern lässt sich auch auf den Webseiten von Bildungsinstitutionen umsetzen.

3 Die Textsorte Rezension

Häufig wird die hier in Frage stehende Textsorte in Zeitungen und Magazinen als Buchkritik, Filmkritik, Theaterkritik etc. bezeichnet. Um begriffliche Klarheit zu schaffen, empfiehlt es sich jedoch, von Rezensionen und nicht von Kritiken zu sprechen, um den Unterschied zwischen der Beitragsform Rezension und der Sprachhandlung Kritik zu markieren, die auch in vielen anderen kommunikativen Kontexten und Formen auftreten kann (vgl. Stegert 1997, 104).

Walther von La Roches seit Jahrzehnten in der Journalistenausbildung verbreitetes Lehrwerk „Einführung in den praktischen Journalismus" bleibt bei der Bestimmung der Textsorte Rezension recht vage und spricht von einer „freieren" journalistischen Form (vgl. La Roche 2013, 182 f.). Sie wird unter dem Oberbegriff „Meinungsäußernde Darstellungsformen" (ebd., 177) zusammen mit Glosse und

Kommentar behandelt. Als konstitutive Elemente werden dabei benannt: „Der Autor nimmt Stellung, sagt seine Meinung" (ebd., 177) und „Information und Beurteilung sind in der Rezension in aller Regel verquickt." (Ebd., 182)

Gernot Stegert hat in den 1990er Jahren die Textsorte auf der Basis von fast 800 Feuilleton-Rezensionen explorativ untersucht. Er identifiziert dabei verschiedene „sprachliche Handlungsmuster als konstitutive Bestandteile" (Stegert 1997, 89) der Textsorte, von denen jedoch im Einzelfall in der Regel nur eine Teilmenge realisiert wird. Zu diesen fakultativen Elementen bzw. Sprachhandlungen gehören: Berichten, Beschreiben, Schildern, Erzählen, Erläutern, Erklären, Vergleichen, Einordnen, Deuten, Analysieren, Argumentieren und Bewerten. Außerdem identifiziert Stegert die von ihm als „unjournalistisch" bezeichneten Handlungen Abraten, Empfehlen, Danken, Fluchen, Jubeln, Höhnen, Spotten, Beleidigen, Ironisieren und Fiktionalisieren (vgl. Stegert 1993, 57–86; Stegert 1997, 101–104 und Stegert 2001, 1726).

Die Sprachhandlungen des Informierens und Bewertens reichen für eine trennscharfe Unterscheidung der Textsorte Rezension nicht aus, da diese auch in den Textsorten Glosse und Kommentar gemeinsam auftreten. Manche Feuilletontexte, die eindeutig als Rezension zu identifizieren sind, verzichten ihrerseits auf eine Bewertung (vgl. Stegert 1997, 100). Daher werden noch andere Aspekte benötigt, um die Textsorte trennscharf zu bestimmen. Stegert findet diese zum einen in der thematischen und zeitlichen Restriktion, dass sich Rezensionen mit kulturellen Produkten oder Ereignissen auseinandersetzen, nachdem diese stattgefunden haben oder rezipert wurden (vgl. Stegert 1997, 99 f.). Als ein weiteres konstitutives Moment hebt Stegert hervor, dass Rezensionen an ein allgemeines Publikum gerichtet und über Medien vermittelt sind, wodurch sie sich von einer privaten Äußerung über Kunst unterscheiden. Somit gelangt er zu der Definition: „‚Rezension' heißt der Beitrag in einem öffentlichen Medium, mit dem ein Journalist für möglichst viele Leser ein rezipiertes Kulturereignis unter anderem beschreibt, erklärt, einordnet, deutet und/oder bewertet." (Stegert 1997, 107) Die Frage, ob es unbedingt ein Journalist bzw. eine Journalistin sein muss, der oder die da schreibt, dürfte dabei inzwischen strittig sein.

4 Das Spannungsfeld von Fachlichkeit und journalistischer Gestaltung

Auf der Suche nach invarianten Merkmalen der Textsorte hat Rita Klauser bereits in den 1980er Jahren englischsprachige Rezensionen aus der Zeitschrift *Times Literary Supplement* untersucht. Sie stößt dabei auf vier Grundfunktionen der literarischen Rezension: „die informierende, die wertende, die erörternde und die

aktivierende Funktion." (Klauser 1992, 116) Für die gelingende Umsetzung erachtet sie dabei drei Aspekte für relevant. Die Rezension soll „Resultat subjektiver
Rezeption, Verarbeitung und Analyse sowie fachlich korrekter, überindividuel-
ler Wertung" (Klauser 1992, 147) sein und darüber hinaus „textstrukturierende
Stilmittel des Journalismus mit großem Wirkungsgrad" (ebd.) einsetzen. Klauser
stellt fest, dass Rezensenten, um diesen Anforderungen gerecht werden zu können, „Fachkenntnisse auf dem Gebiet der Literaturwissenschaft, dem der Stilistik
und journalistisch wirkungsvollen Gestaltung des Textes" (Klauser 1992, 114)
benötigen.

Dieses Spannungsfeld zwischen fachlichem Anspruch und wirkungsvoller
Gestaltung, in das sich journalistische Rezensionen einschreiben, hat Christina
Gansel in jüngerer Zeit auf systemtheoretischer Grundlage beschrieben. Sie
analysiert den strukturellen Wandel der Textsorte Rezension im Spannungsfeld
zwischen den Systemlogiken von Literatur(-wissenschaft) und Massenmedien.
Sie macht dabei ihre eigene Unterscheidung zwischen „klassischer Literaturkritik
und journalistischer Buchrezension" (Gansel 2011, 362). Die Literaturkritik sieht
sie als eine rein an literar-ästhetischen Kriterien interessierte Auseinandersetzung
mit den entsprechenden Werken. In journalistischen Buchrezensionen würden
hingegen Strukturen aktualisiert, die primär der Unterhaltungsfunktion für die
Leserschaft dienen: Personalisierung, Leseransprache, Konflikt, Prominenz, rhetorische Mittel etc. (vgl. Gansel 2011, 368 f.). Gansel sieht in dieser Überformung
der Literaturkritik das Durchschlagen der Systemrationalität der modernen Massenmedien auf die textuelle Gestaltung von Buchrezensionen (vgl. Gansel 2011,
370).

Aus einer Bildungsperspektive könnte dies zunächst als Verfallserscheinung
bewertet werden, die wegführt von einer angemessenen Art der Auseinandersetzung mit literarischen oder anderen Kunstwerken. Betrachtet man aber beide
Aspekte, ohne sie gegeneinander auszuspielen, dann lässt sich darin im positiven
Sinne eine doppelte Herausforderung und Kompetenz entdecken: Die differenzierte Auseinandersetzung mit Kunstwerken und die leserorientierte Gestaltung
von Texten miteinander zu verbinden.

5 Vorgaben aus journalistischen Lehrwerken

Wie kann eine solche gelungene Verbindung von gegenstandsgerechter Ana-
lyse und Bewertung auf der einen mit einer ansprechenden journalistischen
Textgestaltung auf der anderen Seite aussehen? Hierzu lassen sich Hinweise in
Lehrwerken zur Journalistenausbildung finden, die auch für den schulischen
Schreibunterricht anregend sind.

Edmund Schalkowski erklärt in seinem in der Reihe Praktischer Journalismus erschienenen Buch *Rezension und Kritik* (2005) drei Elemente für unabdingbar für eine gelungene Rezension: Beschreibung, Beurteilung und ergänzende Information zu Künstler und Werk (vgl. Schalkowski 2005, 105). Die Reihenfolge dieser Elemente folge „einem natürlichen Wahrnehmungsmodus, bei dem ein Phänomen zunächst sinnlich angeschaut, dann geistig durchdrungen und schließlich in seinen Kontext gestellt wird." (Schalkowski 2005, 109) Um jedoch stereotype und langweilige Texte zu vermeiden, wird empfohlen, die drei Blöcke nicht schematisch aneinander zu reihen, sondern diese in kleinere Einheiten zu unterteilen, die dann flexibel kombiniert werden können (vgl. Schalkowski 2005, 109). Die Montage sollte dabei gewissen, auch aus anderen journalistischen Formaten bekannten „Dramaturgie-Regeln" folgen, wie dem Wechsel zwischen Detail und Ganzem, sinnlicher Anschauung und rationaler Argumentation sowie der Erzeugung von Spannung und von Aufmerksamkeit durch Kontraste (vgl. Schalkowski 2005, 110).

Als weitere wichtige Elemente einer Rezension, die einer durchdachten Gestaltung bedürfen, um die Adressaten zum (weiter-)lesen zu animieren, nennt Kerstin Liesem außerdem die These sowie Ein- und Ausstieg des Rezensionstextes (vgl. Liesem 2015, 147).

Der These, die bereits im Vorspann des eigentlichen Textes zu formulieren ist, kommen dabei mehrere Funktionen zu. Zum einen soll sie in verdichteter Form über Inhalt und/oder Bewertung des rezensierten Gegenstandes informieren (vgl. Liesem 2015, 140). Zum anderen soll die These auch als „Teaser" funktionieren, der die Neugier der Adressaten erregt und diese zum Weiterlesen anregt. Diesem Teaser kommt im Online-Journalismus eine erhöhte Bedeutung zu, da er auf der Startseite einer Website in der Regel für sich steht und die Leser erst zum aktiven Anklicken verleitet werden müssen, um auf die untergeordnete Seite mit dem vollständigen Artikel zu gelangen (vgl. Liesem 2015, 160 f.). Dieser Vorgang ist im Online-Journalismus auch von großer wirtschaftlicher Bedeutung, da die Klickzahlen über den Wert der Website für Anzeigenkunden entscheiden.

Bei der Formulierung eines Teasers zu einer Rezension besteht die Kunst also darin, genügend Information über den Gegenstand und die Richtung der Bewertung zu vermitteln, damit potenziell interessierte Leser neugierig werden und neugierig bleiben, wie sich die angedeuteten Informationen dann im vollständigen Rezensionstext entfalten. Auch die Formulierung eines solchen Teasers kann für Schreiblernende eine anregende Aufgabenstellung sein, da sie einerseits Anlass gibt, über die Wirkung des Textes nachzudenken, andererseits eine Art Quintessenz der Rezension darstellt, die mit dieser kohärent sein sollte.

Die durch den Vorspann erzeugte Spannung soll nach den journalistischen Vorgaben auch beim Einstieg in den eigentlichen Rezensionstext weitergeführt werden.

> „Schon die ersten Sätze sollten den Leser neugierig auf das Kommende machen. Eine provokative These, ein gewitztes Apercu, ein markantes Zitat kann die Aufmerksamkeit an das Buch und seine Rezension binden. Eine interessante Frage kann aufgeworfen werden, deren Beantwortung bis zum Schluss hinausgezögert wird. Die Rezension kann mit einem extremen, überraschenden Werturteil einsetzen, auf dessen Begründung der Leser gespannt ist. (…) Auch Rezensionen können, ja sollen spannend sein!" (Anz 1997, 68)

Edmund Schalkowski beschreibt vier „scharf abgrenzbare Typen" (Schalkowski 2005, 112) des Texteinstiegs.

1) Einstiege mit einer Szene, einem Detail oder einem Zitat, die mitten hinein springen in den Gegenstand und sich auf einen kleinen Ausschnitt konzentrieren. Danach muss der Focus erweitert und das Werk, von dem ein Detail präsentiert wurde, nun umfassender beschrieben werden. An diese Beschreibung können sich dann beurteilende Passagen anschließen (vgl. ebd., 112).
2) Einstieg mit dem Urteil, das pointiert Stellung nimmt. Daran kann dann die Beschreibung des Werkes anschließen, bevor die Ausführungen zur Begründung des Urteils zurückkehren (vgl. ebd., 113).
3) Einstieg mit einem Detail aus dem Werk oder dem Leben des Autors, das über das Interesse an der Lebens- oder Werksgeschichte an das neue Produkt heranführt (vgl. ebd., 114).
4) Einstieg mit einer Sentenz, die „mit einer pointierten Aussage den Bogen zwischen allgemein geistigen, geschichtlich-kulturellen gesellschaftlichen Tendenzen und dem Kunstwerk" (ebd., 114) schlägt, und dann in dessen Beschreibung oder Deutung übergehen kann.

Auch Liesem nennt Beispiele für unterschiedliche Formen, den Einstieg in eine Rezension zu gestalten, die sich teilweise mit denen Schalkowskis überschneiden, teilweise das Spektrum noch erweitern. Auch sie spricht vom Einstieg mit einer Szene (vgl. Liesem 2015, 141) oder mit der Wertung, wofür sie die Bezeichnung Kommentar-Einstieg wählt (ebd.,143). Außerdem nennt sie die Möglichkeiten eines nachrichtlichen Einstiegs (vgl. ebd., 142), eines Einstiegs mit Angaben zur Person des Künstlers (vgl. ebd.), den Einstieg mit einer Anekdote aus dem Leben des Künstlers oder aus der Rezeptionsgeschichte von dessen Werk (vgl. ebd., 143) und schließlich den Einstieg mit einer pointierten Inhaltswiedergabe (vgl. ebd., 143).

Stephan Porombka ordnet die unterschiedlichen Formen nach zwei Hauptrichtungen. Er unterscheidet dabei die beiden gegenläufigen Darstellungsstrategien des Kontextualisierens und des Symptomatisierens, die sich für eine narrative Gestaltung von Rezensionstexten anbieten.

> „Der kontextualisierende Einstieg ähnelt einem filmischen Verfahren: Man zoomt sich aus der Totalen immer näher an ein Detail heran oder nähert sich ihm mit einer Schnittfolge. Erst sieht man die Landschaft, erst schaut man von oben auf eine Stadt, dann bewegt man sich auf einen bestimmten Punkt zu, an dem die Szene beginnt." (Porombka 2006, 184 f.)

Konkrete Möglichkeiten hierfür sind etwa der Beginn mit einer allgemein bekannten Situation, einer Redewendung, dem bisherigen Werk eines Autors oder dem kulturhistorischen Kontext etc.

> „Die symptomatisierenden Einstiege verfahren genau umgekehrt. Sie zoomen nicht aus der Totale auf die Details und kommen nicht vom Allgemeinen zum Besonderen. Sie beginnen stattdessen mit einem symptomatischen Ausschnitt, mit einer symptomatischen Szene oder einem symptomatischen Bild, von dem aus dann auf allgemeinere Zusammenhänge übergegangen wird." (Porombka 2006, 188)

Die folgenden Beispiele aus Rezensionen zu den Filmen *Outside the Box* und *The Lady in the Van* veranschaulichen musterhaft die beiden Prinzipien des Beginnens mit dem allgemeinen Kontext bzw. mit einem szenischen Detail:

> „Wer es in der Leistungsgesellschaft zu etwas bringen will, befindet sich im Krieg. Und hier ist bekanntlich alles erlaubt. Basierend auf dieser Grundidee, hat sich Philip Koch an einer Komödie über ein extravagantes Managerseminar versucht." (Riepe 2016, 59)

> „Es beginnt dramatisch, mit Schwarzfilm und Geräuschen, die auf einen Autounfall schließen lassen. Danach sieht man eine Frau am Steuer eines Lieferwagens, dessen Frontscheibe gesplittert und blutüberströmt ist." (Arnold 2016, 59)

Porombka schlägt die symptomatische Darstellung eines Details / einer Szene oder die Einordnung des Werkes in einen größeren Kontext auch als Strategien für den Ausstieg aus einem Rezensionstext vor (vgl. Porombka 2006, 192). Liesem führt außerdem die gängige Form einer zusammenfassenden Bewertung am Ende an (vgl. Liesem 2015, 147).

6 Schreibübungen

In journalistischen Lehrwerken finden sich nicht nur formale und stilistische Vorgaben zur Textsorte Rezension, sondern auch mögliche Übungsformen, die sich ebenfalls für den schulischen Schreibunterricht adaptieren lassen. Besonders ergiebig ist hier Stephan Porombkas (2006) Werk „Kritiken schreiben. Ein Trainingsbuch", das primär auf die universitäre Ausbildung zielt.

Porombka begreift z. B. die Unzulänglichkeit der Laienrezensionen im Netz als didaktische Chance und schlägt vor, diese für den Einstieg in das Thema zu verwenden, weil es den Lernenden ermöglicht, an den vorgelegten Beispielen selbst Mängel zu erkennen und zu benennen, was zu verbessern und zu ergänzen wäre (vgl. Porombka 2006, 13–23). Dieser Zugang kann gerade für Schüler didaktisch sinnvoller sein als die einschüchternde Konfrontation mit vorbildlichen Mustern aus den hochkulturellen Feuilletons.

Obwohl die Textsorte der Inhaltsangabe aus der Schule bekannt ist, fällt gerade das Verfassen einer konzisen Inhaltswiedergabe Anfängern im journalistischen Schreiben oft schwer. Hier bietet sich das Üben nicht nur mit Beispielen aus professionellen Rezensionen an, sondern auch mithilfe anderer Textsorten, die auf die prägnante Zusammenfassung einer Handlung bauen. Solche können z. B. Einträge in Literatur- oder Filmlexika sein (vgl. Porombka 2006, 81). Anregend und herausfordernd im Hinblick auf Kürze können aber auch Text-Bild-Formate sein wie z. B. in Henrik Langes Büchern „Filmklassiker für Eilige" (2009) und „Weltliteratur für Eilige" (2010).

Zur Gestaltung von Teaser, Texteinstiegen und -ausstiegen bietet sich die induktive Methode an, professionelle Rezensionen mit unterschiedlichen Formen zu sammeln und zu vergleichen, auf dass darin die verschiedenen Muster erkennbar werden (vgl. Porombka 2006, 188–191, dessen Aufgaben jedoch eher deduktiven Charakter haben).

Zur erzählerischen Gestaltung von Rezensionen, die Porombka immer wieder einfordert, lassen sich die kritischen Ausführungen z. B. als metaphorische Reise gestalten (vgl. Porombka 2006, 215). Mögliche, für Schülerinnen und Schüler nachvollziehbare Szenarien, die Analogien zur Rezeption eines Kunstwerkes nahelegen, wären etwa eine Bergbesteigung, eine Wüstendurchquerung oder auch eine Achterbahnfahrt auf dem Rummelplatz. Zu denken ist auch an die Gestaltung einer Rezension nach dem Modell des Gerichstverfahrens mit Plädoyer von Staatsanwalt und Verteidiger (vgl. Porombka 2006, 202).

Genuin aus der Perspektive des schulischen Schreibdidaktikers hat Ulf Abraham das gezielte Auf- oder Abwerten eines Werkes (auch gegen die eigene Empfindung des Schreibenden) als Übung zur rhetorischen Gestaltung von Texten vorgeschlagen (vgl. Abraham 1994, 136–145). Eine Variante dazu wäre die wertende Vereinseitigung einer vorliegenden ambivalenten Kritik (vgl. Porombka 2006, 169 f.). Die Umarbeitung eines vorliegenden Textes dürfte Lernenden zunächst leichter fallen als die eigenständige Gestaltung eines rhetorisch durchdachten Neuentwurfs.

Ein Vorteil von Rezensionen besteht in ihrer Beschäftigung mit aktuellen Gegenständen, die einem realen Publikum vorgestellt werden können. Dies gilt es bei der Gestaltung von Schreibarragements zu nutzen. Während viele schulische Schreibaufgaben die Lehrkraft als einzigen Adressaten haben, können Buch- oder Filmrezensionen tatsächlich für ein Publikum außerhalb der Schüler-Lehrer-Beziehung geschrieben und z. B. auf einer Schulwebsite publiziert werden. Dieses Schreiben für reale Adressatinnen und Adressaten kann sich positiv auf die Motivation der Schreibenden sowie die Qualität der Schreibprodukte auswirken.

7 Eignung der Rezensionen für den schulischen Schreibunterricht

Ulf Abraham hat am klassischen schulischen Interpretationsaufsatz die sprachliche Gestaltlosigkeit der Texte sowie ihre Perspektivlosigkeit sowohl im Hinblick auf einen Adressaten als auch im Hinblick auf eine subjektive Perspektive des Schreibenden auf seinen Gegenstand kritisiert (vgl. Abraham 1994, 98–104). Diese blinden Flecken des Interpretationsaufsatzes finden hingegen bei Rezensionen eine besondere Berücksichtigung, weil hier sowohl die subjektive Perspektive der Schreibenden als auch die mögliche Adressaten ansprechende Gestaltung des Textes von zentraler Bedeutung sind. Daher hat Abraham die Rezension als eine Alternative zu der klassischen Aufsatzform ins Spiel gebracht.

Manche Deutschlehrwerke enthalten heute einzelne Kapitel zum Thema Literaturbetrieb und Literaturkritik (vgl. Fernández Pérez 2015). Forschungsbeiträge zur Rolle der Literaturkritik im Deutschunterricht finden sich aber kaum (vgl. ebd., 291).

Christoph Bräuer hat in der Zeitschrift Praxis Deutsch einen Unterrichtsvorschlag für die Klassen 11–13 vorgelegt, bei dem den Schülern durch die Arbeit mit und an der Textsorte Rezension „ein Zugang zur Teilnahme am literarischen Leben ermöglicht werden" (Bräuer 2012, 51) soll. Er schlägt darin die Orientierung der Schreiblernenden an professionellen Rezensionen vor. Der Focus liegt dabei jedoch stärker auf inhaltlichen Aspekten, wie den Auswahl- und Bewertungskriterien im Hinblick auf die rezensierten Bücher und weniger auf der formalen und stilistischen Gestaltung der Rezensionstexte.

Didaktische Konzepte, die die Verankerung der Textsorte in verschiedenen Kontexten und Medien berücksichtigen und sich bei der Entwicklung von Lehrgängen und Modellen durch die journalistische Perspektive auf die Textgestaltung inspirieren lassen, versprechen hier fruchtbar zu sein. Für das Schreiben von Rezensionen im Rahmen des Deutschunterrichts spricht auch, dass es sich dabei um eine Aufgabe handelt, die mit didaktischer Ökonomie zahlreiche unterschiedliche Kompetenzen zugleich anspricht. Neben den Herausforderungen des Schreibens spielt beim Verfassen einer Rezension immer auch die reflektierte Auseinandersetzung mit künstlerischen oder medialen Produkten eine Rolle, deren Behandlung ebenfalls in die Domäne des Deutschunterrichts fällt.

8 Bezüge zu den Bildungsstandards

Betrachtet man die Bildungsstandards im Fach Deutsch für die Allgemeine Hochschulreife (2012), wird deutlich, wie zahlreich die Bezüge zu den unterschiedlichen Kompetenzbereichen sind.

Die allgemeine Kompetenzbeschreibung im Bereich *Schreiben*, nach der Schülerinnen und Schüler „inhaltlich angemessene kohärente Texte, die sich aufgabenadäquat, konzeptgeleitet, adressaten- und zielorientiert, normgerecht, sprachlich variabel und stilistisch stimmig gestalten" (Bildungsstandards 2012, 16), verfassen können sollen, trifft auf das Schreiben von Rezensionen in jedem Teilaspekt zu.

Die Bildungsstandards unterscheiden zwischen informierendem, erklärendem und argumentierendem sowie gestaltendem Schreiben (vgl. ebd., 18). Auch hier kann festgestellt werden, dass das Schreiben von Rezensionen alle drei Formen miteinander verbindet. Die Lernenden müssen dabei sowohl „eigenes Wissen über literarische, sprachliche und andere Sachverhalte" (ebd., 17) darstellen und den „Aufbau, inhaltlichen Zusammenhang und sprachlich-stilistische Merkmale" (ebd.) eines Werkes beschreiben als auch „eigene Interpretationsansätze zu literarischen Texten entwickeln und diese argumentativ-erklärend darstellen" (ebd., 18). Unter der Überschrift „Erklärend und argumentierend schreiben" fordern die Bildungsstandards explizit, dass die Lernenden „in Anlehnung an journalistische […] Textformen eigene Texte schreiben" (ebd.).

Betrachtet man die oben angesprochenen journalistischen Gestaltungsmomente von Rezensionen, so lassen sich diese mit Recht auch im Bereich des gestaltenden Schreibens verorten, in dem es darum gehen soll, „eigene Ideen, Fragestellungen, Ergebnisse von Textanalysen und -interpretationen in kreativ gestalteten Texten" (ebd.) festzuhalten.

Auch zahlreiche der im Bereich *Lesen* genannten Kompetenzen werden beim Schreiben von Literaturkritiken angesprochen. So etwa das Erschließen komplexer Zusammenhänge, Rückschlüsse aus der medialen Präsentation eines Textes ziehen, „Fach- und Weltwissen flexibel einsetzen, um das Textverständnis zu vertiefen" (ebd., 19) oder „im Leseprozess ihr fachliches Wissen selbstständig zur Erschließung und Nutzung voraussetzungsreicher Texte heranziehen" (ebd.).

Die deutlichsten Bezüge finden sich erwartungsgemäß im Kompetenzbereich *Sich mit Texten und Medien auseinandersetzen*. Schon die allgemeine Kompetenzbeschreibung trifft auf das Schreiben von Rezensionen zu unterschiedlichen Medien zu: „Die Schülerinnen und Schüler erschließen sich literarische […] Texte unterschiedlicher Medialer Form unter reflektierter Nutzung von fachlichem Wissen." (Ebd., 20)

Wichtige Aspekte beim Schreiben einer Buchrezension sind z. B. „Inhalt, Aufbau und sprachliche Gestaltung" (ebd.) zu analysieren, literarische Texte „als Produkte künstlerischer Gestaltung" (ebd.) zu erschließen und „die besondere ästhetische Qualität eines literarischen Produktes" (ebd.) zu erfassen. Ausdrücklich gefordert wird auch der in einer Rezension zentrale Aspekt der Wertung, wenn es heißt, „literarische Texte auf der Basis von nachvollziehbaren, sachlich fundierten Kriterien bewerten und dabei auch textexterne Bezüge wie Produktions-, Rezeptions- und Wirkungsbedingungen berücksichtigen" (ebd., 21).

Der analytische Umgang mit vorliegenden Rezensionen im Unterricht entspricht außerordentlich präzise den Aspekten, die im Kompetenzbereich *Sich mit pragmatischen Texten auseinandersetzen* gefordert werden. Für die Aufgaben, „ein umfassendes, Textfunktionen, Situationen und Adressaten beachtendes Textverständnis formulieren", „die in pragmatischen Texten enthaltenen sprachlichen Handlungen ermitteln", „die Funktionen eines pragmatischen Textes bestimmen und dessen mögliche Wirkungsabsichten beurteilen" und „die sprachlich-stilistische Gestaltung eines pragmatischen Textes fachgerecht beschreiben und deren Wirkungsweise erläutern" (ebd., 22) drängen sich Rezension mit ihren unterschiedlichen Handlungsmomenten, sprachlichen Mitteln und Wirkungsabsichten geradezu auf.

Die eigene Produktion von Rezensionen wird im Bereich *Sich mit Texten unterschiedlicher medialer Form und Theaterinszenierungen auseinandersetzen* von den Bildungsstandards explizit eingefordert, wenn es heißt, dass die Lernenden „die ästhetische Qualität von Theaterinszenierungen, Hörtexten oder Filmen beurteilen" und „sich mit Filmkritik" (ebd.) auseinandersetzen sollen.

Darüber hinaus sind auch die Aspekte „verbale […] Signale für Macht- und Dominanzverhältnisse identifizieren" und „persuasive und manipulative Strategien in öffentlichen Bereichen analysieren und sie kritisch bewerten" (ebd., 25) aus dem Kompetenzbereich *Sprache und Sprachgebrauch reflektieren* anhand von Rezensionstexten umsetzbar.

9 Didaktische Funktion für die Schreibenden

Thomas Anz hat der professionellen Literaturkritik zwei didaktische Funktionen zugeschrieben. Zum einen die „didaktisch-vermittelnden Funktion für das Publikum", dem durch eine Rezension Wissen und Fähigkeiten vermittelt werden sollen, die für das Verständnis und den Genuss eines Kunstwerkes notwendig sind (vgl. Anz 2007, 195). Zum anderen die „didaktisch-sanktionierende Funktion" (ebd.) für die Produzenten, die auf Stärken und Schwächen ihres Werkes aufmerksam gemacht werden sollen. Betrachtet man die vorangehenden Ausführungen, kann für den Ausbildungskontext eine dritte didaktische Funktion hinzugefügt werden, die sich auf die Schreibenden selbst bezieht, die sich bei der Arbeit mit und an Rezensionen Kompetenzen in der wirkungsvollen sprachlichen Gestaltung von Texten und dem analytischen Umgang mit Werken aus den unterschiedlichen Kunstformen aneignen können.

Während die professionelle Kulturkritik in einer Krise steckt, bietet sich kritisches Schreiben in der Schule umso stärker an, um die im Deutschunterricht zu vermittelnden Kompetenzen zu fördern. Die Textsorte Rezension schlägt damit eine Brücke und bildet einen Übergang zwischen einer didaktisch motivierten „Textform als Lernform" (Pohl/Steinhoff 2010) und authentischen Schreibpraktiken in Freizeit und Beruf. Die professionelle Kritik bleibt dabei trotz ihrer (ökonomischen) Krise eine wichtige Anregung für das Schreiben in Bildungsinstitutionen und Freizeit.

Literatur

Abraham, Ulf (1994): Lesarten – Schreibarten. Formen der Wiedergabe und Besprechung literarischer Texte. Stuttgart: Klett

Anz, Thomas (1997): Literaturkritik. In: Dieter Heß (Hrsg.): Kulturjournalismus. Ein Handbuch für Ausbildung und Praxis. 2. Aufl., München: List, 59–68

Anz, Thomas (2007): Theorien und Analysen zur Literaturkritik und zur Wertung. In: *Anz, Thomas/ Baasner, Rainer* (Hrsg.): Literaturkritik. Geschichte, Theorie, Praxis. 3. Aufl., München: C.H. Beck, 194–219

Anz, Thomas (2010): Kontinuitäten und Veränderungen der Literaturkritik in Zeiten des Internets: Fünf Thesen und einige Bedenken. In: *Renate Giacomuzzi/ Stefan Neuhaus/ Christiane Zintzen* (Hrsg.): Digitale Literaturvermittlung. Praxis – Forschung – Archivierung. Innsbruck: StudienVerlag, 48–59

Arnold, Frank (2016): The Lady in the Van. In: EPD Film 4 (33), 59

Bachmann, Thomas/ Becker-Mrotzek, Michael (2010): Schreibaufgaben situieren und profilieren. In: *Pohl, Thorsten/ Steinhoff, Torsten* (Hrsg.): Textformen als Lernformen. Duisburg: Gilles & Francke, [Kölner Beiträge zur Sprachdidaktik; 7], 191–210

Bachmann-Stein, Andrea (2015): Zur Praxis des Bewertens in Laienrezensionen. In: *Kaulen, Heinrich/ Gansel, Christina* (Hrsg.): Literaturkritik heute. Göttingen: V&R, 77–91

Bendel, Oliver (2009): User-generated Nonsense. Literaturbesprechungen von Laien im Web 2.0. <http://www.heise.de/tp/artikel/30/30206/1.html>, zuletzt geprüft am 21.06.2016

Bildungsstandards im Fach Deutsch für die Allgemeine Hochschulreife. Beschluss der Kultusministerkonferenz vom 18.10.2012.

Bräuer, Christoph (2012): Literaturkritik. Von der professionellen Rezension zur eigenen Kritik. In: Praxis Deutsch, Nr. 231, 51–55

Fernández Pérez, José (2015): Literaturkritik im pädagogischen Kontext? Zur Praxis von Literaturkritik im Deutschunterricht. In: *Kaulen, Heinrich/ Gansel, Christina* (Hrsg.): Literaturkritik heute. Göttingen: V&R, 287–304

Gansel, Christina (2011): Literaturkritik als Textsorte und systemspezifische Ausdifferenzierung. In: Mitteilungen des Deutschen Germanistenverbandes. 58. Jg., Heft 4, 2011, 358–372

Hugendick, David (2008): Jeder spielt Reich-Ranicki. In: Die Zeit. Nr. 17, 17.04.2008

Kernlehrplan für die Sekundarstufe II, Gymnasium / Gesamtschule in Nordrhein-Westfalen, Deutsch. Herausgegeben vom Ministerium für Schule und Weiterbildung des Landes Nordrhein-Westfalen 2013

Klauser, Rita (1992): Die Fachsprache der Literaturkritik. Dargestellt an den Textsorten Essay und Rezension. Frankfurt/Main: Lang 1992

Lange, Henrik (2009): Filmklassiker für Eilige. Und am Ende kriegen sie sich doch. München: Knaur

Lange, Henrik (2010): Weltliteratur für Eilige. Und am Ende sind alle tot. München: Knaur

La Roche, Walther von (2013): Einführung in den praktischen Journalismus. 19., neu bearb. Aufl. von Gabriele Hooffacker und Klaus Meier, Wiesbaden: Springer VS

Liesem, Kerstin (2015): Professionelles Schreiben für den Journalismus. Wiesbaden: Springer VS

Loeffler, Sigrid (1999): Die Furien des Verschwindens. In: Die Zeit. Nr. 1, 1999

Neuhaus, Stefan (2015): „Leeres, auf Intellektualität zielendes Abrakadabra". Veränderungen von Literaturkritik und Literaturrezeption im 21. Jahrhundert. In: *Kaulen, Heinrich/ Gansel, Christina* (Hrsg.): Literaturkritik heute. Göttingen: V&R, 43–57

Pfohlmann, Oliver (2007): Literaturkritik in der Bundesrepublik. In: *Anz, Thomas/ Baasner, Rainer* (Hrsg.): Literaturkritik. Geschichte, Theorie, Praxis. 3. Aufl., München: C.H. Beck, 160–191

Pohl, Thorsten/ Steinhoff, Torsten (2010): Textformen als Lernformen. In: *Pohl, Thorsten/ Steinhoff, Torsten* (Hrsg.): Textformen als Lernformen. Duisburg: Gilles & Francke, [Kölner Beiträge zur Sprachdidaktik; 7], 5–26

Porombka, Stephan (2006): Kritiken schreiben. Ein Trainingsbuch. Konstanz: UVK

Riepe, Manfred (2016): Outside the Box. In: EPD Film 5 (33), 59

Schalkowski, Edmund (2005): Rezension und Kritik. Konstanz: UVK. [Praktischer Journalismus; 49]

Stegert, Gernot (1993): Filme rezensieren in Presse, Radio und Fernsehen. München: TR-Verlagsunion

Stegert, Gernot (1997): Die Rezension. Zur Beschreibung einer komplexen Textsorte. In: Beiträge zur Fremdsprachenvermittlung 31, 89–110

Stegert, Gernot (2001): Kommunikative Funktionen der Zeitungsrezension. In: Joachim-Felix Leonhard: Medienwissenschaft. Ein Handbuch zur Entwicklung der Medien und Kommunikationsformen. Berlin: De Gruyter, 1725–1729

Ines Lammertz und Heidrun Heinke (Aachen)

Entwicklung eines Testinstruments zur Erhebung der Reviewing-Kompetenz

Abstract: "Engineers who don't write well end up working for engineers who do write well." (Poe/Lerner/Craig 2010). This quotation stresses the importance of scientific writing skills in professional life, which holds for engineers as well as for scientists. An essential component of these skills is the ability to review texts concerning both texts one has written by himself and texts written by others. Several studies have shown that the quality of texts written by students improves if students are given the opportunity to practice both forms of reviewing. In order to test whether practicing writing texts also improves students' reviewing abilities, an intervention study was conducted in a physics laboratory course at the RWTH Aachen University in winter 2014/15. For this study, a specific test instrument was developed which enables to assess the reviewing abilities of bachelor students of science and engineering. The test instrument and the development process are described in detail in this paper.

1 Einleitung

Viele Bachelorstudierende der Ingenieur- und Naturwissenschaften werden im Physikpraktikum beim Verfassen von Versuchsberichten zum ersten Mal mit dem wissenschaftlichen Schreiben konfrontiert. Dies bedeutet für einen großen Teil der Praktikumsteilnehmer[1], dass sie mit Beginn der Lehrveranstaltung den Übergang vom schulischen zum universitären, wissenschaftlichen Schreiben und so auch den ersten Schritt in Richtung fachlicher Profilierung bewältigen müssen.

Einen Versuchsbericht oder andere wissenschaftliche Texte zu verfassen umfasst dabei deutlich mehr als allein die Fähigkeit einen Text aufzuschreiben. Insbesondere beim wissenschaftlichen Schreiben müssen Autoren zusätzlich zu Fachkenntnissen auch über spezifische Kenntnisse und Fähigkeiten in Bereichen wie Textsortenkompetenz, Stilkompetenz, bei der Herstellung von Text-Text-Bezügen und über Lese- und Rezeptionskompetenz verfügen (Kruse/Jakobs 2003).

Entsprechend groß sind die Probleme, die bei der schriftlichen Präsentation von experimentellen Daten und Ergebnissen sowie ihrer Interpretation durch

---

1   Aus Gründen der Sprachökonomie wird in diesem Beitrag das generische Maskulinum verwendet.

die Studierenden auftreten. Dies gilt auch oder vielleicht sogar gerade, weil die Studierenden ihre schriftlichen Ausarbeitungen im Praktikum in Partnerarbeit verfassen. Hier zeigt sich ein weiterer Übergang, der von den Studierenden bewältigt werden muss: der Übergang vom individuellen zum kooperativen Schreiben.

Kooperatives Schreiben bedeutet, dass Personen interagieren um Texte zu planen, zu schreiben oder zu überarbeiten (Schindler/Wolfe 2014). In diesem Sinne bedeutet der Übergang zum kooperativen Schreiben für Studierende auch, dass sie lernen, Arbeit untereinander aufzuteilen und Verantwortungsbereiche festzulegen (ebd.).

Beim kooperativen Schreiben ist das (gegenseitige) Reviewing von Texten sowohl in der universitären Ausbildung als auch beim späteren professionellen Schreiben eine wichtige Komponente (ebd.). Reviewing wird in diesem Beitrag verstanden als wichtiger Schritt beim Übergang vom Schreiben zum Überarbeiten eines Textes. Dieser besteht aus dem kritischen Lesen eines Textes und der anschließenden Problemdiagnose (z. B. Scardamalia/Bereiter 1983; Hayes/Flower/Schriver/Stratman/Carey 1987). Als solches ist *Reviewing* ein wichtiges Element von Schreibprozessen, das sich auch in vielen Schreibmodellen wiederfindet (z. B. Flower/Hayes 1980; Ludwig 1983 oder Scardamalia/Bereiter 1987).

Vor diesem Hintergrund überrascht es kaum, dass theoretische Überlegungen eine enge Verknüpfung zwischen der Kompetenz, eigene Texte zu schreiben, und derjenigen, eigene oder fremde Texte zu beurteilen, nahelegen (siehe Abschnitt 2). Diese Überlegungen werden durch empirische Studien gestützt, die zeigen, dass die Qualität eigener Texte durch das Trainieren von *Reviewing* verbessert wird (z. B. Lumbelli/Paoletti/Frausin 1999; Cho/MacArthur 2011; Jahin 2012). Ebenso gibt es Hinweise darauf, dass Autoren qualitativ guter Texte auch bessere Reviewer sind (z. B. Cho/Cho 2011, Patchan/Schunn 2015). Nur wenig untersucht wurde bisher allerdings, inwiefern das Verfassen eines Textes die Reviewing-Kompetenz beeinflusst.

An der RWTH Aachen wurde im Wintersemester 2014/15 in einem physikalischen Praktikum für Chemie-Studierende eine Interventionsstudie durchgeführt. Dabei wurde untersucht, wie die Teilnahme an einem im Praktikum eingebetteten Schreibprojekt, in dem kooperativ Texte verfasst werden, die Fähigkeit zum *Reviewing* fremder Texte beeinflusst[2].

---

2 Detaillierte Informationen zum Schreibprojekt und den Studienergebnissen finden sich in anderen Arbeiten (Lammertz/ Heinke 2016b; Lammertz 2017/in Vorbereitung).

Um die Entwicklung der studentischen Reviewing-Fähigkeiten vergleichend erheben zu können, musste zunächst ein geeignetes Testinstrument entwickelt werden, das verschiedenen Anforderungen genügt:

Das angestrebte Testinstrument muss auch in Kohorten mit 100 oder mehr Probanden, wie sie häufig in naturwissenschaftlichen und technischen Fachrichtungen anzutreffen sind, einsetzbar sein. Es wird eine standardisierte, niedrig inferente Bewertung des Tests angestrebt, um die Testgütekriterien auch beim Einsatz verschiedener Personen im Bewertungsprozess einhalten zu können. Dies erscheint insbesondere vor dem Hintergrund der großen Teilnehmerzahlen notwendig. Die Vorzüge einer solchen Bewertung kommen aber auch in kleinen Gruppen, insbesondere bei gruppenübergreifenden Vergleichen, zum Tragen.

Inhaltlich soll auf die Passung des Tests zur Zielgruppe geachtet werden. Im Hinblick auf den spezifischen Einsatz im physikalischen Praktikum ist von Bedeutung, dass die Testdurchführung die Lehrveranstaltung nur so kurz unterbricht, dass die Studierenden trotz Teilnahme am Test auch das für den Tag vorgesehene Experiment durchführen können.

Um in Interventionsstudien variabel einsetzbar zu sein, muss der Test eine vergleichende Erhebung der *Reviewing*-Kompetenz zu verschiedenen Zeitpunkten erlauben. Es werden daher zwei Testversionen entwickelt, die mögliche Testwiederholungseffekte verhindern sollen (Bortz/Döring 2006). Die beiden Testversionen müssen verschieden genug sein, um Erinnerungseffekte reduzieren zu können. Gleichzeitig müssen sie einen ähnlichen Schwierigkeitsgrad aufweisen, um reliable, gruppenübergreifende Vergleiche sowie Prä-Post-Vergleiche zu ermöglichen.

Dabei nimmt der Beitrag bewusst nicht nur die Beschreibung des Instruments selbst in den Fokus, sondern auch dessen Entwicklung. Hintergrund hierfür sind die schreibspezifischen Besonderheiten verschiedener Fachdisziplinen. Sie verhindern, dass die *Reviewing*-Kompetenz von Studierenden verschiedener Fachdisziplinen im wissenschaftlichen Kontext durch ein globales Instrument abgedeckt werden kann. Deshalb wird die Entwicklung eines fachspezifischen Testinstruments hier explizit thematisiert, sodass damit analoge Entwicklungen für andere Adressaten ermöglicht werden.

2 Der Übergang zwischen Schreiben und Reviewing an eigenen und fremden Texten

Reviewing bildet die Basis sowohl für die erfolgreiche Überarbeitung eigener Texte (z. B. Scardamalia/Bereiter 1983) als auch für das Formulieren von konstruktivem Feedback zu Texten von anderen Personen (Schindler/Wolfe 2014).

In beiden Fällen – der kritischen Durchsicht fremder und eigener Texte – bildet das Wissen, das der Beurteilende über Texte und deren Gestalt hat, die Grundlage für die Bewertung eines Textes (Schindler/Siebert-Ott 2012). Es ist daher naheliegend, einen engen Zusammenhang zwischen der Fähigkeit, Texte schreiben zu können, und der Fähigkeit, einen Text kritisch zu lesen und Probleme zu diagnostizieren, anzunehmen. Diese Annahme wird beispielsweise von Patchan/Schunn (2015) gestützt. Sie beziehen sich in ihren Überlegungen auf die Theorie der identischen Elemente (*Identical Elements Theory*) von Thorndike/Woodworth (1901). Thorndikes Theorie basiert auf der Idee, dass die erfolgreiche Bewältigung einer neuen Situation davon abhängt, wie viele „identische Elemente" diese Situation mit einer bereits bekannten Situation gemeinsam hat. Nach Patchan/Schunn (2015) ist es wahrscheinlich, dass die Teilprozesse, die bei Durchsicht und Überarbeitung eines selbst erstellten Textproduktes durchlaufen werden müssen, auch die Basis für Aufgaben bilden, in denen es um das Formulieren von Rückmeldungen zu Texten anderer Personen geht und umgekehrt.

So zwingt beispielsweise das Formulieren von Feedback zu einem fremden Text den Feedback-Geber zur intensiven Auseinandersetzung mit dem vorliegenden Text und zur Problemdiagnose. Dies ist ein Schritt, den gerade schwächere Schreiber beim eigenen Textprodukt häufig zu vermeiden suchen, indem sie Textpassagen löschen, anstatt sich intensiv mit den darin verborgenen Problemen zu befassen (Patchan/Schunn 2015). Somit birgt das Generieren von Lösungen für Probleme in Texten anderer die Chance, neue Strategien und Ideen für das Schreiben eigener Texte zu entwickeln.

Umgekehrt sollte jemand, der regelmäßig eigene Texte schreibt, sich intensiv mit diesen Texten auseinandersetzt und auch Feedback zu seinen Texten erhält (Esterl/Saxalber 2010), in der Lage sein, sein Wissen über Texte zum Formulieren konstruktiver Rückmeldungen für fremde Texte zu nutzen. Je ausgeprägter dabei das textbezogene Wissen des Feedback-Gebers ist, desto eher wird er in der Lage sein, sich in fremde Texte einzuarbeiten, Probleme zu identifizieren und Verbesserungsvorschläge zu formulieren.

In der Summe gibt es demnach sich überlappende kognitive Prozesse zwischen der Revision eigener Texte und dem Formulieren von Rückmeldungen zu fremden Texten. Das in diesem Beitrag vorgestellte Testinstrument kann u. a. in Interventionsstudien eingesetzt werden, um die postulierten Zusammenhänge näher zu erforschen.

3 Entwicklung eines Testinstrumentes zur Erhebung studentischer Reviewing-Kompetenz

Um die Entwicklung der *Reviewing*-Kompetenz unter den in Abschnitt 1 genannten Randbedingungen verlässlich erfassen zu können, wurde ein spezifisches Testinstrument entwickelt. Der Kern dieses Testinstrumentes besteht aus zwei sogenannten Test-Texten, die absichtlich eingebaute Fehler[3] verschiedener Art beinhalten. Wie beim *Reviewing* fremder Texte üblich, sollen die Studierenden die Test-Texte lesen, die eingebauten Fehler identifizieren und nachvollziehbar kommentieren. In der Auswertung wird analysiert, wie viele Fehler korrekt identifiziert wurden. Deren Zahl entspricht der Gesamtpunktzahl, die beim Test-Text erzielt wurde.

Nach Hayes (1996) sind Lesen und Leseverstehen wesentliche Elemente des Revisions- und somit auch des *Reviewing*-Prozesses. Da die Test-Texte naturgemäß eine leseintensive Bearbeitung verlangen, sollte der Einfluss des Leseverständnisses bei der Testauswertung berücksichtigt werden. Die Test-Texte werden daher durch einen zielgruppengerechten Leseverständnistest ergänzt (Details dazu finden sich in Lammertz/Heinke 2016a).

Jede Disziplin hat ihre schreibspezifischen Besonderheiten (Carter 2007). Nichtsdestotrotz sind viele Aspekte wissenschaftlichen Schreibens disziplinübergreifend, sofern die fraglichen Disziplinen sich nicht zu sehr unterscheiden. Carter (2007) diskutiert dies vor dem Hintergrund sogenannter Metagenres und Metadisziplinen und formuliert, dass verschiedene Fachdisziplinen im Hinblick auf „common ways of (...) writing" (S. 394) gruppiert werden können. Dies kann zum Beispiel für verschiedene naturwissenschaftliche Fächer angenommen werden (ebd.). Entsprechend kann erwartet werden, dass ein Testinstrument zur Erhebung der Reviewing-Kompetenz im Bereich der Physik disziplinübergreifend eingesetzt werden kann, wenn der fachliche Inhalt des Instruments für die Probanden so einfach zugänglich ist, dass diese beim *Review*-Prozess nicht an fachlichen Problemen scheitern. Für die Entwicklung von Test-Texten für Bachelorstudierende

---

3 Obwohl die Verwendung des Begriffs „Fehler" aus schreibdidaktischer Sicht nicht unproblematisch ist (siehe z. B. Henning 2012), erscheint die Verwendung dieses Begriffs im Kontext des Testinstrumentes doch angemessen, da es sich bei den eingebauten Fehlern um eindeutig zu identifizierende Abweichungen von disziplinspezifischen Schreibnormen handelt. Außerdem gibt es zu jedem Fehler (mindestens) eine Alternative, die ,richtig' wäre (ebd.). Da es sich außerdem um einen Bewertungskontext (ebd.) handelt, wird der Begriff Fehler in diesem Beitrag als Überbegriff für alle in den Schritten 1 bis 3 aufgeführten textuellen Defizite verwendet.

verschiedener naturwissenschaftlicher Fächer wurde ein einfacher physikalischer Inhalt gewählt, so dass sichergestellt werden konnte, dass schulisches naturwissenschaftliches Vorwissen ausreicht, um die Texte verstehen zu können.

In die Auswahl der Fehler flossen verschiedene Kriterien ein: So wurden nur Fehler berücksichtigt, die zuvor als typische Fehler identifiziert wurden und deren Vermeidung nach Lektüre diverser Schreibratgeber oder nach Meinung von schreiberfahrenen Physikern als besonders essentiell erscheint (siehe nachfolgend Schritte 1–3).

Im Hinblick auf den durch die Einbettung im Physikpraktikum limitierten zeitlichen Rahmen für die Testdurchführung wurde der Test für eine Bearbeitungszeit von 15 Minuten konzipiert. Eine Textlänge von maximal 1,5 Seiten und der Einbau von 30 Fehlern wurden gewählt, um ein vertretbares Verhältnis zwischen der zum Lesen des Textes benötigten Zeit und der Zeit für die aktive Fehlersuche zu erzielen.

Schritt 1: Analyse von Korrekturkommentaren

Zur Entwicklung eines adressatenspezifischen Testinstruments wurden zunächst 43 von Chemie-Studierenden verfasste Kurzveröffentlichungen aus dem Wintersemester 2013/14 analysiert. Diese Kurzveröffentlichungen wurden im regulären Praktikum erstellt und von einem studentischen Tutor sowie einem wissenschaftlichen Mitarbeiter ausführlich kommentiert. Insgesamt fanden sich in den 43 Kurzveröffentlichungen 1671 solcher Korrekturkommentare in Form von Bemerkungen oder Hinweisen zum Text, die entweder vom Tutor oder vom wissenschaftlichen Mitarbeiter stammen. Diese Kommentare wurden im Rahmen einer studentischen Abschlussarbeit (Schmidt unveröffentlicht) mittels qualitativer Inhaltsanalyse (Mayring 2010) kategorisiert. Eine kurze Beschreibung der neun abgeleiteten und durch ein Interrating abgesicherten Kategorien ist in Tabelle 1 zu finden.

Tabelle 1: Kategorien für Korrekturkommentare

Kategoriebezeichnung	Kurzbeschreibung	Kürzel
Allgemeine Rechtschreib-, Grammatik- und Flüchtigkeitsfehler	Satzzeichenfehler und Flüchtigkeitsfehler wie z. B. doppelte oder fehlende Wörter oder Leerzeichen, grammatikalische und orthographische Fehler	1.1
Formatierung	Fehler bei Schriftarten oder -größen, wechselnde Textausrichtung, uneinheitliche Absätze und Abstände, schlecht lesbare Abbildungen	1.2

Kategoriebezeichnung	Kurzbeschreibung	Kürzel
Besonderheiten wissenschaftlichen Schreibens	Umgangssprachliche Formulierungen, überflüssige oder sich wiederholende Informationen, ungeeignete Verknüpfungen von Fachbegriffen und Verben, ungeeignete Überschriften oder Beschriftungen von Abbildungen und Tabellen	1.3
Vollständige und verständliche Darstellung des Inhalts	Fehlende Informationen zur Vorgehensweise oder zu verwendeten Quellen, fehlende Bezüge (Text-Text oder Text-Bild), nicht erläuterte Variablen, Fachwörter, Rechenwege oder Abbildungen	2
Gliederung und Struktur der Arbeit	Falsche Positionierung von Informationen, Abbildungen oder Tabellen in der Arbeit, Fehler bei Formatierung oder Nummerierung von Formeln, Verwendung uneinheitlicher Bezeichnungen oder Beschriftungen	3
Fachliche Grundlagen, Versuchsaufbau und -durchführung	Fehler in Theorie, im Aufbau oder in der Durchführung der Versuche, Verwendung von Fachausdrücken im falschen Kontext, falsch verwendete Konstanten oder falsche Beschreibung von verwendeten Apparaturen	4
Auswertung, Darstellung von Messwerten und Ergebnissen	Uneinheitliche Genauigkeitsangabe bei Messwerten und zugehöriger Messunsicherheit, falsche oder ungünstige graphische Auftragung, falsche oder fehlende Messunsicherheiten, fehlerhafte Angabe eines Messwertes mit Messunsicherheit und/oder Einheit	5.1
Interpretation und Diskussion	Falsche Schlussfolgerungen, fehlende Vergleiche mit Literaturwerten, Fehler bei der Ergebnisinterpretation auch im Zusammenhang mit der zugehörigen Messunsicherheit, nicht aussagekräftige Bewertung der Ergebnisse	5.2
Sonstiges	Lob, nicht verständliche oder unleserliche Korrekturkommentare	6

Die Kategorien *vollständige und verständliche Darstellung des Inhalts* sowie *Besonderheiten wissenschaftlichen Schreibens* repräsentieren mit jeweils über 400 zugeordneten Kommentaren die am häufigsten auftretenden Kategorien. Auch unter dem Vorbehalt, dass nicht jeder Korrekturkommentar mit einem von den Studierenden tatsächlich begangenen Fehler gleichzusetzen ist, sollten Elemente

aus diesen beiden Kategorien besonders bei der Erstellung der Test-Texte berücksichtigt werden.

Alle übrigen Kommentare verteilen sich mit ca. 100–200 Kommentaren pro
Kategorie relativ gleichmäßig auf die übrigen Kategorien. Für die Erstellung der
Test-Texte wird die Kategorie *Sonstiges*, die überwiegend aus Lob besteht, nicht
weiter berücksichtigt.

Schritt 2: Abgleich mit Ratgeberliteratur

Im zweiten Schritt der Testentwicklung wurde der Inhalt des oben beschriebenen
Kategoriensystems mit dem Inhalt von verschiedenen Ratgebern zum wissen-
schaftlichen Schreiben und Arbeiten abgeglichen (Heesen 2014; Esselborn-
Krumbiegel 2004; Franck 2007; Franck/Stary 2011; Boeglin 2007; Brink 2005;
Eco 2007). Aus der Ratgeberliteratur wurden nur Aspekte extrahiert, die sich den
bestehenden Kategorien zuordnen ließen. Dies sollte zum einen dabei helfen, die
große Menge an Tipps und Hinweisen auf Elemente zu reduzieren, die für die
Textsorte Kurzveröffentlichungen im Physikpraktikum tatsächlich relevant sind.
Zum anderen sollte der Abgleich mit einer breiten Auswahl von Ratgeberliteratur
bei der Gewichtung der einzelnen Fehlerkategorien helfen. Es zeigte sich, dass
besonders viele Hinweise in den Ratgebern die Kategorien *vollständige und verständliche Darstellung des Inhalts, Besonderheiten wissenschaftlichen Schreibens,
Gliederung und Struktur der Arbeit und Interpretation* und *Diskussion* betrafen.

Schritt 3: Expertenrating im physikalischen Praktikum

Um bei der Erstellung der Test-Texte auch die naturwissenschaftsspezifischen
Aspekte der Kurzveröffentlichungen zu berücksichtigen, wurde ein Expertenrating mit drei schreiberfahrenen Mitarbeitern des physikalischen Praktikums
durchgeführt (Schmidt unveröffentlicht). Im Rahmen dieses Ratings wurden
die in Schritt 1 abgeleiteten Kategorien ihrer Bedeutung entsprechend sortiert.

Dem Expertenrating zufolge wurden die drei Kategorien *vollständige und
verständliche Darstellung des Inhalts, Interpretation und Diskussion* und *fachliche Grundlagen, Versuchsaufbau und -durchführung* ohne eindeutige Rang-
folge gemeinsam als am bedeutsamsten eingeschätzt. Danach folgen mit stetig
sinkender Bedeutung *Auswertung, Darstellung von Messdaten und Ergebnissen,
Gliederung und Struktur der Arbeit, Besonderheiten wissenschaftlichen Schreibens, Formatierung* sowie *allgemeine Rechtschreib-, Grammatik- und Flüchtig-
keitsfehler.*

Zusammenfassung der Schritte 1–3: Auswahl geeigneter Fehlertypen für die Test-Texte

Die Erkenntnisse aus den ersten drei Arbeitsschritten müssen für die Testkonstruktion zusammengeführt werden. In die Fehlerauswahl sollten dabei sowohl die Art der Fehler als auch die identifizierte Gewichtung einfließen. Entsprechend wurden die meisten Fehler aus den Kategorien *vollständige und verständliche Darstellung des Inhalts und Besonderheiten wissenschaftlichen Schreibens* gewählt (siehe Tabelle 2). Da der Einbau von Fehlern in die Test-Texte immer vor dem Hintergrund einer sinnvollen Umsetzbarkeit betrachtet werden muss, wurde dieses Vorgehen nur bei Fehlern der Kategorie *Interpretation und Diskussion* durchbrochen. Umsetzbarkeit bedeutet vor allem, dass die hier verwendeten kurzen Test-Texte auch mit eingebauten Fehlern inhaltlich verständlich bleiben müssen. Entsprechend kann in diesen Texten nur eine begrenzte Zahl von Fehlern aus dem Bereich *Interpretation und Diskussion* sinnvoll integriert werden. Zur vollständig korrekten Abbildung der Fehlergewichtung müssten als Konsequenz entweder die Gesamtsumme der Fehler in den Test-Texten reduziert werden oder die Texte müssten länger werden. Gegen beides spricht, dass sowohl eine niedrigere Fehlerzahl als auch ein längerer Text bei gleichbleibender Fehlerzahl die Testschwierigkeit erhöhen, da die Fehlerzahl gemessen an der Textlänge kleiner wird und es somit schwieriger wird, einen Fehler im Text zu finden. Gegen längere Texte spricht zusätzlich die angestrebte Testzeit von 15 Minuten.

Ein Abgleich von häufig gefundenen Korrekturkommentaren mit konkreten Beispielen oder Hinweisen in der Ratgeberliteratur lieferte 16 Kandidaten für Test-Text-Fehler. Dazu gehören beispielsweise der fehlende Rückbezug auf die Eingangsfrage (Kategorie 5.2), ein Wechsel vom Blocksatz zu linksbündiger Textausrichtung (Kategorie 1.2) oder die fehlende explizite Erwähnung von Tabellen im Fließtext (Kategorie 2).

Eine Gegenüberstellung der Korrekturkommentare mit den Ergebnissen des Expertenratings führte zu weiteren sechs Fehlerkandidaten speziell für Test-Texte mit naturwissenschaftlich-technischem Schwerpunkt. Dazu zählt beispielsweise die falsche Interpretation von Daten (Kategorie 5.2) oder das Fehlen von Einheiten hinter einer Maßzahl (Kategorie 5.1).

Weitere acht Fehlerkandidaten wurden aus den Korrekturkommentaren für die Kategorien 1.1 und 1.2 abgeleitet. Exemplarisch seien hier die Verwendung doppelter Worte, fehlende Worte und ein fehlerhafter Formelsatz genannt.

Da der Test-Text kein reines Fachwissen, in diesem Fall physikalisches Wissen, abprüfen soll, wurde auf den Einbau von Fehlern aus Kategorie 4 gänzlich verzichtet.

Schritt 4: Erstellen und iterative Überarbeitung von zwei Test-Text-Versionen

Nach der Identifizierung der Fehlerkandidaten wurden zwei Test-Text-Versionen verfasst. In Abbildung 1 sind Ausschnitte beider Texte dargestellt. Beide beinhalten eine Abbildung, eine kurze Beschreibung der Durchführung des Experiments sowie erste Schritte zur Auswertung der Daten.

Abbildung 1: Ausschnitte aus beiden Test-Text-Versionen.

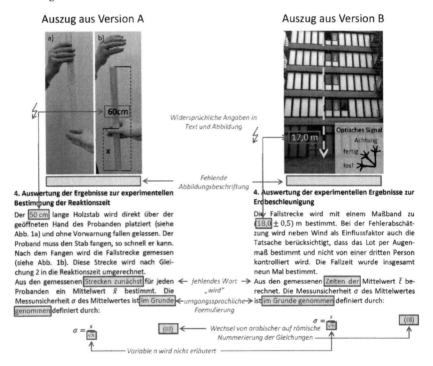

Abbildung 1 zeigt, dass sich die beiden Testversionen, obwohl oberflächlich sehr ähnlich und auf denselben einfachen physikalischen Grundlagen aufbauend, inhaltlich dennoch deutlich voneinander unterscheiden. Die eingebauten Fehler allerdings, von denen sechs exemplarisch in Abbildung 1 hervorgehoben wurden, sind in beiden Textversionen vergleichbar. Damit ergibt sich – unter Berücksichtigung der obigen Erwägungen – auch für beide Textversionen die in Tabelle 2 aufgeführte identische Verteilung der eingebauten Fehler auf die o.g. Fehlerkategorien:

Tabelle 2: Verteilung von 30 eingebauten Fehlern auf die verschiedenen Fehlerkategorien (siehe Tabelle 1).

Kategorie	1.1	1.2	1.3	2	3	4	5.1	5.2	6
Anzahl eingebauter Fehler	5	4	6	7	3	/	3	2	/

Der Einsatz zweier gleich schwieriger Test-Text-Versionen soll das Auftreten von Testwiederholungseffekten vermindern. Somit können auch Erinnerungseffekte in einem Prä-Post-Studiendesign reduziert werden. Bei der Entwicklung der Test-Text-Versionen zeigten sich allerdings wiederholt unerwartete Schwierigkeiten, wie exemplarisch in Abbildung 2 gezeigt wird. In der Abbildung sind zwei Textausschnitte zu sehen. In beiden Textausschnitten fehlt das Wort „werden" am Satzende. Allerdings wird der Fehler in Version B doppelt so häufig identifiziert wie in Version A. Somit können offensichtlich bereits kleine Details einen großen Einfluss auf die Testperformanz haben. Die Entwicklung zweier gleich schwieriger Test-Text-Versionen ist daher auch mit einer Sensibilisierung für den Einfluss solcher Details verbunden.

Abbildung 2: Herausforderungen bei der Testkonstruktion. Dieses Beispiel zeigt, dass bereits kleine Unterschiede die Testperformanz der Studierenden stark beeinflussen können.

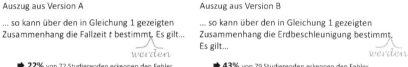

Zur Bewertung der Test-Texte wurde ein Manual mit detaillierten Bewertungskriterien verfasst. Das Bewertungsschema wurde im Wintersemester 2014/15 getestet. Dabei wurden 102 Studierende der Chemie gebeten, jeweils einen Test-Text zu bearbeiten. Jeder sechste ausgefüllte Test (N = 17) wurde mit Hilfe des Bewertungsmanuals von zwei unabhängigen Ratern bewertet. Der Cohens-Kappa-Koeffizient für die Bewertungen der Test-Texte betrug $\kappa = 0{,}96$, was einer sehr guten Übereinstimmung entspricht. Die Bewertung der Studierendenleistung kann demnach mit zufriedenstellender Interrater-Reliabilität und somit Objektivität erfolgen.

Schritt 5: Analyse der Textoberflächenmerkmale

Verständlichkeit als Eigenschaft eines Textes ist nicht direkt beobachtbar, da sowohl die lesende Person (z. B. durch ihr Vorwissen) als auch die Eigenschaften des Textes die Verständlichkeit beeinflussen (Kulgemeyer/Starauschek 2014). Entsprechend können Textoberflächenmerkmale alleine die Verständlichkeit eines Textes nicht erklären. Sie moderieren aber sehr wohl die kognitive Verarbeitung eines Textes und somit die Dekodierung der im Text enthaltenen Informationen (ebd.). Nach Kulgemeyer/Starauschek (2014) wird ein 5-Tupel von Textoberflächenmerkmalen ermittelt, welches das Textverstehen beeinflusst.

In der finalen Version beinhaltet jeder der beiden Texte drei Gleichungen, eine Abbildung und eine Tabelle. Das 5-Tupel wird auf Basis des jeweils 420 Wörter umfassenden Fließtextes ermittelt. Die Werte sind in Tabelle 3a aufgeführt.

Zur Berechnung des K-Wertes wird die *vierte Wiener Sachtextformel* (Bamberger/Vanacek 1984) verwendet. Sie berücksichtigt die durchschnittliche Wortzahl pro Satz und den Anteil der drei- oder mehrsilbigen Wörter an der Gesamtwortzahl. Die lokale substantivische Kohäsion (*lsk*) gibt an, wie oft ein Substantiv in zwei aufeinanderfolgenden Sätzen verwendet wird. Die globale substantivische Kohäsion (*gsk*) zeigt, wie groß der Anteil mehrfach verwendeter Substantive an der Gesamtzahl der verwendeten Substantive ist. *fw* und *fw$_1$* geben Aufschluss über den Anteil der mehrfach und einfach verwendeten Fachwörter. Der Auszählung der Fachwörter muss bei diesem Analyseschritt eine Entscheidung darüber vorangehen, welche Wörter für die Zielgruppe als Fachwörter gelten. Für die beiden Test-Texte wurde dies mit Hilfe einer Expertenrunde, an der ein Physiklehrer und zwei Physikdidaktiker teilnahmen, entschieden. Die Textverständlichkeit wird mit zunehmenden Werten für *K, fw* und *fw$_1$* erschwert, während höhere *lsk*- und *gsk*-Werte auf ein leichteres Textverständnis hindeuten.

Die Werte in Tabelle 3a zeigen, dass sich die beiden Test-Text-Versionen im Hinblick auf die analysierten Oberflächenmerkmale stark ähneln. Um auch einschätzen zu können, ob ein angemessener Schwierigkeitsgrad für Bachelorstudierende vorliegt, wurden die Werte der Test-Texte mit Werten von Schulbuchtexten und wissenschaftlichen Veröffentlichungen verglichen (siehe Tabelle 3b). Die Vergleichswerte der Schulbuchtexte stammen von Kulgemeyer/Starauschek (2014). Die Vergleichswerte für wissenschaftliche Veröffentlichungen wurden durch die Analyse dreier Veröffentlichungen aus der Zeitschrift „Angewandte Chemie" ermittelt. Ein Vergleich der Werte aus Tabelle 3a und 3b lässt vermuten, dass die Test-Texte für Schüler anspruchsvoll und für Wissenschaftler eher einfach zu lesen sind. Entsprechend kann davon ausgegangen werden, dass der Schwierigkeitsgrad für Bachelorstudierende angemessen ist.

Tabelle 3: a) Analyse der Textoberflächenmerkmale der beiden Test-Text-Versionen.
b) Vergleichswerte für Schulbuchtexte (Kulgemeyer/Starauschek 2014) und
wissenschaftliche Veröffentlichungen.

a)   b)

	Text A	Text B	Vergleichswerte für Schulbuchtexte	Vergleichswerte für wiss. Veröffentlichungen
K	8,3	8,3	$5,4 < K < 8,4$	$13,7 < K < 16,0$
lsk	28%	31%	$41\% < lsk < 65\%$	$17\% < lsk < 32\%$
gsk	53%	54%	$70\% < gsk < 89\%$	$56\% < gsk < 84\%$
fw	20%	19%	$fw < 7\%$	$19\% < fw < 26\%$
fw_1	12%	9%	$fw_1 < 3\%$	$8\% < fw_1 < 17\%$

Schritt 6: Korrelationsanalyse

Nach Erstellung der Test-Texte wurde geprüft, ob ein eingebauter Fehler in Version A ebenso einfach oder schwierig zu finden ist wie der zugehörige Fehler in Version B. Um dies zu untersuchen, wurden beide Versionen des Test-Textes 119 Studierenden der Biologie vorgelegt. Die Studierenden bearbeiteten beide Testversionen unmittelbar nacheinander, wobei je eine Hälfte der Teilnehmer erst Version A bzw. erst Version B erhielt.

Die Testergebnisse der beiden so entstandenen Gruppen wurden zunächst separat ausgewertet und einer Korrelationsanalyse unterzogen (Bortz 2010), mit der geprüft wurde, ob das Finden des Fehlers im ersten Text mit dem Finden des Fehlers im zweiten Text korreliert.

In einem zweiten Schritt wurde analysiert, ob sich die Korrelationswerte einzelner Fehler zwischen den Gruppen signifikant unterscheiden. Dies war bei sechs der 30 Fehler der Fall. Entsprechend wurden diese Fehler von der weiteren Analyse ausgeschlossen. Das heißt, dass diese Fehler zwar im Text verblieben, aber bei der Berechnung der Gesamtpunktzahl nicht berücksichtigt werden. Somit können in einem Test-Text maximal 24 Punkte erzielt werden.

Schritt 7: Untersuchung eines möglichen Einflusses der Testreihenfolge

Auf Basis der in Schritt 6 ausgewählten 24 Fehler wurden die Testergebnisse der beiden aus den 119 Biologiestudierenden gebildeten Gruppen verglichen. Dabei wurden zwei wesentliche Erkenntnisse gewonnen:

1) Es konnte kein signifikanter Unterschied zwischen den Testergebnissen der beiden Gruppen nachgewiesen werden (Lammertz/Heinke 2016a). Das be-

deutet, dass das Abschneiden im Test nicht von der Reihenfolge abhängt, in der die Testteilnehmer die Testversionen erhalten.

2) Im Mittel schneiden die Testteilnehmer im zweiten Test signifikant besser ab als im ersten Test (Lammertz/Heinke 2016a). Da dies in beiden Gruppen gleichermaßen gilt, zeigt sich auch hier eine Unabhängigkeit von der Testreihenfolge. Beim Einsatz des Testinstrumentes sollte aber auch bei Verwendung beider Testversionen ein ausreichender zeitlicher Abstand zwischen den beiden Testzeitpunkten eingeplant werden, um Trainingseffekte zu minimieren.

4 Zusammenfassung und Ausblick

Für viele Bachelorstudierende ingenieur- und naturwissenschaftlicher Fachrichtungen ist der Beginn des Physikpraktikums auch der Beginn des Übergangs vom schulischen zum universitären wissenschaftlichen Schreiben. Im Praktikum werden die Studierenden aber nicht nur mit den Anforderungen wissenschaftlichen Schreibens, sondern auch mit den Herausforderungen kooperativer Schreibprozesse konfrontiert. In kooperativen Schreibprozessen ist *Reviewing* – das kritische Lesen und Kommentieren eines Textes – sowohl in der universitären Ausbildung als auch in professionellen Kontexten ein wichtiger Schritt beim Übergang vom Schreiben zum Überarbeiten eines Textes. Aber auch beim individuellen Schreiben zeigt ein Blick auf bekannte Schreibmodelle, dass dem Reviewing eine hohe Bedeutung beigemessen wird.

In diesem Beitrag wurde ein quantitatives, niedrig inferentes Testinstrument vorgestellt, das dabei helfen kann, die *Reviewing*-Kompetenz zu erfassen. Die Testidee basiert auf der Genese absichtlich fehlerbehafteter Texte. Aufgabe der Testteilnehmer ist es, die eingebauten Fehler zu identifizieren und nachvollziehbar zu kommentieren. Das breite Spektrum an eingebauten Fehlertypen ermöglicht einen ersten Einblick in die *Reviewing*-Kompetenz der Testteilnehmer. Dabei gestattet die Erstellung zweier gleichwertiger Testversionen den Einsatz des Testinstrumentes in Interventionsstudien. In dieser Form wurde das Testinstrument auch bereits erfolgreich eingesetzt.

Am Beispiel naturwissenschaftlicher Bachelorstudiengänge wurde gezeigt, welche Entwicklungsschritte durchlaufen werden müssen, um ein zielgruppengerechtes Testinstrument zu entwickeln, das auch für den Einsatz in großen Kohorten geeignet ist. Mit dem vorgestellten Entwicklungsverfahren ist es möglich, sowohl die Testidee als auch das Entwicklungsprozedere auf andere Fachdisziplinen zu übertragen.

Danksagung

Teile der präsentierten Daten wurden im Rahmen einer Staatsexamensarbeit durch Anna Schmidt aufbereitet. Wir bedanken uns herzlich für die gute Zusammenarbeit.

Literatur

Bamberger, Richard/ Vanacek, Erich (1984): Lesen-Verstehen-Lernen-Schreiben. Wien: Jugend und Volk

Boeglin, Martha (2007): Wissenschaftlich arbeiten Schritt für Schritt. Gelassen und effektiv studieren. Paderborn: Fink

Bortz, Jürgen/ Döring, Nicola (2006): Forschungsmethoden und Evaluation für Human- und Sozialwissenschaftler. 4. Aufl. Heidelberg: Springer

Bortz, Jürgen (2010): Statistik für Human- und Sozialwissenschaftler. Berlin: Springer

Brink, Alfred (2005): Anfertigung wissenschaftlicher Arbeiten. München: Oldenbourg

Carter, Michael (2007): Ways of knowing, doing and writing in the disciplines. In: College Composition and Communication 58 (3), 385–418

Cho, Young Hoan/ Cho, Kwangsu (2011): Peer reviewers learn from giving comments. Instructional Science 39 (5), 629–643

Cho, Kwangsu/ MacArthur, Charles (2011): Learning by reviewing. In: Journal of Educational Psychology 103 (1), 73–84

Eco, Umberto (2007): Wie man eine wissenschaftliche Abschlussarbeit schreibt. Heidelberg u. a.: Müller

Esselborn-Krumbiegel, Helga (2004): Von der Idee zum Text. Paderborn u. a.: Schöningh

Esterl, Ursula/ Saxalber, Annemarie (2010): „Inhaltlich hast du sehr gut gearbeitet…". Funktion und Qualität eines förderorientierten LehrerInnenkommentars. In: Saxalber, Annemarie/ Esterl, Ursula (Hrsg.): Schreibprozesse begleiten. Vom schulischen zum universitären Schreiben. Innsbruck u. a.: Studien Verlag

Flower, Linda/ Hayes, John R. (1980): A cognitive process theory of writing. In: College Composition and Communication 32 (4), 365–387

Franck, Norbert (2004): Handbuch Wissenschaftliches Arbeiten. Frankfurt/Main: Fischer

Franck, Norbert/ Stary, Joachim (2011): Die Technik wissenschaftlichen Arbeitens. Eine praktische Anleitung. Paderborn u. a.: Schöningh

Hayes, John R. (1996): A new framework for understanding cognition and affect in writing. In: *Levy, C. Michael/ Ransdell, Sarah* (Eds.): The Science of Writing. Theories, Methods, Individual Differences and Applications. Mahwah, New Jersey: Erlbaum

Hayes, John R./ Flower, Linda/ Schriver, Karen A./ Stratman, James F./ Carey, Linda (1987): Cognitive processes in revision. In Rosenberg, Sheldon (Eds.): Advances in applied psycholinguistics, Vol. 2: Reading, writing, and language learning. New York: Cambridge University Press, 176–240

Heesen, Bernd (2014): Wissenschaftliches Arbeiten. Berlin u. a.: Springer

Henning, Mathilde (2012): Was ist ein Grammatikfehler? In: *Günthner, Susanne/ Imo, Wolfgang/ Meer, Dorothee/ Schneider, Jan Georg* (Hrsg.): Kommunikation und Öffentlichkeit. Sprachwissenschaftliche Potentiale zwischen Empirie und Norm. Berlin u. a.: De Gruyter

Jahin, Jamal Hamed (2012): The effect of peer reviewing on writing apprehension and essay writing ability of prospective efl teachers. In: Australian Journal of Teacher Education 37 (11), 60–84

Kruse, Otto/ Jakobs, Eva-Maria (2003): Schreiben lehren an der Hochschule: Ein Überblick. In: *Kruse, Otto/ Jakobs, Eva-Maria/ Ruhmann, Gabriela* (Hrsg.): Schlüsselkompetenz Schreiben. Konzepte, Methoden, Projekte für Schreibberatung und Schreibdidaktik an der Hochschule. Hochschulwesen – Wissenschaft und Praxis. Bielefeld: Univ.-Verl. Webler

Kulgemeyer, Christoph/ Starauschek, Erich (2014): Analyse der Verständlichkeit naturwissenschaftlicher Fachtexte. In: *Krüger, Dirk/ Parchmann, Ilka/ Schecker, Horst* (Hrsg.): Methoden in der naturwissenschaftsdidaktischen Forschung, Lehrbuch. Berlin: Springer Spektrum, 241–253

Lammertz, Ines/ Heinke, Heidrun (2016a): Fostering reviewing skills with new scientific writing tasks in the physics lab. In: *Lavonen, Jari/ Juuti, Kalle/ Lampiselkä, Jarkko/ Uitto, Anna/ Hahl, Kaisa* (Eds.): Science Education Research: Engaging learners for a sustainable future. Helsinki: ESERA, 1074–1084

Lammertz, Ines/ Heinke, Heidrun (2016b): Wissenschaftliches Schreiben und Peer-Feedback: Lerngelegenheiten im Physikpraktikum. In: Zeitschrift für Hochschulentwicklung 11 (2), 147–161

Lammertz, Ines (2017/in Vorbereitung): Reviewing-Kompetenz erfassen und fördern. Entwicklung und Evaluation eines Projektes zum wissenschaftlichen Schreiben im Physikpraktikum. Dissertationsschrift an der RWTH Aachen University

Ludwig, Otto (1983): Einige Gedanken zu einer Theorie des Schreibens. In: *Grosse, Siegfried* (Hrsg.): Schriftsprachlichkeit. Düsseldorf: Pädagogischer Verlag Schwan

Lumbelli, Lucia/ Paoletti, Gisella/ Frausin, Tiziana (1999): Improving the ability to detect comprehension problems: from revising to writing. Learning and Instruction 9 (2), 143–166

Mayring, Philipp (2010): Qualitative Inhaltsanalyse. Grundlagen und Techniken. Weinheim und Basel: Beltz Verlag

Patchan, Melissa M./ Schunn, Christian Dieter (2015): Understanding the benefits of providing peer feedback: How students respond to peers' texts of varying quality. In: Instructional Science 43 (5), 591–614

Poe, Mya/ Lerner, Neal/ Craig, Jennifer (2010): Learning to communicate in science and engineering: Case studies from MIT. Cambridge: MIT Press

Scardamalia, Marlene/ Bereiter, Carl (1983): The development of evaluative, diagnostic, and remedial capabilities in children's composing. In: *Martlew, Margaret* (Eds.): The psychology of written language. Developmental and Educational Perspectives. New York: Wiley & Sons, 67–95

Scardamalia, Marlene/ Bereiter, Carl (1987): Knowledge telling and knowledge transforming in written composition. In: *Rosenberg, Sheldon* (Eds.): Advances in applied psycholinguistics, Vol. 2. Reading, writing, and language learning. Cambridge: Cambridge University Press, 142–175

Schindler, Kirsten/ Siebert-Ott, Gesa (2012): Textkompetenzen im Übergang Oberstufe – Universität. In: *Köster, Juliane/ Steinmetz, Michael* (Hrsg.): Textkompetenzen in der Sekundarstufe II. Freiburg: Filibach, 151–178

Schindler, Kirsten/ Wolfe, Joanna (2014): Beyond single authors: Organizational text production as collaborative writing. In: *Jakobs, Eva-Maria / Perrin, Daniel* (Eds.): Handbook of Writing and Text Production. Berlin: de Gruyter, 159–174

Schmidt, Anna (unveröffentlicht): Analyse von Tutorenkommentaren zu Kurzveröffentlichungen im Physikpraktikum. Hausarbeit im Rahmen der Ersten Staatsprüfung für das Lehramt an Gymnasien (2015), RWTH Aachen

Thorndike, Edward Lee/ Woodworth, Robert S. (1901): The influence of improvement in one mental function upon the efficiency of other functions. Psychological Review 8 (3), 247–261

Carmen Heine und Dagmar Knorr (Aarhus und Hamburg)

Selbstreflexion akademischen Schreibhandelns anstoßen

Nicht-direktive Gesprächsführung als Haltung des Betreuenden

Abstract: Full perception of one's own writing actions with its many facets is a precondition of reflection. Counselling and supervision can support the reflection process in various ways. The case study presented here shows how methods of writing process research can be used for supervision in writing and how it is possible to support writers in conceptualising their writing via verbalisations. The case is part of a larger study which examines a combination of writing research methods. It describes authentic text productions of a student-writing-tutor trainee participant. The participants' writing actions during several hours of writing accompanied by introspective writing protocols where recorded by screen capture and keylogging. These methods were flanked by participant observation and combined and followed up with retrospective interview, group discussion, and dialogue-consensus and structure-formation-technique interview. In this paper, we illustrate the methods applied and focus on the roles supervisors, peer-tutors and teachers perform when they apply writing research methods in supervision, training and counselling. We shed some light on guided self-reflection and non-directive dialogue as a means to help writers to verbalise their thoughts, problems and decisions during writing.

1 Einleitung

Die Schreibforschung schlägt seit einigen Jahren vor, Schreibaufgaben gezielt einzusetzen, um Reflexionen über das eigene Schreibhandeln anzustoßen (z. B. Bräuer/Schindler 2011). Reflexion des eigenen Schreibhandelns ist Voraussetzung für die Professionalisierung im Umgang mit Schreibaufträgen. Personen, die andere beim Entwickeln ihrer literalen Kompetenzen anleiten und unterstützen sollen, also alle Lehrkräfte, benötigen ein hohes Maß an Selbstreflexion ihres eigenen Schreibhandelns, um individuelle Herangehensweisen identifizieren und von anderen Schreibstrategien unterscheiden zu können (vgl. Knorr 2016). Die Reflexion kann sich auf die Schreibaufgabe und das Schreiben an sich beziehen oder auf begleitende, den Schreibprozess unterstützende Dokumente. Weiterhin hat die Schreibberatung in den letzten Jahren einen Fokus auf die Rolle der Betreuenden und die Ausbildung von Tutoren gesetzt. Hier wird davon ausgegangen, dass Betreuenden eine große Bedeutung für den Schreibprozess der Betreuten zukommt. Darüber hinaus wird in der Schreibforschung seit einigen Jahren verstärkt auf Methodenhilfsmittel wie Keylogging und Screen Capture etc. zurückgegriffen, um Schreibprozesse sichtbar zu machen. Die Erkenntnisse daraus fließen bisher noch verhältnismäßig wenig in Beratungskontexte wie das Schreib-Peer-Tutoring oder andere akademische Arbeiten ein und die Werkzeuge werden eher in Forschungssettings als in der Praxis verwendet. Diese können jedoch, so lautet eine unserer Ausgangsüberlegungen, Beratungssituationen unterstützen. Damit können sie dabei helfen, der Empfehlung der nicht-direktiven Schreibberatung als beratungstheoretische Grundlage gerecht zu werden, die sich auf den gesprächspsychotherapeutischen Ansatz nach Rogers stützt (vgl. Brinkschulte/Grieshammer/Kreiz 2014). Sie können, so eine weitere Ausgangsüberlegung, Elemente des Schreibprozesses sichtbar und besprechbar machen, die als subjektive Imperative (Iwers-Steljes 2014) das Schreibhandeln steuern und durch Introvision an die Oberfläche des Bewusstseins kommen.

Wir haben im Rahmen der Forschungsprojekte „Entwicklung von Maßnahmen zur Förderung und empirischer Überprüfung akademischer Textkompetenz I und II"[1] Methoden der Schreibdidaktik und Ansätze aus der Hermeneutik in Schreibworkshops mit semi-professionellen und professionellen Schreibern kombiniert. Wir präsentieren hier die Methodenkombination und stellen eine Fallstudie vor, diskutieren Selbstreflexion und Methodenkombination entlang dieser Studie und mit Blick auf die oben genannten Ausgangsüberlegungen. Unser Fokus liegt dabei auf der Rolle des/der Betreuenden in methodenunterstützten Settings, aus denen wir Empfehlungen für die Betreuungspraxis ableiten.

2 Forschungsprojekt „Mehrsprachigkeit und akademische Textproduktion"

Das Forschungsprojekt „Mehrsprachigkeit und akademische Textproduktion" haben wir in Form von Schreibtrainings als Workshops, begleitet von Schreibprozessforschungsmethoden, mit 12 Personen an den Hochschulstandorten Hamburg und Aarhus durchgeführt. Bei den Teilnehmenden handelte es sich um vier angehende Schreibberaterinnen (Studierende, Hamburg), zwei Ph.D.-Studierende mit Schreiberfahrung (Hamburg), drei Ph.D.-Studierende mit Schreiberfahrung (Aarhus), zwei Post.Docs (Aarhus), einen erfahrenen Associate Professor (Aarhus). Die Teilnehmenden verfügten zum Zeitpunkt der Workshops über

---

1	Finanziert aus Seed-Funding Mitteln der Süddänischen Universität sowie der Universitäten Aarhus, Hamburg und Kiel.

schreibdidaktische Erfahrung[2] und eigneten sich gut als Probanden, da sie sich für Schreibdidaktik, Methoden der Schreibforschung und Selbstreflexion interessieren und selbst Schreibende betreuen. Durch Anwendung der im Workshop eingeführten Innovationen und Methoden und durch Beleuchten und Reflexion der Selbstkonzepte und der Selbstwahrnehmung der Teilnehmenden ermöglichten wir ihnen Erfahrungen mit Selbstreflexionswerkzeugen sowie die Diskussion deren Anwendbarkeit.

Wir verwenden in diesem Beitrag die Begriffe „Versuchsteilnehmende/Teilnehmende", wenn die Teilnehmenden der Studie gemeint sind, und „Versuchsleiter/Versuchsleiterin", wenn die am Projekt beteiligten Wissenschaftler in ihrer Rolle als Verantwortliche im hier beschriebenen Forschungsprojekt gemeint sind. Die Begriffe „Betreuende"/„Betreute" verwenden wir in schreibdidaktischen Situationsbeschreibungen und den Beschreibungen der Anwendbarkeit unserer Methode. In den Gesprächen übernehmen die Versuchsleitenden die Funktion von Betreuenden, da die Versuchsteilnehmenden an authentischen Schreibprojekten arbeiten und nicht an solchen, die nur für die Erhebung produziert werden. Die Gespräche, die geführt werden, sind daher als Beratungsgespräche aufzufassen. Die Selbstreflexion, die in den Gesprächen angestoßen wird, hat Auswirkungen auf das Schreibhandeln der Teilnehmenden.

2.1 Projektverlauf und Methodenkombination

Während drei aufeinander folgender Schreibsessions arbeiteten die Versuchsteilnehmenden an aktuellen, authentischen Schreibprojekten. Zu Beginn der Workshops wurden Projekt, Projektziele und Methoden besprochen. Dies war von besonderer Bedeutung, da wir eine der verwendeten Forschungsmethoden entlang der Phasen des Adoptionsprozesses der Versuchsteilnehmenden beobachtet haben und die angestrebte Innovationsdiffusion (Rogers 2003, siehe Abschnitt 2.3) eine Einführung in die Innovation erforderte. Während des Workshops wurden die Schreibhandlungen der Teilnehmenden per Screen Recording und Keylogging und durch teilnehmende Beobachtung aufgezeichnet. Den Teilnehmenden wurde anschließend der Bildschirmfilm ihres Schreibprozesses vorgeführt, und sie wurden gebeten, ihren Prozess zu kommentieren. Aus diesem retrospektiven Interview extrahierten die Versuchsleiter Begriffe, mit denen die jeweiligen Teilnehmenden ihr Schreibhandeln beschrieben haben. Diese bildeten die Grundlage

---

2   Die schreibdidaktische Erfahrung reicht von Erfahrungen im Rahmen der Schreibberatungsausbildung über die Erfahrung mit der Betreuung von BA- und MA-Arbeiten bis hin zu Betreuungserfahrung von Doktorarbeiten.

für ein Dialog-Konsens/Struktur-Lege-Gespräch (siehe Abschnitt 2.6), in dem das Wissen der Teilnehmenden über ihren eigenen Schreibprozess rekonstruiert wurde. In Gruppendiskussionen wurden die jeweils zuvor eingeführten Verfahren, also die Schreibsettings und Interviews, durchgeführt, in der die Teilnehmenden ihre Erfahrungen und Eindrücke reflektierten. Tabelle 1 stellt eine chronologische Übersicht über die Datenerhebungsverfahren und Workshop-Elemente dar und bietet einen Überblick über die Datenarten, die im Projekt erhoben wurden. Die verwendeten Schreibprozessmethoden werden in den folgenden Abschnitten näher erläutert.

Tabelle 1: Datenerhebungsverfahren/Workshop-Elemente und Datenarten im Überblick

Datenerhebungsverfahren/Workshop-Elemente	Datenarten
Schreibaufgabe mit IPDR (1 Seite zur Einführung der Methode)	Produkt- und Prozessdaten
Gruppendiskussion	Transkript
Schreibsession (90 min mit IPDR + Keylogging + Screen Recording)	Produkt- und Prozessdaten
„Cue-based" retrospektives Interview (retrospektiv)	Transkript
Gruppendiskussion	Transkript
Schreibsession (90 min mit IPDR + Keylogging + Screen Recording)	Produkt- und Prozessdaten
Dialog-Konsens/Struktur-Lege-Gespräch	Transkript
Gruppendiskussion (Abschlussgespräch)	Transkript

2.2 Integrated Problem Decision Report (IPDR)

Integrated Problem Decision Reports (IPDRs) sind ein von Gile (2004) für die Übersetzerausbildung entwickeltes didaktisches Werkzeug mit dem sich Entscheidungsprozesse und Problemlösungsprozesse von Studierenden während der Textproduktion offenlegen und im Anschluss in Beratung und Unterrichtssituation diskutieren lassen. IPDRs werden parallel zur Textproduktion angefertigt, indem sich der/die Schreibende systematisch, laufend während des Produktionsprozesses, schriftliche Notizen zu aufgetretenen Problemen oder getroffenen Entscheidungen macht, um diese in der Nachbereitung zu diskutieren und damit den Prozess zu reflektieren. Gile selbst spezifiziert in seinem Artikel „Probleme" (*problems*) und „Entscheidungen" (*decisions*) nicht näher. Im Unterschied zu anderen Prozessprotokollansätzen, wo meist nur Probleme oder Problemstellen protokolliert werden, ermöglicht das Protokollieren von Entscheidungen die Niederschrift von Aspekten, die nicht nur bestimmte Textstellen, sondern den gesamten Prozess, die Situation oder ähnliches betreffen können. In der Translationsdidaktik, wo Giles Ansatz verbreitet ist, werden im Protokoll markierte „Entscheidungen" typischerweise im Hinblick auf Übersetzungsstrategien der Textproduzenten auf Mikroebene des zu übersetzenden Textes im Unterricht diskutiert. Beide Elemente (Probleme und Entscheidungen) ermöglichen vielfältige Zugangsmöglichkeiten zur Reflexion. Probleme (*problems*) können Auswahlentscheidungen und Alternativen, Sortieren entlang von Skalen, „Ranking", Beschreibung, Einordnung, Zuordnung, Gesamtzusammenhang, Abgleich mit Zielen und Vorgaben oder Abgleich von Ausgangs- und Zielsituation während des Schreibens (auch an einzelnen Abschnitten) und vieles mehr ausmachen. Entscheidungen (*decisions*) können getroffene (jedoch vom Autor bezweifelte) Wahlentscheidungen, das Thema, die Textstelle oder die Schreibsituation betreffende Entscheidungen ausmachen.

Gile (2004) macht keine Vorgaben über Art und Umfang der anzufertigenden Protokolle. IPDRs können Gedanken wiederspiegeln und Langzeit- und Kurzzeit-Gedächtnisspuren enthalten. Diese können, mit Textanalyse kombiniert, Einblicke in den Schreibprozess bieten. IPDRs sind mit Beurteilungsrastern (für die Selbsteinschätzung von Aspekten des Schreibens), *Time use diaries* (z. B. Hart-Davidson 2007) und Schreibjournalen verwandt. Letztere werden Schreibenden und z. B. angehenden Journalisten, als Mittel zur Gedankenentwicklung und Sammlung von Material oder Entwürfen (Lange 2010, 232) in analoger und digitaler Variante empfohlen. Sie sind oft als Tagebuch, Gedankennotiz oder Formulierungs- und Ideenhilfe gedacht, und weniger als zeitnahes ad hoc Prozesswerkzeug zur Selbstnutzung bzw. als didaktisches Werk- oder Beratungswerkzeug. In der Übersetzungswissenschaft wird kritisiert, dass die durch IPDRs entstehenden Kommentare und Notizen von Studierenden zu oberflächlich, wenig detailliert, wenig aufschlussreich und wenig verbreitet seien (Hansen 2006; Göpferich 2008, 36 f.). Gründe dafür können zu geringe Reflexion über die Methode auf Seiten der Unterrichtenden, geringfügige Begleitung beim Einsatz der Methode als Werkzeug, limitierte Einbettung in den Unterricht und mangelnde Reflexion über den Methodeneinsatz sein. Auf der Basis von Unterrichtsversuchen zum akademischen Schreiben mit IPDRs zwischen 2009–2011 (Heine 2011, 2012), wurde den Teilnehmenden im hier beschriebenen Projekt eine Einführung in mögliche Typen von Prozessnotizen gegeben und deren Funktionen, z. B. Trigger, Anregung der Selbstreflexion, Ausgangspunkt für Beratungsgespräche, Gedankenstütze in Form von Selbstnotiz im Prozessverlauf, etc. erläutert. Einführend wurde auf die verschiedenen Formen hingewiesen, in denen IPDRs geführt werden können. Dies können handschriftliche, eigenständige PC-Dokumente, kurze Textnotizen und Kommentarnotizen im laufenden Produktionsdokument oder OneNote Notizen sein. Aus Schreibersicht gilt, dass alles adäquat und richtig ist, was sich schnell, unkompliziert und erinnerungs- und entscheidungsunterstützend notieren lässt und der Beobachtung, Selbststeuerung und/oder Problembehebung dient. Um herauszufinden, ob dies tatsächlich der Fall ist und ob der Einzelne die für ihn in der Situation funktionierende Lösung gefunden hat, bedarf es der dialogischen und didaktischen Aufarbeitung. Und diese ist im hohen Maße von der Selbstreflexionsfähigkeit des einzelnen Textproduzenten abhängig.

Betreuende können den IPDRs Informationen über den Status des Textprodukts und die Schreibsituation entnehmen und Apriori-Konzepte für weitere Textproduktionsschritte besprechen. Schwierigkeiten, die durch die Protokollführung sichtbar werden, können analysiert und Lösungsschritte eingeleitet werden. Nicht zuletzt können Aposteriori Prozesse und Prozessphasen des Schreibens eingeschätzt werden. Protokollnotizen bieten sich als Instrumente auf dem Übergang zwischen Selbstreflexion und Beratungsdialog an. Da diese Notizen sehr persönliche Artefakte sind, müssen diese in Beratungssituationen mit viel Feingefühl behandelt werden.

2.3 Innovationsdiffusion und Adaptionsprozess von IPDRs

Basis unseres Forschungsprojekts war die Methodenkombination in Verbindung mit der Einführung einer Innovation in den Schreibprozess der Teilnehmenden entlang der Innovationsphasen nach Rogers (2003). Diese Innovation bestand darin, dass die Teilnehmenden die oben beschriebenen IPDRs parallel zu ihren Schreibsessions führten. Für die Versuchsleiter waren der Inhalt der Protokolle und die Aussagen der Teilnehmenden zu den Inhalten ihrer Protokolle ebenso interessant, wie zu beobachten, in welcher Weise und in welchen Übergangsphasen die Teilnehmenden sich im Verlauf des Workshops entschieden, die Innovation anzunehmen oder abzulehnen.

Rogers unterscheidet fünf Phasen des Adoptionsprozesses einer Innovation: In der *Knowledge*-Phase erfahren die Teilnehmenden von der Innovation. Die *Persuasion*-Phase zielt darauf, die Teilnehmenden im positiven oder negativen Sinn von der Innovation zu überzeugen. Wir haben diese beiden Phasen durch einen Einführungsvortrag abgedeckt, in dem wir IPDRs als Methode erläutert und Vor- und Nachteile diskutiert haben. Während der *Decision*-Phase entscheiden sich die Teilnehmenden für oder gegen die Innovation. In unserem Projekt hat ein Teilnehmer in seiner dritten von drei Schreibphasen bewusst und begründet kein IPDR geführt, alle anderen haben IPDRs geführt. Die *Implementation*-Phase dient – wie der Name schon sagt – der Implementation der Innovation. Diese Phase wird auch als Anwendungs- oder Versuchsphase bezeichnet und war in unserem Projekt von gemeinsamen Diskussionen, Gesprächen über die Methode und Erfahrungsberichten geprägt, bei denen sich die Teilnehmenden gegenseitig erläutert haben, wie sie IPDRs in ihre Schreibprozesse integriert haben. In dieser Phase hat eine von den Versuchsleitern gewünschte gegenseitige Beeinflussung stattgefunden, die dazu geführt hat, dass die Teilnehmenden unterschiedliche Arten von Protokollen und Protokolltechniken ausprobiert haben. In der *Confirmation*-Phase werden Innovationsentscheidungen bestätigt, weiter genutzt oder rückgängig gemacht. Die Teilnehmenden haben am Workshopende ihre Einschätzung der verwendeten Workshopmethoden diskutiert. Bei dieser Diskussion haben die Teilnehmenden mehrheitlich geäußert, dass sie IPDRs in irgendeiner Form für ihre eigenen Arbeitsprozesse verwendet haben und/oder weiterverwenden wollen. Die Transkripte der Gruppendiskussion markieren deutlich die Übergänge zwischen Entscheidungs- und Implementierungsphase der Innovation. An dieser Stelle wird den Versuchsteilnehmenden deutlich, wie sie über die Selbstreflexion ihr eigenes Handeln professionalisieren können. Einige Teilnehmende haben kommentiert, dass sie IPDRs als Werkzeug in der Schreibberatung einsetzen würden. Inwieweit sie dies im Anschluss an den Workshop getan haben oder noch tun liegt außerhalb der Reichweite des Projektrahmens.

2.4 Screen Recording und Keylogging

Die drei Schreibsessions der Workshops wurden mit Hilfe von Screen Recording (Camtasia Studio) und Keylogging (Inputlog) für den Nutzer unsichtbar im Hintergrund aufgezeichnet. Beim Screen Recording wird ein Video der Bildschirmaktivitäten des Schreibers erstellt, beim Keylogging werden alle Tastaturanschläge und Mausbewegungen zur statistischen Auswertung aufgezeichnet. In unserem Projekt haben wir die Tastaturanschläge zur Datentriangulation miterhoben. Die Schreibsessions wurden von teilnehmender Beobachtung flankiert. Die Beobachtungsprotokolle dienten den Versuchsleitern als Ausgangspunkt, um in den Bildschirmvideos interessante Prozessstellen zu finden, die im Projekt in den folgenden retrospektiven Interviews als Einstieg und Anker fungierten. Screen Recording und Keylogging sind anerkannte Werkzeuge der Schreibprozessforschung, die bisher jedoch in der Schreibberatung nur sporadisch eingesetzt werden.

Screen Recording

Screen Recording ermöglicht es Schreibenden und Betreuenden, den Schreib-prozess und alle mit dem PC ausgeführten Tätigkeiten in Echtzeit, beschleunigt oder verlangsamt nachzuvollziehen. In der Prozessforschung wird Screen Recor-ding als Erinnerungsauslösereiz eingesetzt. Das Video dient als Auslöseimpuls für einen Dialog über den Schreibprozess. Der Wiederholungseindruck des Films weckt die Erinnerung an die Schreibsituation und eröffnet dem Schreibenden die Möglichkeit, über die an der Stelle im Prozess gedachten Gedanken und Ent-scheidungen zu sprechen. Für Betreuungssituationen ist das Screen Recording brauchbar, weil die Beteiligten gezielt an die Stelle im Video vorspulen können, an der Betreuungsbedarf auftritt. Screen Recordings eröffnen Schreibenden auch die Möglichkeit, eigene Produktionsmuster und Verhalten aufzuspüren, indem sie ihre eigenen Schreibhandlungen nachvollziehen

Keylogging

Keylogging kann Schreibenden und Betreuenden, z. B. durch Pausenstatistiken und die Prozessgraphen, interessante Einblicke in ihre Schreibprozesse geben. Diese präsentieren „auf einen Blick" den gesamten Prozess. Wenn die Betrach-tung des Prozessgraphen direkt nach Aufnahmen durchgeführt wird, können Schreibende sehr genau Auskunft über ihren Schreibverlauf geben, denn intensive Kopierphasen, intensives Schreiben oder Nichtschreiben, Revisionsphasen und Pausenverhalten werden mit diesen Prozessdaten unmittelbar sichtbar. Damit ist den Betreuenden ein Werkzeug gegeben, dass sie zur Anregung der Selbstbeob-achtung und -reflexion unkompliziert in Betreuungssituationen und in schreib-didaktische Ansätze einbauen können.

2.5 „Cue-based" retrospektives Interview

Cue-based retrospektive Interviews sind rezeptive Interviews. Diese durch Stich-worte angestoßenen, dem Schreibprozess schnellstmöglich nachgeschalteten Inter-views geben Betreuenden die Möglichkeit, Auslösereize für bestimmte Elemente des vorangegangen Schreibprozesses zu setzen und damit Erinnerungen an den Schreibprozess beim Schreibenden auszulösen und in einen Interviewdialog einzu-betten. Bei diesem Verfahren steht die Perspektive des Befragten im Vordergrund (Lamnek 1995, 91; Wrona 2005, 25). Stichworte werden oft intuitiv gewählt. In un-serem Forschungsprojekt haben wir Stichworte aus den Beobachtungsprotokollen und Schlüsselstellen aus den Schreibprozessen der Teilnehmenden aus den Screen Recording Videos als Trigger benutzt. Obwohl die Interviewthemen indirekt durch diese Trigger gefiltert waren, kam der Impetus für Interviewthemen auch von den

Teilnehmenden, da sie im Video Prozessstellen sahen, zu denen sie sich äußern wollten. Eine kritische Auseinandersetzung mit diesem Aspekt der Methodenkombination bieten Heine/Knorr/Spielmann/Engberg (2014). Mit Cue-based retrospektiven Interviews haben Betreuende ein weiteres Werkzeug zur Verfügung, um die Selbstreflexion unkompliziert in Betreuungssituationen und in schreibdidaktische Ansätze einzubauen. Diese Art Interviews sind ohne Vorverständnis durchführbar, Prozesswissen aus der Schreibberatung/Schreibforschung ist für den Betreuenden jedoch von Vorteil, um gezielt Prozessprobleme herausarbeiten zu können. Hier sollte nicht die Rekapitulation (und damit die Erinnerungsfähigkeit) des Schreibenden im Vordergrund stehen, sondern der Betreuungsdialog über spezifische Schreibsituationen mit ihren Inhalten, Schreibhandlungen, Problemen und Entscheidungen. Dieses Verfahren bietet sich auch in Bereichen an, in denen das Fachwissen des Betreuenden nicht notwendigerweise höher ist als das des Betreuten, da es bei diesem Verfahren darum geht, die Elemente aus dem Schreibprozess herauszukristallisieren, bei denen der Betreuenden feldunabhängigen Kompetenzen (z. B. Ratschläge zum Schreiben und zum Schreibprozess) einsetzen kann.

2.6 Dialog-Konsens/Struktur-Lege-Gespräch

Struktur-Lege-Verfahren und Dialog-Konsens-Gespräch sind von Scheele und Groeben entwickelte hermeneutische Analyseverfahren (Scheele/Groeben 1988; Scheele 1992). Das Dialog-Konsens-Verfahren ist eine argumentative Auseinandersetzung des Interviewtem mit dem Interviewer über die Bedeutung der subjektiven Theorien des Interviewten zu einem bestimmten Thema. Ausgangspunkt dieses Verfahrens ist die Annahme, dass subjektive Theorien das Ergebnis einer reflektierenden kognitiven Verarbeitung des Menschen über sich und seine Umwelt sind (Tewes/Wildgrube 1992, Psychologie-Lexikon). Groeben et al. (1988, 17 ff.) bezeichnen subjektive Theorien auch als „Alltagstheorien". Dies sind relativ zeitstabile mentale Strukturen, die sich aus Einzelkognitionen zusammensetzen und – zumindest implizit – argumentativ vernetzt sind (Geise 2006, 123). Im Dialog-Konsens-Gespräch erarbeiten Interviewer und Interviewter eine Struktur über das deklarative Wissen des Schreibenden zu einem bestimmten Thema oder Konzept mit Hilfe von Begriffskarten und Relationskarten, die auf dem Tisch ausgelegt eine Struktur ergeben. Das Legen der Karten gleicht einem Puzzlespiel. Dabei akzeptieren beide Akteure die inhärente Instabilität von Wissensstrukturen und nehmen (auch unvorhergesehene) dialogische Entwicklungen in Kauf. Vollständige Neutralität ist in einem solchen Setup nicht zu erreichen und es ist unvermeidbar, dass der Wissenstransfer Einfluss auf das Wissen und die Haltung aller Beteiligten hat.

In unserem Projekt wurden 15–20 vom Teilnehmenden verwendete Begriffe aus dem Cue-based retrospektiven Interview pro Teilnehmenden für die Begriffskarten ausgewählt. Die Teilnehmenden erhielten Relationskarten mit denen sie Relationen zu den Begriffskarten herstellen konnten. Relationen waren z. B. und, oder, und dann, identisch (ist gleich), Ursache-Wirkung (um … zu), Absicht, Definition, Voraussetzung. Mit diesen können Teilnehmende darstellen, wie ihre Gedanken durch Kausalannahmen miteinander verbunden sind. Die Dialog-Konsens-Gespräche in unserem Projekt verliefen alle nach ähnlichem Muster. So wurden zunächst die Begriffs- und Relationskarten eingeführt und die Methoden erläutert. Die Teilnehmenden sortierten die Begriffe zunächst grob und erarbeiten im Verlauf des Gesprächs die Relationen zwischen den Stichwörtern. Parallel dazu fand eine Um- und Feinsortierung der Begriffe statt und „überflüssige", nicht zur Gesamtstruktur des Teilnehmenden passende Begriffe wurden aussortiert und fehlende Begriffe und Relationen hinzugefügt. Was ergänzungsbedürftig oder überflüssig war, entschieden allein die Teilnehmenden. Zum Ende des Gesprächs wurde die erarbeitete Struktur gemeinsam rekapituliert. Kern dieser Handlungsstränge ist der auf Konsens und gegenseitiges Verstehen ausgerichtete Dialog, der während des gesamten Verlaufs als gleichberechtigter Diskurs aufrecht zu erhalten ist. Dabei soll die Gesprächssituation nicht-hierarchisch und nicht-direktiv angelegt sein: Zwar werden die Teilnehmenden methodisch vom Versuchsleiter gelenkt; durch ihre verbal geäußerten Kognitionen (Selbstbeschreibungen) erklären sie jedoch ihre subjektiven Theorien, wodurch sie für diese Fragestellung die Experten sind. Durch die Betonung der zentralen Rolle des Teilnehmenden, des partnerschaftlichen Nebeneinanders und durch respektvollen und wertschätzenden Umgang miteinander können mögliche Asymmetrien aufgrund von Rollendifferenzen ausgeglichen werden.

Es muss ggf. mehrfach deutlich gemacht werden, dass es sich bei diesem Verfahren um ein gemeinsames Bemühen handelt, bei dem der Versuchsleitende versucht, die Theorienstruktur und die Argumentationslogik der Teilnehmenden zu erfassen und zu verstehen, sie jedoch nicht durch vermeintliche Expertenmeinung beeinflussen möchte. Der Abgleich erfolgt durch geduldiges Rückfragen und andere dialogische Prozesse des Verstehens. Der Versuchsleitende nimmt sich bewusst zurück und reagiert nicht mit persönlichen Einschätzungen zu Meinungen oder Generalisierungen des Teilnehmenden, sondern versucht durch verständnissicherndes Nachfragen die Zusammenhänge zwischen Begriffen und deren Relationen so zu verstehen, wie sie der Teilnehmende als inneres Bild erlebt. Dieses aushandelnde Verstehen macht die Methode für die Beratung interessant, denn subjektive Theorien von Beratenen müssen nicht notwendigerweise zu den ausgeführten Handlungen passen. Wenn Prozessdaten vorhanden sind, kann im Anschluss an das Dialog-Konsens-Gespräch die Realitätsadäquanz (Gültigkeit der subjektiven Theorie) mit den Prozessdaten abgeglichen werden, und Beratene sehen, inwieweit ihre Handlungen und subjektiven Theorien übereinstimmen.

3 Fallstudie Amburga[3]

Die Teilnehmerin Amburga gehört zur Gruppe Schreib-Peer-Tutoren. Sie wurde für diese Darstellung ausgewählt, weil ihre Schreibphänomene und Reaktionen für die anderen Fälle dieser Gruppe charakteristisch sind. Bei den hier verwendeten Beispielen handelt es sich um ein Bruchteil des verfügbaren Materials, die präsentierten Text- und Transkriptextrakte lassen Anmerkungen und Erläuterungen zur Rolle des Betreuenden auf der Basis einer explizierenden Inhaltsanalyse zu und skizzieren die Themen IPDR-Adaptionsprozess von Amburga und Handlungssequenzen im Gesprächsverlauf mit Amburga. Es handelt sich jedoch nicht um eine anekdotische Analyse, sondern eine beispielhaften Durchgang des Datenmaterials dieser Teilnehmerin.

3.1 IPDR-Adaptionsprozess von Amburga

Im ersten Schreibsetting arbeitete Amburga an der Einleitung einer Hausarbeit und führte ein IPDR, in dem sie Gedanken, die zusätzlich zur Textproduktion auftreten, in roter Schrift in den Text einfügte. Die IPDRs enthalten Anmerkungen zur Situation „Ablenkung, Antivirusprogramm, Korrekturlesen des ersten Satzes", zum Schreibprozess „nochmal nachlesen wo ich mit dem Satz angefangen habe, damit er am Ende auch Sinn ergibt", zum Inhalt und zum Denkprozess „Gedanken sammeln". Im anschließenden Gruppeninterview erläuterte sie auf Nachfrage eines Versuchsleitenden ihr Verfahren „Rot markieren" und äußerte, dass sie „kleinschrittigere Gedanken [...] und nicht nur diese/ die/ die großen" festgehalten hat.

> (1)   Große Gedanken sind zum Beispiel, lass mal überlegen, wenn ich noch irgendwie bei ner Begrifflichkeit zum Beispiel mir nicht ganz sicher bin, und klein war jetzt, sowas wie Antivirusprogramm ist aufgegangen [lacht] und hat mich kurz abgelenkt.[4]

---

3   Um kulturell-geprägte Assoziationen zu vermeiden, wird ein Phantasiename verwendet.
4   Die Gespräche wurden mit EXMARaLDA nach HIAT transkribiert. Äußerungsabbrüche werden mit / angezeigt und hörbare mündliche Prägungen in den Äußerungen (z. B. Verschlucken von Buchstaben) sind notiert. Ansonsten erfolgte eine Anpassung an Regeln der Rechtschreibung und der Kommasetzung. Aus Platzgründen wird hier auf die Darstellung der Partitur-Notation ebenso wie auf eine Nennung der Block-

Amburga lag hier eindeutig am Übergang zur Interest- und *Decision*-Phase des Adaptionsprozesses zur Implementation-Phase, da sie überlegte, wie sie Reflexionen zuordnen und benennen soll. Hier griff die Gruppendiskussion, wo sich auch andere Teilnehmende zu ihren IPDR-Techniken äußerten. Davon offenbar inspiriert probierte Amburga in der zweiten Schreibsession andere IPDR-Techniken aus. Sie schrieb Prozesskommentare in Rot in ihren laufenden Text, Selbstdiskussionselemente (von ihr später „Grundsätzliches" genannt) und inhaltliche Probleme in Kommentarboxen und trug Inhalte zusätzlich in ein Word-Dokument (von ihr später „Extradokument" genannt) ab.

(2) Sachen, die meiner Meinung nach nicht in den Text gehören, also die mich auf nichts stoßen, was/ was ich noch mal bearbeiten muss, hab ich noch mal n extra Dokument geöffnet

In der Gruppendiskussion nach der zweiten Schreibsession schlug Amburga selbst eine Brücke zu ihrem ursprünglichen Ansatz.

(3) Also, die Sachen, bei denen ich gestern gesagt hab, dass ich so kleinere Dinge jetzt auch mit reingenommen hab, die hab ich dann halt ausm Text rausgelassen.

Eine Nachfrage eines Betreuenden nach dem Nutzen des Extradokuments in der Gruppendiskussion ergab, das Amburgas Extradokument ein Verlaufsprotokoll darstellen soll. Eine Textanalyse ergibt jedoch, dass das Extradokument auch Planungsentscheidungen und Selbstdiskussionselemente enthält. Amburga befand sich hier in der Versuchs- und Implementierungsphase, wo sie ein für sie in der Situation funktionierendes IPDR-Verfahren erarbeiten konnte. Erfahrungsgemäß treibt die Frage, welche Art von Problem, Entscheidung, Gedanke oder Selbstnotizen wie im laufenden Produktionsprozess und Text unterzubringen sind, alle Schreibprotokollnovizen in dieser Phase um. In unserem Projekt wurde nicht über einzelne IPDRs gesprochen, sondern im Plenum abschließend über die Methode diskutiert. Amburga betrachtet sie für den regelmäßigen Gebrauch als sinnvoll und nützlich, um den Textfluss nicht zu stören, weil zusätzliche Gedanken im Produktionsverlauf in spätere Phasen verlagert werden und die Erinnerung stützen.

(4) Weil ähm also gestern hatt ichs ja so gemacht, dass ich alles komplett in den Fließtext reingeschrieben hab, also ins Dokument, nur halt inner anderen Farbe dann. Und das heute hat mir besser gefall'n. Also die/ die Sachen, die nicht direkt zum Text

---

nummer verzichtet, da in diesem Beitrag nicht in die Interaktion der Gesprächspartner im Vordergrund steht und das gesamte Gespräch hier nicht zur Verfügung gestellt werden kann.

gehörn, extra zu speichern und die Kommentare auch außerhalb mit der Kommentarfunktion, das fand ich auch besser.

IPDRS weisen für Amburga scheinbar adoptionsrelevante Eigenschaften auf. Sie scheinen mit dem eigentlichen Schreibfluss kompatibel und für den Prozessverlauf ausbaubar.

Mit Blick auf die oben genannten Ausgangsüberlegungen verstehen wir IPDRs als nicht-direktive Schreibberatungsinstrumente für deren Anwendung die Schreibaufgabe so zu formulieren ist, dass sie die Selbstreflexion anstößt. IPDRs sind für Schreibende und Beratende ein Werkzeug, mit dem global und punktuell in Beratung eingestiegen werden kann. Mit IPDRs wird nicht ausschließlich an schwierigen Textpassagen (dem Produkt) angesetzt, sondern direkt in den Prozess gezoomt. Dadurch bieten sich Anknüpfungspunkte für die dialogische Vermittlung von schreibdidaktischen Prinzipien auf der Basis von Introvision.

3.2 Handlungssequenzen im Gesprächsverlauf mit Amburga

In diesem Abschnitt wird der Gesprächsverlauf mit Amburga rekonstruiert, wobei der Schwerpunkt auf der Analyse der Funktion der Redeanteile des Betreuenden liegt und gezeigt werden soll, mit welchen sprachlichen Mitteln welche sprachliche Handlung im Sinne von Rehbein (1977) vollzogen wird.

Zu Beginn des Gesprächs erläutert der Betreuer (hier männlich) die Methode des Struktur-Legens und klärt Amburga über das Ziel des Gesprächs auf:

(5)   Am Ende muss das da liegen, was dir richtig äh vorkommt. Ja? Und es kann nicht falsch gemacht werden, sondern nur/ also, es kann nur dermaßen was falsch gemacht werden, dass es nicht deiner Auffassung entspricht. Das ist die einzige.

Das zentrale Thema des Gesprächs ist die Textstrukturierung. Hierzu sind aus dem am Tag zuvor geführten Cue-based retrospekivem Interview entsprechende Begriffskarten und Relationskarten erstellt worden. In einer ersten Orientierungsphase wird Amburga aufgefordert, sich alle Karten anzusehen und zu prüfen, ob sie diese als zum Thema zugehörig oder ergänzenswert findet. Dieser Prozess dauert fast 3,5 Minuten. In dieser Zeit liest Amburga die Kärtchen und beginnt mit einer groben Sortierung (vgl. Abb 1). Der Betreuer signalisiert in der gesamten Zeit nur seine Zustimmung durch „mhm" oder „genau" zu dem, was Amburga äußert. Die Wörter, Phrasen und Relationen, die auf den Kärtchen stehen und vorgelesen werden, sind in den Äußerungen durch Großschreibung markiert.

Abbildung 1: Erste grobe Sortierung der Begriffskarten mit beginnender Zuordnung von fett umrandeten Relationenkarten zum Thema „Textstrukturierung" durch Amburga

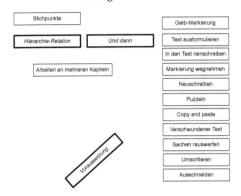

Ausformulieren

Zu Beginn dieses Prozesses ist sich Amburga sicher, wo und wie einzelne Karten dem Prozess „Textstrukturierung" zuzuordnen sind. Dies zeigt sich an Äußerungen wie:

(6)   DAS gehört zum Ausformuliern.

(7)   ÜBERBLICK BEHALTEN. Ganz nach oben

Der Reflexionsprozess setzt in dem Moment ein, indem Amburga beginnt zu zweifeln:

(8)   HINKOPIER'N geht mit… [lacht] Obwohl, nee, das mach ich ja auch beim AUSFORMULIER'N. Mach ich ja. Vor dem AUSFORMULIER'N. COPY AND PASTE, HERUMSPRINGEN IM TEXT ist auch ((3,2)) übergeordnet, und STICHPUNKTE mmmh ja, das ist im Prinzip, bevor ich/ ((5,6)) Nee, eigentlich, bevor ich an den Kapiteln arbeite, muss ich mir erstmal die Stichpunkte machen. ((3,8))"[5]

Umbewertung

Die längeren Pausen können als Zeiten für durchzuführende Denkprozesse interpretiert werden. Besondern die Umbewertung am Ende dieser Äußerungssequenz illustriert dies. Der Betreuer hat während der gesamten Zeit außer zustimmenden Lauten nichts von sich gegeben. Erst nach der Pause von 3,8 Sekunden nimmt er den Gesprächsfaden auf:

---

5   Die Angaben in doppelten runden Klammern bezeichnen die Länge von Pausen in Sekunden.

(9) LESEREIHENFOLGE kam deshalb, hast du/ weil du gesagt hast, ähm, du springst zum Teil rum, weil du eine Quelle nimmst, oder einen Artikel nimmst und den/ und dann ordnest du die einzelnen Zitate den Kapiteln zu. Das meinte ich mit Leseeindrücken.

Rederecht

Nach dieser Erklärung übernimmt Amburga wieder das Rederecht und kann den Punkt verbalisieren, der sie zuvor ins Stocken gebracht hat:

(10) Ja genau, das hab ich hier [betont] zwischen gelegt, weil es für beide Teile gilt, was aber jetzt zu unterscheiden ist von diesem [unverständlich]. Das hat mich grad durcheinander gebracht, vielleicht. Mh, ja, dafür die Relation…

Intervention: Situationsbegleitung

Der Betreuer unterstützt Amburga in dieser Situation, indem er ihr die verschiedenen Möglichkeiten der zur Verfügung stehenden Relationen aufzeigt:

(11) Genau, genau, ne? Ja, ich/ oder ist die Frage jetzt, welche Art von Relation ham wir, also, ham wir sozusagen das hier, das ist das Prozessurale, erst das, dann das. Oder ham wir hier die eher so logisch orientierten Relationen? Oder ÜBERORDNUNG, UNTERORDNUNG? URSACHE, WIRKUNG, KAUSALITÄT? Äh, Anzeichen von und so weiter, das äh hängt mit Abstraktion zusammen und so weiter.

An dieser Sequenz wird deutlich, dass der Betreuer die Teilnehmerin an Stellen unterstützt, wo sie möglicherweise ein Wissensdefizit hat, um weiterdenken zu können. Amburga ist unsicher bei der Verwendung und/oder Bedeutung der Relationen, mit denen die verschiedenen Begriffe inhaltlich verknüpft sind. Allerdings entlastet der Betreuer sie mit seinem Eingreifen nicht davon, sich selbst Gedanken zu machen und eigenständige Entscheidungen zu treffen. Er stellt ihr nur das Material zur Verfügung, aus dem sie ihre Auswahl zu treffen hat. Amburga greift diese Vorschläge auf und tastet sich langsam an diese Denkweise heran:

(12) Ich werde anfang mit einem UND DANN, weil ich, ja, ähm, mhm. Also zwischen/ zwischen dem [betont] Bereich und dem [betont] Bereich ein UND DANN. Ähm. ja. Das hier, das ist ((1,8)) ähm, Bedingung für/ VORAUSSETZUNG, ne?

Der Betreuer bestätigt hier explizit mit „genau, ja" und vermittelt somit Amburga, dass sie die Bedeutung der Relationen korrekt erfasst hat. Im weiteren Verlauf gewinnt Amburga zunehmend Sicherheit in der Verwendung der Relationen. Unsicherheiten in der Bedeutung einzelner Relationen können direkt und durch knappe Äußerungen geklärt werden.

Inhaltliche Unsicherheiten auflösen

Ein weiteres Muster im Eingreifen des Betreuers zeigt sich bei inhaltlichen Unsicherheiten:

> (13) So, dann würd ich jetzt, glaub ich, mit dieser Seite einmal / ((1,4) Eigentlich besser woanders platzier'n. Das ist auch ein ((2,0) UND.

An diesem Punkt hakt der Betreuer nach:

> (14) Mhm. Weil es in/ an beiden Stellen hinkommt? Äh, hat es ne Bedeutung für die Unterschiedlichen, also isses äh so etwas wie äh eine, isses ne Bedeu/ Hier ham wir gesagt, ÜBERBLICK BEHALTEN ist eine VORAUSSETZUNG für die für die Sachen, ja? Äh, kann man das auch hier? UND heißt ja nur/

Der Betreuer bricht seine Äußerung nach „isses ne Bedeu" ab und setzt neu an. Hier zeigt sich, wie sich der Betreuer selbst auf die nicht-direktive Gesprächsführung trainiert hat. Er lief in Gefahr, eine bzw. seine Interpretation im Gespräch zu stark zu machen und möglicherweise damit Amburga zu beeinflussen. Dadurch, dass er die von Amburga zuvor eingeführte Relation UND wieder mit aufgreift und die Bedeutung noch einmal erläutert, versucht er, hier wieder die Verantwortung an Amburga abzugeben (was auch gelingt).

Dieses Beispiel zeigt, wie schwierig es für die Betreuenden ist, sich selbst und seine Interpretationen zurückzunehmen und die Verantwortung an die andere Person abzugeben.

Begriffskartensatz erweitern und Wissensdefizite ausgleichen

An anderer Stelle sucht Amburga nach einem Begriff, für das, was sie tut und für das es keine Begriffskarte gibt:

> (15) Hm, vielleicht noch in den Text rein-/ also aus/ aus der Literatur in den Text

Der Betreuer hilft ganz konkret:

> (16) Exzerpier'n? Isses das, was du meinst?

und Amburga reagiert mit

> (17) Mhm. Genau. Das ist das fehlende Wort in meinem Kopf."

woraufhin der Betreuer erwidert:

> (18) Aber jetzt ja [betont] nicht, dass ich dir was aufdränge.

Amburga verneint dies.

Diese Sequenz zeigt, dass der Betreuer zwar Wissensdefizite ausgleichen kann, aber gleichzeitig durch die Explikation des Verfahrens sicherstellt, dass er Amburga nichts suggeriert. Im Verlaufe des Gesprächs reflektiert Amburga über ihren Prozess und stellt fest: „Wird komplex. [lacht]" woraufhin der Betreuer erwidert: „Ja, ja, is' [betont] komplex."

Dass sich Amburga an die strukturierende Denkweise gewöhnt, zeigt ihre Aussage nach einer halben Stunde Gesprächsdauer:

(19) „So, und jetzt wollt' ich ja noch mal überlegen, wie das Verhältnis von EXZERPIER'N und oder HINKOPIER'N und ARBEITEN AN MEHREREN KAPITELN ist."

Intervention/Nachfrage und Rollenwechsel

Der Betreuer interveniert, indem er fragt:

(20) Mhm, ob es miteinander relationiert ist? Ob das halt zwei unterschiedliche Elemente/

Die Aussage bricht hier ab und Amburga übernimmt nach einer Pause von 2,6 Sekunden die Rederolle wieder:

(21) Genau. Eigentlich nicht, weil ich ja exzerpiere und/ ((2,0)) Ja, weil das Arbeiten an mehreren Kapiteln durch EXZERPIEREN und HINKOPIER'N ähm ((3,1)) entsteht.

Intervention: Rekapitulationsprozess einleiten

Mit Aussage 21 stellt Amburga hier eine Ursache-Wirkung-Relation fest. Der Betreuer fasst dieses Ergebnis noch einmal zusammen und schließt damit den Prozess des Relationen-Legens ab. Seine Überleitung auf den abschließenden Rekapitulationsprozess leitet er mit folgender Äußerung ein:

(22) Versuchen wir das durchzusprechen, also sozusagen als/ zu sagen, wenn wir hier oben anfang'n, kann man das dann durchsprechen? Isses jetzt fertig?

Amburga antwortet:

(23) Ich würde sagen, ja.

Rekonstruktion/Erzählverlauf

Darauf erläutert Amburga den Textstrukturierungsprozess, so wie sie ihn wahrnimmt, noch einmal. Allerdings stellt sie an einigen Stellen fest, dass beim narrativen Erzählen darüber, was sie in bestimmten Situationen tut, doch noch Inkonsistenzen auftreten:

(24) Das könnte man einmal mit zum PUZZELN noch nehm', aber auch zu den STICH-PUNKTEN."

Der Betreuer erwidert:

(25) Mh, dann müssten wir's eigentlich doppeln, ist das richtig?

Eine weitere Begriffskarte wird geschrieben und somit dieser Punkt geklärt. Im Erzählverlauf kommt Amburga an eine weitere Stelle, die ihr jetzt nicht mehr klar ist:

(26) Wo platzier' ich das jetzt? Oh, Mist.

Der Betreuer zeigt wieder mögliche Optionen auf, so dass sich Amburga schließlich entscheiden kann.

Am Ende hat Amburga ihren Textstrukturierungsprozess in vier Hauptteile zerlegt (vgl. Abbildung 2).

Die Analyse des Gesprächsverlaufs verdeutlicht zweierlei: Zum einen orientiert sich das gesamte Gespräch an den oben beschriebenen Handlungssequenzen. Es werden zunächst die Methode erläutert und die zur Verfügung stehenden Begriffskarten eingeführt. Die Begriffe werden grob sortiert und anschließend die Relationen zwischen den Begriffskarten mittels Relationskarten erarbeitet, was eine Um- und Feinsortierung mit sich bringt. Am Ende wird die erarbeitete Struktur rekapituliert.

Zum anderen nimmt der Betreuer während des Gesprächs eine spezifische, nicht-direktive Rolle ein: Er beschränkt sich auf erläuternde Äußerungen, die sich entweder auf die Methode bzw. den auszuführenden Handlungsschritt durch die Probandin beziehen, oder stellt Informationen zur Verfügung, die die Probandin in die Lage versetzen, weiter denken zu können (bspw. indem er die Bedeutung von Relationen erläutert). In dem einen beschriebenen Fall, in dem der Betreuer von diesem Schema abweicht, indem er einen neuen Begriff einführt, auf den Amburga nicht kommt (EXZERPIEREN), sichert er dieses Verhalten durch explizites Nachfragen ab und unterstreicht damit die Nichtdirektivität des Ansatzes. Dadurch kann auch diese Form der Äußerung als eine erläuternde interpretiert werden.

Mit Blick auf die oben genannten Ausgangsüberlegungen verstehen wir auch den Dialog-Konsens-Ansatz und das Strukturlegeverfahren als weiteres, in der Beratungspraxis einsetzbares Werkzeug. Das Verfahren ermöglicht es, Elemente des Schreibprozesses sichtbar zu machen und damit an die Oberfläche des Betreuten zu bringen. Die nicht-direktive Gesprächsführung durch Betreuende ermöglicht es Betreuten, ihr eigenes Verhalten wertfrei wahrzunehmen. Dies bildet die Voraussetzung für die Reflexion des eigenen Verhaltens und daraus resultierende mögliche Änderungen des eigenen Handelns oder ein verbessertes Verständnis desselben.

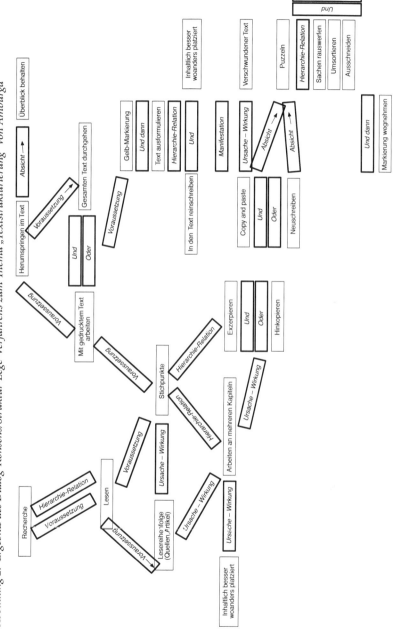

Abbildung 2: Ergebnis des Dialog-Konsens/Struktur-Lege-Verfahrens zum Thema „Textstrukturierung" von Amburga

4 Empfehlungen für die Betreuungspraxis

Im hier beschriebenen Forschungsprojekt wurden Zugänge zur Selbstreflexion von Schreibern durch die Anwendung von Forschungsmethoden als Innovationen in Schreibprozesse eingebunden und die angewendete Methodenkombination parallel dazu getestet. Zum anderen wurden Erfahrungen mit Selbstreflexion durch Anwendung von psychologischen Methoden erschlossen.

Abschließend werden einige Folgerungen für die schreibdidaktische Qualifizierung von Personen in ihrer Rolle als Betreuende, also Schreib-Peer-Tutoren und Lehrende, im Hinblick auf eine nicht-direktive Gesprächsführung gezogen und zur Diskussion gestellt.

Zu einer nicht-direktiven Betreuung gehört u. E. die Möglichkeit, den Betreuten die Möglichkeit zur Wahrnehmung des eigenen Schreibhandelns zu geben (vgl. Schritt 1 in der Wahrnehmung innerer Konflikte bei Iwers-Stelljes 2014). Durch die Kombination der hier vorgestellten Methoden bekommen Betreute die Möglichkeit, sich intensiv mit ihrem eigenen Schreibhandeln auseinanderzusetzen. Die Gruppendiskussionen eröffnen einen weiteren Betrachtungsraum, da hier Einblicke in das Schreibverhalten anderer Personen genommen werden kann, was wiederum weitere eigene Reflexionen auslöst und im Einklang mit der schreibdidaktischen Methode des Redens über den Schreibprozess steht.

Im Einzelnen lassen sich folgende Erkenntnisse aus den vorgestellten Methoden für die Betreuungsarbeit ableiten:

IPDRs schärfen die Wahrnehmung der Schreibenden für den Prozess selbst. Durch ihre individuelle Form werden sie von Schreibenden als fruchtbar und unkompliziert empfunden. Notwendig ist es allerdings, diese Methode mit ihrer Funktion einzuführen und in einem Gespräch zwischen Betreuenden und Betreutem zu klären, inwieweit die IPDRs für die Begleitung herangezogen werden können. Nach dieser Klärung können sie leicht in die Begleitung integriert werden, indem sie in Gesprächen genutzt werden. IPDRs tragen somit dem Ansatz der Nicht-Direktivität und der Selbstwahrnehmung als Voraussetzung für eine bewusste Auseinandersetzung mit dem eigenen Schreibverhalten Rechnung. IPDRs wurden bereits im universitären Textproduktionsunterricht in einer Studie über mehrere Jahre erprobt (Heine 2011; 2012) und tragen auch dort nachweislich zur Unterstützung der Selbstreflexion bei.

Der Einsatz von Screen Capture ist ein guter Wahrnehmungstrigger, der jedoch gezielt als „Zoom in"-Maßnahme eingesetzt werden sollte, indem bestimmte Ausschnitte des Schreibprozesses angesehen werden. Dies kann besonders bei unerfahrenen Schreiberinnen und Schreibern sinnvoll sein, um ihnen vor Augen zu führen, was sie tatsächlich tun, um den Prozess der Selbstwahrnehmung zu unterstützen. Aufgrund der notwendigen technischen Voraussetzungen erscheint uns diese Methode jedoch eher für die schreibdidaktische Ausbildungszwecke geeignet als für die alltägliche Betreuungsarbeit.

Das Dialog-Konsens/Struktur-Lege-Verfahren hat sich als besonders interessantes Forschungs- und didaktisches Instrument erwiesen und eignet sich als Werkzeug der Selbstwahrnehmung in Introvisionsprozessen. In der Form, wie es in dem Forschungsprojekt eingesetzt worden ist, ist es allerdings sehr zeitaufwändig und komplex. Dafür bietet es allerdings einen differenzierten und umfangreichen Zugang zu sehr persönlichen Daten. Unseres Erachtens eignet sich dieser Handlungsansatz besonders zur Steuerung von Beziehungsarbeit und themenzentrierter Interaktion.

In der Schreibberatungspraxis, aber auch in der Weiterbildung erproben wir daher eine etwas abgewandelte Form. So wurde bereits mehrfach das Erstellen von Begriffskarten in Schreibberatungskontexten in der Findungsphase (Knorr 2016) eingesetzt, um Ratsuchende bei der gedanklichen Klärung ihres Zugangs zu einem Thema zu unterstützen. In Workshops zum Thema „Texte kommentieren" wurde eine Weiterentwicklung des Instruments eingesetzt, um Kommentierungsziele und Kommentierungsverhalten zueinander in Beziehung setzen zu können. In beiden Bereichen bedarf es jedoch noch weiterer Erprobungen, um präzisere Aussagen über die Anwendung treffen zu können.

Zusammenfassend ergeben sich für die Forschung folgende Perspektiven: In Longitudinalstudien wäre zu prüfen, inwieweit die hier vorgestellten Methoden individuell angepasst und verfeinert, den Betreuungsprozess beeinflussen und wie sich ihre Einbindung in die Betreuung auf das Schreibverhalten der Betreuten auswirkt. Das Instrument des Dialog-Konsens/Struktur-Lege-Verfahrens gilt es weiterzuentwickeln, so dass es unter den herrschenden Rahmenbedingungen universitären Lehrens und Lernens effektiv eingesetzt werden kann.

Literatur

Bräuer, Gerd/ Schindler, Kirsten (2011): Authentische Schreibaufgaben – ein Konzept. In: *Bräuer, Gerd/ Schindler, Kirsten* (2011) (Hrsg.): Schreibarrangements für Schule, Hochschule, Beruf. Freiburg im Breisgau: Fillibach, 12–63

Geise, Wolfgang (2006): Zur Anwendung der Struktur-Lege-Technik bei der Rekonstruktion subjektiver Impulskauftheorien. In: *Bahrs, Enno/ von Cramon-Taubadel, Stephan/ Spiller, Achim/ Theuvsen, Ludwig/ Zeller, Manfred* (Hrsg.): Unternehmen im Agrarbereich vor neuen Herausforderungen. Münster-Hiltrup [Schriften der Gesellschaft für Wirtschafts- und Sozialwissenschaften des Landbaues e. V.; 41], 121–131

Gile, Daniel (2004): Integrated problem and decision reporting as a translator training tool. In: Jostrans 2, 2–20 <http://www.jostrans.org/issue02/art_gile.php>, 01.06.2016

Göpferich, Susanne (2008): Translationsprozessforschung: Stand – Methoden – Perspektiven. Tübingen: Narr

Groeben, Norbert/ Wahl, Diethelm/ Schlee, Jörg/ Scheele, Brigitte (1988): Das Forschungsprogramm Subjektive Theorien: eine Einführung in die Psychologie des reflexiven Subjekts. Tübingen: Francke

Hansen, Gyde (2006): Retrospection methods in translator training and translation research. In: Journal of Specialised Translation (5), 2–41

Hart-Davidson, William (2007): Studying the mediated action of composing with time use diaries. In: *McKee, Heidi A./ DeVoss, Danielle Nicole* (Eds.): Digital Writing Research: Technologies, Methodologies, and Ethical Issues. Cresshill N.J.: Hampton Press, 153–170

Heine, Carmen (2011): Certified Teaching Portfolio, Assistant Professor, ASBSS, ASB Pedagogical Training Program For Assistant Professors. Unveröffentlichtes Dokument, Aarhus: Aarhus University, Aarhus School of Business and Social Sciences

Heine, Carmen (2012): Prozessansatz im traditionell produktorientierten „Academic Writing" Textproduktionsunterricht. In: *Knorr, Dagmar/ Verhein-Jarren, Annette* (Hrsg.): Schreiben unter den Bedingungen von Mehrsprachigkeit. Frankfurt/Main u. a.: Lang [Textproduktion und Medium; 12], 99–116

Heine, Carmen/ Knorr, Dagmar/ Spielmann, Daniel/ Engberg, Jan (2014): New methods of text production process research combined. In: *Knorr, Dagmar/ Heine, Carmen/ Engberg, Jan* (Eds.): Methods in Writing Process Research. Frankfurt/Main u. a.: Lang [Textproduktion und Medium; 13], 123–145

Iwers-Stelljes, Telse A. (2014): Innere Blockaden in Phasen von Entscheidung und Veränderung. In: Zeitschrift für Gestaltpädagogik 25 (1), 2–10

Knorr, Dagmar (2016): Modell „Phasen und Handlungen akademischer Textproduktion". Eine Visualisierung zur Beschreibung von Textproduktionsprojekten. In: *Ballweg, Sandra* (Hrsg.): Schreibberatung und Schreibtraining. Impulse aus Theorie, Empirie und Praxis. Frankfurt/Main u. a.: Lang, 251–273

Lamnek, Siegfried. (2010): Qualitative Sozialforschung: Lehrbuch. Weinheim: Beltz

Lange, Ulrike (2010): Das autonom geführte akademische Journal – Konzept und Praxisbericht. In: *Saxalber, Annemarie/ Esterl, Ursula* (Hrsg.): Schreibprozesse begleiten. Vom schulischen zum universitären Schreiben. Innsbruck, 229–246

Rehbein, Jochen (1977): Komplexes Handeln. Stuttgart: Metzler

Rogers, Everett M. (2003): Diffusion of innovations. New Your, NY: Free Press

Scheele, Brigitte/ Groeben, Norbert (1988): Dialog-Konsens-Methoden zur Rekonstruktion Subjektiver Theorien. Tübingen: Francke

Scheele, Brigitte (1992): Struktur-Lege-Verfahren als Dialog-Konsens-Methodik. Ein Zwischenfazit zur Forschungsentwicklung bei der rekonstruktiven Erhebung Subjektiver Theorien. Münster: Aschendorff

Schmidt-Lellek, Christoph J. (2001) Was heißt „dialogische Beziehung" in berufsbezogener Beratung (Supervision und Coaching)? Das Modell des Sokratischen Dialogs. In: Organisationsberatung, Supervision, Coaching, 8 (3), 199–212

Tewes, Uwe/ Wildgrube, Klaus (1992): Psychologie-Lexikon. München: Oldenbourg

Wrona, Thomas (2005): Die Fallstudienanalyse als wissenschaftliche Forschungsmethode (ESCP–EAP)

Jacqueline van Kruiningen and Robin de Boer (Groningen)

Writing about professional writing

Students' metacognitive awareness with regard to professional writing tasks

Abstract: In this exploratory study, 64 university students' metacognitive awareness with regard to professional writing tasks was investigated. The students carried out two 'meta-writing tasks' alongside the professional writing tasks required in a client project in which they had to solve a real-life problem and write a plan of approach and an advisory report for an authentic client. The first metatask focused on the students' metacognitions at the start of the project; the second metatask was carried out after the finalization of the project. Content analysis was conducted to analyze the students' metacognitions in both metatexts. The results indicate that the students experience the client project as good preparation for future work, and that they particularly acknowledge the group work as a valuable component. The data show an increase in the students' estimation of their own monitor skills with regard to group work and the writing of the plan of approach and the advisory report. In terms of the development of metacognitive genre awareness, we found that the metatexts written after finalization of the project represent more specific, more elaborate and grounded descriptions of the professional writing tasks. We also identified a subtle shift in focus from content-based genre descriptions to more text- and audience-related descriptions, and from a somewhat rigid idea about genres to a richer and more realistic idea about the situatedness of genres. As for the students' representation of declarative and procedural knowledge about the two genres, the analysis did not yield clear-cut, unequivocal results. This analysis of students' metatexts offers insight into their thinking about professional writing and professional genres. For teachers, the incorporation of such metatasks can provide interesting points of departure for the design of workplace-oriented writing tasks in a university curriculum. In particular, the metatask at the end of the project stimulated the students to reflect on their level of monitoring, which is considered an important component of the development of metacognitive awareness.

1 Introduction: The role of metacognitive awareness in writing development

Client projects are often incorporated in higher education programs to engage students in real-world work and professional communication processes. These projects involve classroom-workplace collaborations that include assignments designed to simulate workplace practice and to teach professional genres by creating literacy events where writing is "typically secondary to some other purpose" (Hyland 2009, 51; Thondhlana/Smith 2013). In such settings, students are stimulated to reflect on text functions and genre characteristics, and to take the needs of real readers in a specific context into account (Hyland 2009; Lea/Street 2006; Pope-Ruark 2011).

In the third year of the Communication and Information Science (CIW) program at the University of Groningen, students carried out a client project in which they worked in small groups and operated as advice agencies specializing in organizational communication. As such, they had to solve a real-life problem and write for an existing client with real needs. We set up an exploratory study to gain insight into the students' metacognitive awareness with regard to two professional writing tasks in this client project: a *plan of approach* and an *advisory report*. For this purpose, all students were asked to carry out two 'metawriting tasks' alongside these professional writing tasks. The first metatask focused on the students' expectations and metacognitions concerning professional writing and the two professional genres at the start of the project; the second task was carried out after the finalization of the project and focused on the (changes in) students' metacognitions and their experience of writing these genres in the client project. Content analysis was carried out to analyze the reported expectations, metacognitions and experiences[1].

In studies on the teaching of writing (in higher education), several authors have emphasized the importance of paying attention to students' (development of) metacognitive awareness (Kellog 1994; Myhill/Jones 2007; Negretti 2012; Schneider/Andre 2005). Metacognitive awareness comprises the ability to reflect on one's learning and to understand and regulate this learning. This also includes *knowledge* about cognitions (or metacognition) and the regulation of those cognitions (Schraw/Dennisson 1994). Metacognitive awareness relates closely to students' cognitive maturity and their level of performance, as students that are metacognitive aware operate more strategically and perform better then students with lower metacognitive awareness (Schraw/Dennisson 1994; Conner 2007; Ruan 2004).

---

1   This study forms part of a larger research project. In this paper, we report on the first part of the research project, focusing on the whole group's metacognitions at the start and at the end of the project. In a second study, we focus on three student teams' working processes and interactions during the course of this project in a qualitative, in-depth ethnographic study. A report on this supplementary study is in progress (Van Kruiningen/Grit, forthcoming).

Writing development is strongly associated with the development of metacognitive awareness. An experienced, professional writer is not only able to solve all sorts of writing problems, to make sophisticated, stakeholder-directed choices concerning content, form and style, and to achieve complex rhetorical goals; he can also explain why communicative problems need to be solved in specific ways (Schriver 2012). Schriver states that "it takes exceptional sensitivity, metacognitive awareness, and knowledge in order to be able to create communications while contending with these sorts of issues" (Schriver 2012, 284). Lavelle and Zuerchner (2001) and Lavelle (2009) mention reflective, metacognitive activities as important characteristics of 'deep writing', along with audience awareness, a proactive, critical and analytic stance, and other teacher-independent orientations. They contrast 'deep writing' with a less effective 'surface writing' approach, in which students focus more on "get it all out and be done", and barely show any "awareness of processes related to outcome, a sense of involvement or feelings of completeness, wholeness in writing" (Lavelle/Zuerchner 2001, 384). Metacognitive knowledge enhances awareness, not only of what to write and how something can be written, but also in terms of why it needs to be written in a certain manner in order to reach specific communicative goals (Hacker/Keener/Kircher 2009; Liu 2014; Myhill/Jones 2007; Negretti/Kuteeva 2011; Negretti 2012). Although the significance of metacognitive awareness in students' writing development is observed by these authors, it is notable that a focus on (the development of) the metacognitive awareness of students in higher education is largely missing in writing research (as also stated by Negretti (2012) and Kramer/Van Kruiningen (2015)).

It seems especially relevant to explore the ways university programs can stimulate students to develop metacognitive awareness as part of their preparation for future professional writing tasks. In a range of studies on writing education, the complexity of the transition from the classroom to the workplace is emphasized (Dias etal., 1999; Beaufort 2006; Blakeslee 2001; Freedman/Adam/Smart 1994; Russell 1997; Schneider/Andre 2005). These studies accentuate the different functions of writing in educational and workplace settings, and even raise the question of whether we can teach workplace genres effectively in the classroom. These considerations arise from socio-cultural and genre-theoretical perspectives, in which writing is characterized as a social activity that cannot be separated from the contexts in which it takes place.

Schneider and Andre (2005) offer a more optimistic perspective in which they include a focus on the development of genre awareness. They carried out an explorative study in which Canadian interns were asked about the transfer of writing skills from university to workplace. In this interview study, students felt well prepared for workplace writing when their university program had:

- introduced them to the formal features of relevant workplace genres
- provided them with "a solid grounding in the procedural skills of research and analysis integral to certain genres" (p. 215)
- provided them with opportunities for practice in specific genres
- provided them with opportunities for collaborative writing

Supported by the outcomes of this interview study, Schneider and Andre indicate that collaboration can prepare students for real-life writing tasks, where collaborative writing for multiple readers is ubiquitous. Opportunities to talk about drafts stimulate discussion of discourse conventions and reflection on other writers' approaches, as well as intellectual encouragement and emotional support. Building on Vest et al. (1995), Schneider and Andre (2005, 212) conclude that collaborative writing can help students to "develop the 'vital skill' of knowing when and how to elicit information from co-workers". This will lead to increased genre awareness and to greater consciousness of the complexity of genre acquisition. The authors argue that fostering a constructive transition from university to workplace writing should entail more than the instruction of formal features of workplace genres, and they underline the importance of raising students' awareness of "the complex nature of writing genres" (*ibid.*, 215).

In the client project we report on in this study, the instructors chose to connect this didactical perspective – that focuses on collaborative learning, reflection and the development of genre awareness – with the theoretical notion of metacognition. We added the two metatasks mentioned above (one metatask at the beginning of the project, and one after finalization) to the professional, collaborative writing tasks that formed the key assignments in the project: the plan of approach and advisory report (for further explanation of these metatasks, see the next section). This set up also gave us the opportunity to investigate students' metacognitions – more specifically their development of metacognitive genre awareness – in an educational setting that aimed to prepare them for future workplace writing.

2 Research question and research method

The research question for this study was: *What are the metacognitive orientations and reflections of students in the third-year client project in the CIW program with regard to professional writing, and specifically the professional text genres 'plan of approach' and 'advisory report', as documented in their metatasks at the beginning (orientations) and after finalization (reflections) of the project?*

The students carried out this client project in the third year of the CIW curriculum at the University of Groningen. Ninety-two students followed this course in the academic year 2014–2015. The project spanned 17 weeks in a 10-European

Credit course, based on the European Credit system, which represents a workload of 280 hours. The client in this project was 'Fauna beheer', a corporation engaged in fauna control in the province of Groningen in The Netherlands. The students worked in teams to develop advice for the client; they were tasked with developing strategic advice concerning the client's future communication with a variety of target groups, while taking these target groups' possible resistance to the client's activities into account.

In the first week of this one-semester course, the students were introduced to the client project and the assignments, and were asked to write the first metatext individually. From week two to week seven, the students attended a range of lectures in which they became acquainted with the client, read about the client's communication problem and were tested on their knowledge about, and their views on, the client and their relevant communication issues. After that, the students were organized into 13 teams, and from that point the teams operated as advice agencies, specializing in organizational communication. All teams developed and wrote an agency philosophy (for the supervisor) and a plan of approach (for the supervisor and the client), and they presented their plan in a pitch for the client. Subsequently, the teams carried out a survey and wrote a survey report (for the supervisor) and an advisory report (for the supervisor and the client) over the course of four weeks. During these weeks, there were two additional lectures: one on creativity and one relating to the advice process. Some criteria for the advisory report were provided in the lecture and in the study guide. Subsequently, the students were encouraged by the supervisors to orient themselves on genre characteristics and the requirements for advisory reports by studying examples. At the end of the project, all advisory reports were assessed by the instructors and presented to the client, who chose a winner. To conclude, all students wrote the second metatext individually.

An overview of the course set-up:

Phase 1	Introduction and Orientation
Week 1	Introduction to the client project and the assignments **Individual assignment: Metatask 1 (64 analyzed for this study)**
Week 2–7	Weekly lectures: • meeting with the client • topics related to the client's work field and strategic communication issues • individual reading-up • closure of phase 1 with a test of individual students' knowledge and views concerning the client's work field and communication problems

Phase 2	Group Work
Week 8–10	Group work, no lectures (+ examination weeks for other courses)
Week 11	Pitch + handing in the agency's philosophy + plan of approach
Week 12–16	Group work: Survey + advisory report Two lectures: Relating to creativity and the advisory process Team consults with supervisor
Week 16	Handing in the survey report + advisory report
	Assessment of the final products
Week 17	Presentation of the advisory reports to the client
	Individual assignment: Metatask 2 (64 analyzed for this study)

Our definition of 'metatask' in this study was a writing task in which the individual is asked to write down his knowledge concerning professional writing, to reflect on one's level of knowledge and performance, and to formulate learning goals (see also Barbeiro 2011; Nesi/Gardner 2012; Kramer/Van Kruiningen 2015). For metatext 1, the students were asked to introduce themselves to their supervisor and to specify their starting position concerning their (own estimation of their) knowledge, writing skills, expectations and learning goals with regard to professional writing, and specifically relating to the genres 'plan of approach' and 'advisory report'. After finalization of the project, the students wrote metatext 2. For this task, they were asked to reflect on their writing experiences and their knowledge about (the writing of) a plan of approach and an advisory report, and to relate these experiences to what they had documented in metatext 1. We were interested in differences between the students' metacognitions before and after the project, and therefore in the development of their metacognitive awareness as a result of the activities in the client project.

The metatexts were coded using the software program ATLAS.ti, while the method used for data analysis can be characterized as partly qualitative-interpretative and partly systematic-quantitative. The focus of this content analysis was not on metacognitive skills but on the students' *knowledge* about their cognitions, as set down in their metatexts. As such, we focused on their 'metacognitive knowledge of cognition', or 'metacognitive awareness' (see Schraw/Dennisson 1994; Negretti 2012). Following Berkenkotter and Huckin (1993), this knowledge can be subdivided into declarative knowledge and procedural knowledge. Declarative knowledge is related to strategies and concepts concerning a specific task, such as certain rhetorical features of genres and language choices (Negretti/Kuteeva 2011); procedural knowledge is knowing *how* these strategies need to be applied, and when and why (Berkenkotter/Huckin

1993; Negretti/Kuteeva 2011)[2]. Procedural knowledge is, for example, understanding how to plan (collaborative) writing tasks and knowing how to use concepts such as audience and purpose in order to create an effective text (c. f. Negretti/Kuteeva 2011).

Alongside these categories, Gombert (1993) distinguishes another category relevant for this study: metacognitive experience, which entails everything an individual has felt about a metacognition, including identifiable ideas and unconscious feelings. In our study, we decided on a variant: 'feelings concerning experiences and expectations'. Moreover, we also registered all the concrete experiences mentioned by the students. To conclude, we recorded the students' estimations of their own monitor skills ('metacognitive judgment': (Negretti 2012; Schraw 2008; Schraw/Dennisson 1994): students' judgments about their own performances. According to Schraw (2008, 34), metacognitive judgment is "a probalistic judgment of one's performance before, during or after performance".

Eventually, we worked with five code families, which contained of a range of codes per family. These codes were construed as partly theory-driven and partly data-driven on the basis of open coding:

1) The course:
   a. students' expectations from the course
   b. students' learning goals relating to the course
   c. students' feelings concerning expectations from, and experiences of, the course
2) Group work and feedback
3) Writing and carrying out research
4) The plan of approach
5) The advisory report

For code families 2–5, we created the following 5 codes per family:

   a. experiences (concrete experiences)
   b. feelings (concerning expectations and experiences)
   c. declarative knowledge
   d. procedural knowledge
   e. monitor estimation

---

2   For that matter, this last sub-form – the why – is interpreted by Schraw and Dennisson (1994) as 'conditional knowledge'. Because this distinction between 'procedural' and 'conditional' was difficult to grasp based on what the students wrote, we chose to cluster both forms under 'procedural knowledge' (following Berkenkotter and Huckin 1993).

Of the students, 84 gave their permission to use their texts for this research project. However, only 64 students (76%) handed in the second metatask due to miscommunication. For our analysis, only the first and second metatasks of those 64 students were used. In order to check whether there was any selective loss, the first metatexts of those 20 students that did not hand in their second metatext were compared with the rest of the first texts, and during statistical analysis it was found that those texts did not deviate from those of the rest of the students. Furthermore, a selection of ten first texts and ten second texts from the main corpus was coded by a second coder for the purpose of a reliability check. The reliability of the coding was determined to have a 79% agreement.

On average, the students used 372 words in the first text (standard deviation = 76; least amount of words = 249; largest amount of words = 660). In the second text, the average amount of words was 420 (standard deviation = 77; least amount of words = 268; largest amount of words = 580). Although the students were instructed to write about the same topics in both texts, it was inevitable that some topics were covered more in one or the other task. The nature of the two distinct tasks was the cause of these differences. For example, students wrote about previous writing experiences in the first task, at the beginning of the course, while this was not a relevant topic for the second task, after finalization of the course. Therefore, significance was not calculated for such categories, since no comparison could be made. All data were further analyzed in iterative rounds in an inductive, interpretative manner. Below, we report on the most notable results (for a more detailed report, see De Boer 2015).

3 Results

Overall, the results indicate that the students value the client project; they especially appreciate the practice-oriented nature of the project. The general image is that the students experience the project as good preparation for future work, and that they particularly acknowledge the group work as a valuable aspect of the client project. A comparison of the first metatask (at the beginning of the project) with the second metatask (after finalization) reveals differences in the extent to which, and the way in which, the students write about the given topics. Although some differences proved not significant we did observe some trends, and the qualitative analyses revealed interesting complementary results, which we report in the section below. Where the statistical analysis showed significance, we explicitly mention this in the report.

Students' experiences prior to the project

As for their writing experiences prior to the project, it is interesting to note that some of the students indicate they have some experience of professional writing in the preceding CIW curriculum (some even explicitly mention the genres 'plan of approach' and 'advisory report'), while other students say they have never practiced such genres, despite them all participating in the same CIW curriculum. Apparently, the students perceive their writing practice prior to the client project in different ways. Beside this practice, some students mention that they chiefly gained experience in professional writing outside of the study program (in an internship, a job, in a committee or in another study program).

Strong focus on group work

The most noticeable outcome is the contrast in the extent to which the students express themselves in terms of group work. In the second metatask (after completion of the project), we see significantly more expressions concerning monitor estimation with regard to group work (28%/8 wrd > 56%/26 wrd[3]). There also are more utterances concerning feelings toward group work (28%/6 wrd > 45%/16 wrd), and more about feedback in the team (22%/2 wrd > 55%/26 wrd). The students also write more about group work than about other topics. At the start of the course, the students do not yet seem to perceive group work as a prominent aspect of such a project, but – although not specifically asked to do so in the task instructions – the students obviously feel the need to reflect on group work in particular after finalization. Many students mention that they found the collaboration with other students the most instructive element of the project.

Types of knowledge and monitor estimation: The plan of approach

We analyzed the extent to which the students reported declarative and procedural knowledge concerning the 'plan of approach' and 'advisory report' in the metatasks before and after the project. As for the plan of approach, we found the students present more declarative knowledge than procedural knowledge both before and after the project. Furthermore, we see a decrease in the extent to which the students write about both kinds of knowledge with regard to the plan

---

3   The presented percentages represent the number of students that report about a topic; the amount of words is the average amount of words used by the students when referring to a topic. Before the > mark, the numbers shown relate to the first metatask (at the beginning of the project); after the > mark, the numbers relate to the second metatask (after completion of the project).

of approach (declarative: 61%/17 wrd > 30%/12 wrd; procedural: 30%/14 wrd > 19%/11 wrd, where the decline in reports about declarative knowledge is significant). The fact that the students present less declarative and procedural knowledge about the plan of approach may be related to the fact that this was a preparatory assignment in the client project and not the principal assignment, which was the advisory report. For that reason, students may have experienced less need to explicate their knowledge. We do, however, see an increase in monitor estimation relating to the 'plan of approach' (20%/12 wrd > 27%/18 wrd). Apparently, the students feel the need to reflect on their performances in writing the plan of approach after the finalization of the project.

Types of knowledge and monitor estimation: The advisory report

Such an increase in monitor estimation is also found with regard to the advisory report. After completing the client's project, the students make more assessments of their skills in terms of the writing of this report, compared to prior to the course (36%/10 wrd > 44%/20 wrd). Furthermore, there is little difference in the extent to which the students report about their declarative and procedural knowledge concerning the advisory report before and after the project (declarative: 56%/30 wrd > 53%/28 wrd; procedural: 44%/21 wrd > 45%/23 wrd).

From global to more specific descriptions

The qualitative analysis revealed further remarkable findings concerning differences in the ways the students write about the requested topics. In this regard, one of the most noticeable results is that in the first metatask, the students mainly give very global descriptions of their experiences, learning goals, expectations, genre knowledge, feelings and their monitor estimation. In the second metatask, after finalization of the project, we find more specific, concrete and elaborate descriptions. In terms of group work for instance, students mainly state how much experience they have (if any) of group work in the first metatask ("during my study, I have already acquired some experience in writing different genres", or "I have never written an advisory report"). In the second metatask, they specify their experiences in more detail:

> (27) It was nice to work in a team because we stimulate each other to perform to the maximum. This was because we collaboratively thought everything through and looked at it critically. This led us to think, and it led to a better group result[4].

---

4   All student citations are translated literally from Dutch.

In the first metatask, we also observe unspecific formulations of learning goals, such as "learning to adequately write an advisory report", or "I do not have a concrete image yet of the writing tasks related to the plan of approach". When students note their knowledge or expectations concerning these two genres in the first metatask, they stick to generic characterizations such as "clear", "transparent", "concise", "organized" or "faultless" (within the category declarative knowledge). Only one or two students present largely specific genre characterizations. In the second metatask, we see more specific and solid descriptions, based on the choices made in the project. The next example is a more specific characterization of some aspects of the advisory report, combined with the students' monitor estimation and feelings:

In the advisory report, the plan of approach is developed further; it forms the starting point for the communication advice. Finally, you have the feeling you have skills as a CIW student, that you have accomplished something. And it looks good! It makes you realize what your future work might be. There were no criteria for the components of the advice. Therefore, my group very consciously chose to create a visual interpretation of the advice. Why? Because long pieces of text are not attractive.

From content-related genre descriptions to a focus on genre features

We also notice a shift in focus in terms of the students' genre descriptions. In the first metatask, we find that students predominantly stick to content-based descriptions of the genres, where in the second metatask, the students more often present text-related genre features of the plan of approach and advisory report. For instance, in the first task, one student states that the plan of approach often "consists of some points that state how to proceed in a specific research project". Another student writes: "Here I think the results of the study that will be carried out will be presented". In the second task, we see a stronger focus on genre features, such as form and style, instead of on the content of the texts. For instance, for the advisory report, the students give genre characterizations such as those found in the citation presented in the previous paragraph, and use terms including "eye-catching", "playful", "creative" and "reader-oriented". A related finding is that the students write more about lower-order concerns in the first metatask (such as spelling or correctness), where in the second metatask students more often emphasize the importance of higher-order concerns, such as the exigency of audience-directed texts.

From rigid to more realistic ideas about genres

Another finding related to the genre characterizations is that we see descriptions in the second metatexts that indicate a richer, less rigid and therefore more realistic idea about genres than was found in the first metatexts. In the first metatexts, we are meant to believe that genres are chiefly based on strict formats and unequivocal guidelines. Some students explicitly state their need for such guidelines in these texts: "And I do find it essential that it is made clear precisely what is expected with regard to content and form", or "the most important in my view is that, as a team, one follows the guidelines for the writing of a plan of approach and advisory report". In the second metatask, we see a (slight) shift away from this rigid view of text formats towards characterizations of genres as a more dynamic phenomenon. Here, the students more often point out that there are no rules for form and content, and some students explicate new insights in this light: "The most instructive for me was that you can be very free and creative in your advice, as long as you present it [as] well-founded", or: "With hindsight, it proves that we were very free in our choices concerning the form and structure of the advisory report". This is also evident in the longer citation in the paragraph above. This form of genre awareness could be interpreted as a form of situated cognition: the knowledge or insight that the 'plan of approach' of an 'advisory report' does not exist; that texts are always construed in specific settings, influenced by contextual circumstances, and therefore that every text is a product of the activities and situations in which it is produced (Bawarshi/Reiff 2010; Berkenkotter/Huckin 1993; Dias etal. 1999).

Conversely, after completion of the project, a few students still express an urgent need for clear guidelines and formats:

> (28) What was an obstacle [...] was the fact that I had never – except for Corporate Communication [JvK/RdB: another course in the curriculum] – written an advisory report. This problem could have been solved by providing us with a list of the components of an advisory report, or with an example.

Perspectives on audience

> (29) Finally, what proves interesting is the variety in students' views on the potential audience(s) for the plan of approach. In both the first and second tasks, the students have different audiences in mind as potential readers of their document. Some students mention the audience as the client, others mention the student team, a few students mention the supervisor and some name a combination of audiences. Obviously, the perspectives differ, which is also true after finalization of the project. For the advisory report, the audience is much clearer: the client. We also see considerations concerning the audience in the students' descriptions of their procedural

knowledge about the advisory report in the second metatask. When students write about how to deal with this writing task, they chiefly mention the importance of taking the needs and wishes of the reader into account, and the value of projecting oneself into the role of the client.

4 Conclusions and discussion

This explorative study has revealed some differences between the students' orientations and reflections with regard to professional writing before and after the client project. Because of the small scale of the study, the data must be interpreted with some caution. However, the combination of quantitative and qualitative interpretative analysis of the students' metatexts gives an interesting perspective on the students' frame of reference before and after the client project. The outcomes of this study give rise to some reflection on the goals and possibilities of profession-oriented writing tasks in university study programs and on the role of metatasks in stimulating students' metacognitive awareness concerning professional genres, as part of their preparation for workplace writing.

The students' orientation towards, and positive experiences of, the group work (as a useful preparation for future professional tasks) can be connected to Schneider and Andre's (2005) conclusion that it is team work especially that offers students a relevant grounding in aspects of professional writing. The students' evaluations of the project in this regard strengthen the idea that group work in a client project can offer students knowledge of aspects of professional writing. The results further show that the assignments in this client project contributed to a more concrete image of the students concerning writing in a professional setting. They show more awareness of text characteristics, especially of the higher-order concerns of professional writing, such as audience awareness (*cf.* Pope Ruark 2011). Moreover, we noticed a stronger consciousness of the dynamic character of professional genres, as they are products of activities and situations in which these genres are produced. Those aspects of metacognitive consciousness form important components of students' development towards becoming a professional writer (see also Lavelle's characteristics of 'deep writing' 2009).

One relevant question that remains largely unanswered is whether the workplace-oriented assignments in this project, or the metatasks before and after the project, or a combination of all tasks, contributed to the students' expanded metacognitive awareness. We do not know for sure whether the students were stimulated to reflect on text functions and genre characteristics by the collaborative writing tasks that formed part of the professional project, or by the complementary metatasks. We do, however, believe we can make a comparison with a prior study, carried out by Luning (2012), in which the work processes of two student teams in a largely comparable client project were studied in a small explorative analysis. In that study, the assignments were largely similar, but the metatasks before and after the project were lacking. In Luning's study, the students largely remained oriented on the lower-order concerns of writing, and retained a strong dependence on their supervisor's guidelines until the end of the project. The results of the current study indicate the positive contribution of the metatasks to an increased metacognitive awareness and a more independent approach to professional writing tasks. Moreover, the results show that the metatask at the end of the project stimulates the students to reflect on their level of monitoring, a form of metacognitive judgment that is an important component of the development of metacognitive awareness (see Schraw 2008; Schraw/Dennisson 1994). In any case, the analysis of students' metatexts can offer insights into their thinking about professional writing and professional genres. For teachers, these kinds of student texts can offer interesting points of departure for the design of workplace-oriented writing tasks in a university curriculum.

In light of the observed lack of attention paid to metacognitive awareness in writing studies in higher education, it seems relevant to further, and more systematically, explore and specify the characteristics of students' metacognitive awareness in follow-up studies, and consequently to concentrate on the role of this awareness in the development of their professional writing proficiency. In this light, the forthcoming ethnographic study of Van Kruiningen and Grit can shed a more detailed light on the work processes, considerations and struggles of student teams working on a client project. In this study, we focus on the document cycling activities of the teams, on the feedback and revision loops, and on how the students' interactions in these processes stimulate them to explicate their writing conventions and their approaches to writing. We then specifically focus on how the students deal with the dual task of writing for a client who is interested in concrete solutions while at the same time trying to meet the academic requirements of the educational system of which they form part.

References

Bawarshi, Anis S./ Reiff, Mary Jo (2010): Genre. An Introduction to History, Theory, Research, and Pedagogy. West Lafayette: Parlor Press

Barbeiro, Luis F. (2011): What happens when I write? Pupils writing about writing. In: Reading and Writing (24), 813–834

Beaufort, Anne (2006): Writing in the Professions. In: *Smagorinsky, Peter* (Hrsg.): Research on composition: Multiple perspectives on two decades of change. New York, NY: Teachers College, Columbia University, 217–242

Berkenkotter, Carol/ Huckin, Thomas N. (1993): Rethinking Genre from a Socio-cognitive Perspective. In: Written Communication 10 (4), 475–509

Blakeslee, Ann M. (2001): Bridging the Workplace and the Academy: Teaching Professional Genres through Classroom-Workplace Collaborations. In: Technical Communication Quarterly 10 (2), 169–192

Conner, Lindsey N. (2007): Cueing Metacognition to Improve Researching and Essay Writing in a Final Year High School Biology Class. In: Research in Science Education 37 (1), 1–16

De Boer, Robin (2015): Schrijven over Professioneel Schrijven. Metacognitieve oriëntaties en reflecties van studenten op de schrijftaken in een casestudy. Masterthesis Communication and Information Science, University of Groningen

Dias, Patrick/ Freedman, Adam/ Medway, Peter/ Paré, Anthony (1999): Worlds apart: Acting and writing in academic and workplace contexts. Mahwah, N.J: L. Erlbaum Associates

Freedman, Adam/ Adam, Christine/ Smart, Graham (1994): Wearing Suits to Class: Simulating Genres and Simulations as Genre. In: Written Communication 11 (2), 193–226

Gombert, Jean Emile (1993): Metacognition, Metalanguage and Metapragmatics. In: International Journal of Pshychology 28 (5), 571–580

Hacker, Douglas J./ Keener, Matt C./ Kircher, John C. (2009): Writing is Applied Metacognition. In *Hacker, Douglas J./ Dunlosky, John/ Graesser, Arthur C.* (Hrsg.), Handbook of Metacognition in Education. New York, NY: Routledge, 154–172

Hyland, Ken (2009): Teaching and researching writing. New York: Pearson

Kellog, Ronald T. (1994): The psychology of writing. New York: Oxford University Press

Kramer, Femke L./ Van Kruiningen, Jacqueline F. (2015): Moeilijker, langer, serieuzer. Reflecties van eerstejaarsstudenten over schrijven in een academische setting. In: Tijdschrift Voor Taalbeheersing 37 (2), 187–216

Lavelle, Ellen (2009): Writing through College: Self-efficacy and Instruction. In: *Beard, Roger/ Myhill, Debra. /Nystrand, Martin/ Riley, Jeni*. In: The SAGE Handbook of Writing Development. London: Sage Publications, 415–422

Lavelle, Ellen/ Zuercher, Nancy (2001): The Writing Approaches of University Students. Higher Education 42(3), 373–391

Lea, Mary R./ Street, Brian V. (2006): The "Academic Literacies" model: theory and applications. In: Theory into Practice 45(4), 368–377

Liu, Yingnan (2014): Analysis of Influencing Factors in Metacognition in English Writing. In: Theory and Practice in Language Studies 4 (4), 824

Luning, Lisanne (2012) Academisch schrijven in de communicatiepraktijk: Een etnografisch onderzoek naar het oriëntatie- en schrijfproces van studenten die een projectvoorstel en adviesrapport schrijven voor een professionele organisatie. Masterthesis Dutch Language & Culture, University of Groningen

Myhill, Debra/ Jones, Susan (2007): More Than Just Error Correction: Students' Perspectives on Their Revision Processes During Writing. In: Written Communication 24 (4), 323–343

Negretti, Rafaella (2012): Metacognition in Student Academic Writing: A Longitudinal Study of Metacognitive Awareness and Its Relation to Task Perception, Self-Regulation, and Evaluation of Performance. In: Written Communication 29 (2), 142–179

Negretti, Rafaella/ Kuteeva, Maria (2011): Fostering metacognitive genre awareness in L2 academic reading and writing: A case study of pre-service English teachers. In: Journal of Second Language Writing 20 (2), 95–110

Nesi, Hilary/ Gardner, Sheena (2012): Genres across the disciplines. Student writing in higher education. Cambridge: Cambridge University Press

Pope Ruark, Rebecca (2011): Know thy audience: helping students engage a threshold concept using audience-based pedagogy. In: International Journal for the Scholarship of Teaching and Learning 5 (1), 1–15

Ruan, Jiening (2004): Bilingual Chinese/English first-graders developing metacognition about writing. In: Literacy 38 (2), 106–112

Russel, David R. (1997): Rethinking Genre in School and Society: An Activity Theory Analysis. In: Written Communication 14 (4), 504–554

Schraw, Gregory (2008): A conceptual analysis of five measures of cognitive monitoring. In: Metacognition Learning 4 (1), 33–45

Schraw, Gregory/ Dennison, Rayne Sperling (1994): Assessing Metacognitive Awareness. In: Contemporary Educational Psychology 19 (4), 460–475

Schriver, Karen (2012): What we know about expertise in professional communication. In: Berninger, Virginia Wise (Ed.): Past present and future of cognitive writing research. New York: Psychology Press, Taylor and Francis Group, 275–311

Schneider, Barbara/ Andre, Jo-Anne (2005): University preparation for workplace writing: an exploratory study of the perceptions of students in three disciplines. In: Journal of Business Communication 42 (2), 195–218

Thondhlana, Juliet/ Smith, Ann F. V. (2013): Cracking the case: A task-based investigation of a group case-study project at a business school. In: Journal of Business and Technical Communication 27 (1), 32–61

Van Kruiningen, Jacqueline F./ Grit, Japke (forthcoming): Writing for the client or for the teacher? An ethnographic study on student teams' work processes and interactions about professional writing tasks in a client project

Vest, David/ Long, Marilee/ Thomas, Laura/ Palmquist, Michael E. (1995): Relating communication training to workplace requirements: The perspective of new engineers. In: IEEE Transactions on Professional Communication, 38, 11–17

Lilo Dorschky (Dresden)

Lesen und Schreiben im Kontext des beruflichen Übergangssystems

Von der Erforschung eines Lernorts zur Inhouse-Fortbildung

Abstract: The following article relates to a training scheme provided by the vocational transition system in Germany, which aims to open access to vocational training resp. to employment for so called educationally disadvantaged young adults. For this purpose, inter alia, the knowledge of the participants in basic competencies shall be improved; in addition, there is the option to earn a school leaving certificate. This article does not deal with methodological approaches or programmes promoting literacy, but rather examines from a sociological perspective the prerequisites which make an implementation of such promotion approaches in this context of learning appear to be useful. Finally an advanced training for educational staff is being displayed, which aimed to improve the teaching and learning conditions in the training measure.

1 Einleitung

Der vorliegende Beitrag bezieht sich auf Übergänge von der Schule in das Ausbildungs- bzw. Beschäftigungssystem und in diesem Zusammenhang auf einen spezifischen Bereich des Bildungssystems, das sog. berufliche Übergangssystem. AdressatInnen des Übergangssystems sind Jugendliche und junge Erwachsene mit prekären Bildungsverläufen, und Ziel der Bildungsmaßnahmen ist es, die Chancen der TeilnehmerInnen auf eine Ausbildungsstelle, einen weiterführenden Schulbesuch oder einen Arbeitsplatz zu verbessern.

In Studien zum Funktionalen Analphabetismus[1], die in den letzten Jahren entstanden, wird davon ausgegangen, dass der Anteil Funktionaler AnalphabetInnen unter den TeilnehmerInnen des Übergangssystems überdurchschnittlich hoch sei (vgl. Grotlüschen 2011 und 2012 zit. nach Anslinger/Quante-Brandt 2013, 56 f.).

---

[1] Grotlüschen/Riekmann/Buddeberg (2012, 19 f.) sprechen von Funktionalem Analphabetismus, wenn „eine Person zwar einzelne Sätze lesen oder schreiben kann, nicht jedoch zusammenhängende – auch kürzere – Texte". Um „fehlerhaftes Schreiben" handele es sich hingegen, „wenn auf Satz- und Textebene auch bei gebräuchlichen Wörtern langsam und/oder fehlerhaft gelesen und geschrieben wird" (ebd., 20).

Daraus wird die Forderung abgeleitet, in diesem Kontext spezifische Förderprogramme zur Verbesserung der Lese- und Schreibkenntnisse zu implementieren. Im Rahmen des Fachsymposiums „Schreiben im Übergang" liegt daher die Erwartung nahe, dass sich ein Beitrag zum Übergangssystem mit Ideen zur möglichen Entwicklung, Durchführung und Evaluation entsprechender Förderprogramme auseinandersetzt. Genau dies ist jedoch *nicht* Gegenstand der folgenden Überlegungen. Vielmehr thematisiert dieser Beitrag die Voraussetzungen, unter denen solche Programme in diesem Kontext überhaupt erst sinnvoll und erfolgversprechend eingesetzt werden können. Dies geschieht vor dem Hintergrund, dass Maßnahmen des Übergangssystems vielfach hinsichtlich ihrer Wirksamkeit in Frage gestellt werden; auch deuten Berichte von in diesem Feld tätigen PädagogInnen darauf hin, dass Bildungsmaßnahmen des Übergangssystems einen ‚schwierigen' Lehr-/Lernkontext darstellen.

Der Beitrag ist folgendermaßen aufgebaut: Nach einer knappen Darstellung wesentlicher Aspekte des beruflichen Übergangssystems werden Ergebnisse einer explorativen Studie zum Berufsvorbereitungsjahr (BVJ) als einer spezifischen Maßnahmenart des Übergangssystems referiert. Die Studie ging der Frage nach, wie sich der Lehr-/Lernkontext ausgewählter BVJs – generell und speziell im Hinblick auf Lesen und Schreiben – darstellt (siehe Dorschky/Hein 2012)[2].

In einem weiteren Abschnitt werden Anlage und Verlauf einer Inhouse-Fortbildung für die pädagogischen Fachkräfte eines BVJs skizziert. Sie entstand aus diesem soziologischen Forschungszusammenhang heraus, wurde von einem Fortbildungsteam durchgeführt und zielte darauf ab, zusammen mit den PädagogInnen Ansätze zur Weiterentwicklung des Lernkontextes ‚BVJ' zu erarbeiten.

Abschließend sollen auf der Grundlage der soziologischen Studie und der Erfahrungen aus der Fortbildung einige Überlegungen zur Förderung von Lese-und Schreibkenntnissen im BVJ angestellt werden.

2 Berufsvorbereitungsjahr im Kontext des beruflichen Übergangssystems

Gemäß einer Definition aus dem Jahr 2006 werden mit dem Begriff ‚berufliches Übergangssystem' (Aus-)Bildungsmaßnahmen bezeichnet, „die unterhalb einer

---

2 Diese Studie entstand im Dresdner Teilprojekt des Projektverbundes PROFESS (Professionalisierung von Alphabetisierungs- und Grundbildungs-PädagogInnen), der im Zeitraum von 2008–2011 durch das BMBF gefördert wurde (Veröffentlichung der empirischen Ergebnisse siehe Dorschky/Hein 2012). Die in den Abschnitten 3.2 und 3.3 des vorliegenden Beitrags referierten Beschreibungen und Befunde basieren in verkürzter und aktualisierter Form auf dieser Publikation.

qualifizierten Berufsausbildung liegen bzw. zu keinem anerkannten Ausbildungs-abschluss führen, sondern auf eine Verbesserung der individuellen Kompetenzen von Jugendlichen zur Aufnahme einer Ausbildung oder Beschäftigung zielen und zum Teil das Nachholen eines allgemein bildenden Schulabschlusses ermögli-chen" (Konsortium Bildungsberichterstattung 2006, 79). Erweitert wird diese Definition im Zweiten Bildungsbericht, indem zum Übergangssystem auch teil-qualifizierende Angebote gezählt werden, die auf eine spätere vollqualifizierende Ausbildung angerechnet werden können bzw. dafür eine Voraussetzung darstellen (vgl. Autorengruppe Bildungsberichterstattung 2008, 99). Das Übergangssystem hat sich über Jahre zu einem eigenständigen und quantitativ bedeutsamen Bereich des Bildungssystems entwickelt und gilt als eines von drei Teilsystemen unterhalb der Hochschulebene.

Nun liegt angesichts der demografischen Entwicklung und zurückgehender Bewerberzahlen um betriebliche Ausbildungsplätze die Vermutung nahe, dass Übergänge vom Schulsystem in eine Ausbildung bzw. Erwerbsarbeit mittlerweile mehr oder weniger reibungslos verlaufen und sich das Übergangssystem quasi von selbst erübrigen werde. Tatsächlich hat der Neuzugang von Jugendlichen in Maßnahmen des Übergangssystems nach 2005 abgenommen. Jedoch münden auch 2013 noch immer deutlich über 250.000 Jugendliche, die eine betriebliche oder vollzeitschulische Ausbildung anstreben, in solche Überbrückungsange-bote ein – dies „entspricht einem guten Viertel der Neuzugänge unterhalb des Hochschulbereichs" (Reißig 2015, 7)[3]. Insbesondere Jugendliche mit maximal einem Hauptschulabschluss haben erhebliche Schwierigkeiten, einen Ausbil-dungsplatz zu finden und sind auf Maßnahmen des Übergangssystems angewie-sen. Die Gründe dafür sind vielfältig: Nach Solga (2015, 11) zeigen Studien, dass weiterhin von einem Mangel an Ausbildungsplätzen auszugehen ist, was sich allerdings – je nach Berechnungsmethode – nicht unbedingt in den Statistiken niederschlägt. Ferner seien nur vergleichsweise wenige Betriebe bereit, einen Ausbildungsplatz mit HauptschülerInnen zu besetzen (vgl. ebd., 9; Reißig 2015, 7). Vor diesem Hintergrund ist das Übergangssystem also weiterhin wichtig. Hin-sichtlich seiner Qualität und Effektivität bleibt es jedoch umstritten; auch liegen keine Forschungsergebnisse vor, die Aussagen darüber zulassen, wie viele Jugend-liche durch das Übergangssystem eine Ausbildungsperspektive entwickelt haben oder „ob sie in dieser Zeit ihre Noten oder Kompetenzen verbessern" konnten (Solga 2015, 11).

---

3   Der entsprechende Vergleichswert betrug 2005 noch mehr als 36 Prozent.

Das Berufsvorbereitungsjahr ist im Unterschied zu anderen Maßnahmen-typen[4] Teil des berufsbildenden Schulsystems, es ist an Berufsschulen angesiedelt und unterliegt länderspezifischen Regelungen. Je nach Bundesland gibt es verschiedene Bezeichnungen für das BVJ; auch kann es inhaltlich und organisatorisch etwas unterschiedlich konzipiert sein. Im Wesentlichen jedoch zielt das BVJ darauf ab, Jugendliche zur ‚Ausbildungsreife' zu bringen, sie auf eine Ausbildung oder Erwerbstätigkeit in einem bestimmten Berufsfeld vorzubereiten, Defizite in wichtigen Grundlagenfächern aufzuarbeiten und z. T. die Möglichkeit zu bieten, den Hauptschulabschluss nachzuholen[5]. Dementsprechend beinhalten BVJs allgemeinbildende Fächer sowie fachpraktischen und -theoretischen Unterricht in einem spezifischen Berufsfeld, ferner Angebote zur Berufswahl und teilweise auch betriebliche Praktika. Der Besuch des BVJs ist in den meisten Bundesländern obligatorisch für Jugendliche, die noch berufsschulpflichtig sind und „die nach Ende des Schulpflichtbesuchs der allgemein bildenden Schule keine weiterführende Schule besuchen, keinen Ausbildungsvertrag abschließen bzw. sich in keinem Arbeitsverhältnis befinden" (Braun/Richter/Marquardt 2007, 40).

Das BVJ – bzw. generell das berufliche Übergangssystem – ist also prinzipiell als ein Kontext für kompensatorische Lernangebote konzipiert. Die Überlegung, im BVJ Förderangebote zu implementieren, die zu verbesserten Lese- und Schreibleistungen von SchülerInnen beitragen sollen, erscheint daher auf den ersten Blick plausibel. Allerdings ist zu fragen, ob und inwieweit dieser Anspruch einer kompensatorischen Lese- und Schreibförderung eingelöst werden kann. So beschreiben beispielsweise Genuneit/Spaughton (2000) auf der Basis eigener Beobachtungen die Unterrichtssituation im BVJ als „schwierig" und die BVJ-SchülerInnen als „häufig völlig demotiviert" (ebd., 275).

Vor diesem Hintergrund wird in der explorativen Studie zum BVJ, die im Folgenden dargestellt wird, der Versuch unternommen, den Lernort BVJ aus verschiedenen Perspektiven zu beschreiben. Dabei ist zu fragen, ob der Lernkontext des BVJs möglicherweise selbst einen Anteil an der Demotivation der SchülerInnen hat.

---

4   Die meisten Maßnahmen werden von Bildungsträgern außerhalb des Schulsystems durchgeführt.

5   Ähnliche Schwerpunkte nennt auch Stomporowski (2007, 207) in seiner Auswertung von Lehr- bzw. Bildungsplänen verschiedener Bundesländer zum BVJ.

3 Erkundungen zum Lernort BVJ: Ergebnisse einer explorativen Studie

3.1 Anlage der Studie

In die Studie wurden BVJs aus drei Berufsschulzentren in verschiedenen Bundesländern einbezogen. Die Auswahl erfolgte unter dem Gesichtspunkt der Unterschiedlichkeit hinsichtlich der konzeptionellen Ausrichtung der BVJs, hinsichtlich ihrer beruflichen Fachrichtung sowie der Zusammensetzung ihrer Schülerschaft[6].

Mit dem Ziel, ein mehrperspektivisches Bild vom Lernort BVJ zu gewinnen und dazu verschiedene Sichtweisen und Deutungsmuster der am BVJ beteiligten AkteurInnen zu erheben, wurden im Rahmen ein- oder mehrmaliger Schulbesuche leitfadengestützte Einzelinterviews und Gruppendiskussionen mit Schulleitern, Lehrkräften, SchulsozialarbeiterInnen und – soweit möglich – mit SchülerInnen durchgeführt. Über diese geplanten Interviews und Gruppendiskussionen hinaus fanden informelle Gespräche mit den verschiedenen AkteurInnen statt. Ferner wurden Möglichkeiten zur teilnehmenden Beobachtung auf den Fluren oder in der Schulmensa genutzt. Hingegen wurde keine eigene Untersuchung zu den Literalitätskompetenzen[7] der BVJ-SchülerInnen durchgeführt. Entscheidend sind in dieser Studie vielmehr die Sichtweisen und Konstruktionen der Beteiligten, die, so die Annahme, im Unterrichtsgeschehen zum Ausdruck kommen und handlungswirksam sind. Grundlage der im Folgenden dargestellten Befunde sind somit eine Reihe transkribierter Einzel- und

---

6   Bei den BVJs handelt es sich um (a) ein BVJ im Bereich ‚Ernährung/Hauswirtschaft‘ (E/Hw), das als Vorbereitungsjahr für ein Berufsgrundbildungsjahr konzipiert ist und somit auf eine weitere schulische Laufbahn an diesem Berufsschulzentrum abzielt, (b) ein BVJ mit dem Schwerpunkt ‚Metall-/Elektrotechnik‘ (M/E) und (c) zwei BVJs, die zu einem Berufsschulzentrum mit sowohl technischen als auch hauswirtschaftlichen Schwerpunkten gehören und als Modellversuch auf die Dauer von zwei Jahren angelegt sind. Diese beiden BVJ-Klassen sind zusammen mit Berufsförderklassen (sie fallen unter den Bereich ‚Rehabilitation‘) in einem Nebengebäude des Schulzentrums untergebracht.
     Hinsichtlich der Schülerschaft weisen zwei BVJs eine Besonderheit auf: Im BVJ M/E sind ausschließlich männliche Schüler; im BVJ E/Hw gibt es einen hohen Anteil von SchülerInnen mit einem Migrationshintergrund.

7   Der Begriff ‚Literalitätskompetenz‘ wird hier in Anlehnung an Anslinger/Quante-Brandt (2013) als Oberbegriff für Lese- und Schreibkompetenz verwendet. – Zum Konzept der Lesekompetenz vgl. Groeben/Hurrelmann (2002); zu Schreibkompetenz vgl. Beiträge in Becker-Mrotzek/Schindler (2007).

Gruppeninterviews bzw. Gedächtnisprotokolle[8] sowie Notizen zu den Beobachtungen in den drei Berufsschulzentren.

3.2 Beschreibungen und Befunde 1: Lesen und Schreiben

Wie unterschiedlich die Einschätzungen zu den Lese- und Schreibkenntnissen von SchülerInnen ausfallen können, zeigen die Äußerungen zweier Lehrerinnen, die in derselben BVJ-Klasse unterrichten:

> „Die lesen halt unterschiedlich … Und die lesen auch ganz gut vor. […] Also da hab ich wirklich nicht so den Eindruck, dass da ganz große Defizite sind. Das sind Ausnahmen."
> (Lehrerin für Fachtheorie, E/Hw)

Diese Lehrerin nimmt mögliche Leseprobleme ihrer SchülerInnen als nicht besonders schwerwiegend wahr. Zwar konstatiert sie Schwierigkeiten in der Rechtschreibung, hält diese jedoch für „nicht so schlimm". Ihre Kollegin ist völlig anderer Meinung:

> „… also da sitzen definitiv Leute, die zum Beispiel einfach Grundlagen des Lesens und Schreibens noch nicht richtig gelernt haben. Die haben ein Schreiben, wenn überhaupt, auf so einem Level vielleicht eines Drittklässlers". (Lehrerin für Sozialkunde, E/Hw)

Insgesamt berichtet die überwiegende Mehrheit der befragten Lehrkräfte und SchulsozialarbeiterInnen von mehr oder weniger ausgeprägten Schwierigkeiten der BVJ-SchülerInnen beim Lesen und Schreiben. SchülerInnen mit Migrationshintergrund werden dabei nicht als besondere Problemgruppe beschrieben[9].

Hinsichtlich der Lesekompetenzen werden unterschiedliche Wahrnehmungen geschildert. So sprechen Lehrkräfte über die Schwierigkeiten von SchülerInnen, den Sinn schriftlicher Aufgaben zu verstehen. Daneben wird aber auch geäußert, dass die Lesekenntnisse der meisten BVJ-SchülerInnen durchaus für das Verstehen von Fachtexten ausreichen würden.

Demgegenüber werden die Schreibkompetenzen der SchülerInnen mehrheitlich als unzureichend wahrgenommen. Berichtet wird von SchülerInnen, die Probleme hätten, wenn sie etwas von der Tafel abschreiben sollen. Die Rede ist

---

8   Da einige Lehrkräfte eine Aufnahme ablehnten, konnten nicht alle Gespräche aufgezeichnet werden. Bei den Gruppendiskussionen mit den SchülerInnen wurde hingegen bewusst auf eine Aufnahme verzichtet. Von den Gesprächen, die nicht aufgezeichnet wurden, fertigten die InterviewerInnen – die Gespräche wurden immer zu zweit geführt – jeweils parallel Gesprächsprotokolle an und glichen sie anschließend miteinander ab.

9   Zu einer ähnlichen Einschätzung kommt auch Petersen (2014, 8).

ferner von zahlreichen Rechtschreibfehlern in schriftlichen Arbeiten sowie von Texten im „SMS-Stil". Allerdings sehen sich nicht alle Lehrkräfte in der Lage, die Schreibkompetenzen ihrer Schüler zu beurteilen. So berichten einige Lehrer für den fachpraktischen Technikunterricht, dass in ihrem Unterricht „nie etwas geschrieben" werde.

Als Ursachen für die konstatierten Defizite wird auf literale Alltagspraxen von BVJ-SchülerInnen verwiesen („sie schreiben nicht mehr"), aber auch auf ein Versagen des Schulsystems, das auf Probleme nicht frühzeitig reagiere und in der Grundschule keine entsprechenden Unterstützungsangebote bereit halte.

Hinsichtlich möglicher Folgen fällt auf, dass die Lehrkäfte zu unterschiedlichen Einschätzungen kommen, und zwar abhängig davon, welcher Referenzrahmen gewählt wird: Geht es um allgemeine Vorstellungen von Bildung, werden die Literalitätskompetenzen von BVJ-SchülerInnen als inakzeptabel empfunden und geben Anlass zu Kulturpessimismus:[10]

> „Ja, also ich witzle immer und sage, ich stamm noch aus einer der letzten Generationen, die lesen und schreiben können. […] Aber letztlich, es fehlt, sagen wir mal, an unserer traditionellen Kulturkompetenz." (Schulsozialarbeiter, M/E)

Um im BVJ den Hauptschulabschluss zu erlangen, reichen hingegen nach Einschätzung der PädagogInnen die vorhandenen Literalitätskompetenzen in aller Regel aus. Auch hätten die SchülerInnen keine Probleme, Anforderungen im Alltag zu bewältigen, etwa bei der Führerscheinprüfung oder im Umgang mit verschiedenen technischen Geräten – „weil es ihnen [den Schülern, LD] wichtig ist", so die Lehrer des BVJs Metall/Elektro. Differenzierter stellt sich die Lage in Bezug auf Ausbildung und Erwerbsarbeit dar. Zwar seien Anlerntätigkeiten auf dem vorhandenen Niveau möglich; eine betriebliche Ausbildung könne jedoch an mangelnden Literalitätskompetenzen scheitern:[11]

> „Die müssen nicht druckreif schreiben, aber jemand, der nicht lesbar schreibt und überhaupt keine Möglichkeit hat, sich einigermaßen auszudrücken, der ist auch nicht ausbildungsfähig. Das ist doch klar." (Lehrerin für Sozialkunde, E/Hw)

Literalitätsdefizite werden also insgesamt für vergleichsweise wenig schwerwiegend gehalten. Dies scheint auch mit folgendem Punkt zusammen zu hängen:

---

10 Empirisch kann allerdings eine kulturpessimistische These nicht gestützt werden (vgl. Grotlüschen/Riekmann/Buddeberg 2012, 24 f.).

11 Nach Efing (2012) stellt sich allerdings die Frage nach den Anforderungen differenzierter dar. Auf der Basis empirischer Studien spricht er von sprachlich-kommunikativen Anforderungen.

In allen drei Berufsschulzentren verorten die PädagogInnen die ,eigentlichen' Probleme von BVJ-SchülerInnen in deren personalen und sozialen Kompetenzen. Die Rede ist von Verhaltensproblemen, fehlender Selbstständigkeit und Selbstverantwortung und der Schwierigkeit von SchülerInnen, eigene Perspektiven zu entwickeln. Literalitätsdefizite erscheinen demgegenüber weniger gravierend. Eine Sozialarbeiterin[12] formuliert dies folgendermaßen:

> „Ja, sicher merke ich, dass manche Teilnehmer sich mit dem Lesen und Schreiben schwer tun – aber im Vordergrund stehen doch ganz andere Probleme …"

Wie im Unterricht mit Schriftsprachproblemen von SchülerInnen umgegangen werden soll und kann, wird in den drei Berufsschulzentren den einzelnen Lehrkräften überlassen; ein systematischer fachlicher Austausch unter den am BVJ beteiligten LehrerInnen zu Fragen des Lesens und Schreibens findet nicht statt.

In einigen Schilderungen von Lehrkräften aus den BVJs Metall/Elektro und Ernährung/Hauswirtschaft ist explizit von einem Kampf mit den SchülerInnen die Rede:

> „Mir ist erst mal wichtig, die überhaupt zu ermutigen. Sich zu äußern, zu schreiben. Das ist schon bei einigen ein Kampf, die haben so eine Hemmschwelle, das ist dann immer, ich hab keinen Stift. Ach, jetzt hab ich kein Blatt. Und also, es ist immer so eine Inszenierung[13]. Also vermeiden, vermeiden, nun irgendetwas aufs Papier zu bringen. Also es ist ein richtiger Kampf, die überhaupt dazu zu bringen, irgendwas aufs Papier zu bringen".
> (Lehrerin für Sozialkunde, E/Hw)

In eine ähnliche Richtung geht eine Debatte, die in einer Gruppendiskussion mit Lehrern geführt wird. Diskutiert wird, ob ein Schüler, der in einer Abschlussprüfung ein leeres Blatt abgegeben hatte, nicht schreiben konnte oder wollte. Auf Grund der Beobachtung eines Lehrers, dass dieser Schüler zu Beginn des Schuljahres geschrieben habe, wird nun vermutet, dass hier eine Verweigerungshaltung zum Ausdruck kam. Die Ratlosigkeit des Lehrers kann vor diesem Hintergrund verstanden werden:

> „Macht es Sinn, pro Woche drei Stunden mehr Deutschunterricht anzubieten? Aber was soll der dann anders machen als bisher?" (Stellvertr. Schulleiter, M/E)

---

12 Sie ist in einem außerschulischen Projekt des Übergangssystems tätig, auf das hier nicht näher eingegangen wird.

13 Ob es bei dieser Inszenierung speziell darum geht, Lesen und Schreiben zu vermeiden, oder grundsätzlich darum, sich gegen eine pädagogische Absicht zu wehren, ist hier nicht eindeutig zu entscheiden.

3.3 Beschreibungen und Befunde 2: Unterrichten und Lernen

In den Schilderungen der Lehrkräfte klingen spezifische Schwierigkeiten mit dem Unterrichten und Lernen im Kontext des BVJs an, und zwar nicht nur in Bezug auf Lesen und Schreiben. Dazu werden im Folgenden einige Beobachtungen geschildert.

3.3.1 „Ganz unten": BVJ-SchülerInnen im Kontext des Berufsschulzentrums

Beobachtungen in allen drei Berufsschulzentren deuten darauf hin, dass der Besuch eines BVJs mit einer spezifischen sozialen Positionierung verbunden ist.

So berichteten Schüler des BVJs Metall/Elektro im Rahmen einer Gruppendiskussion, dass sie keine Kontakte zu den anderen SchülerInnen im Schulzentrum hätten. In der Schulhierarchie seien sie „ganz unten" angesiedelt[14] und würden von SchülerInnen der anderen Klassen herablassend behandelt – eine Wahrnehmung, die diese BVJ-Schüler augenscheinlich sehr beschäftigt. Damit korrespondierend schreiben die Lehrkräfte dieses BVJs ihren Schülern einen ausgeprägten Gerechtigkeitssinn, eine hohe Empfindlichkeit sowie ein „Loser-Verhalten" zu, was sie von anderen Schülergruppen des Berufsschulzentrums unterscheiden würde.

Im BVJ mit der hauswirtschaftlichen Ausrichtung stößt das Interviewerteam mehrfach auf das Thema ‚man traut uns nichts zu' als spezifischer Form des ‚ganz unten'. Beispielhaft soll dazu eine in der Schulmensa während der Mittagszeit zufällig beobachtete Begebenheit geschildert werden, um zu verdeutlichen, wie soziale Positionen interaktiv hergestellt und soziale Zensuren verteilt werden. Bei der Essensausgabe fragen zwei BVJ-Schülerinnen die Küchenhilfe, ob sie das Essen (und damit auch das Geschirr) aus der Mensa mit hinausnehmen könnten. Die Küchenhilfe lehnt dies mit folgender Begründung ab: „Dem BVJ dürfen wir kein Geschirr herausgeben. Wenn wir das täten, sähen wir das Geschirr nicht wieder." Die beiden Mädchen ziehen daraufhin kommentarlos wieder ab. Zwar gilt diese Regel für alle NutzerInnen der Mensa, auch für die Lehrkräfte – begründet wird sie hier jedoch mit einer spezifischen Unzuverlässigkeit der BVJ-SchülerInnen. Die Wahrnehmung der SchülerInnen, nicht anerkannt zu sein, ist somit nicht einer besonderen Überempfindlichkeit geschuldet, sondern entspricht auch realen Erfahrungen, die sie in diesem Schulzentrum machen.

---

14 „Ganz unten" bezieht sich hier auf die Lage des Klassenraums im Erdgeschoss und wird für diese BVJ-Schüler zur Metapher für ihre soziale Positionierung im Schulzentrum.

Die SchülerInnen der zweijährigen BVJs, die zusammen mit Berufsförderklassen in einem eigenen Gebäude untergebracht sind, bleiben nach Aussagen der Schulsozialarbeiterin unter sich, würden sich nicht „unter das Volk" [d. h. unter die SchülerInnen des regulären Berufsschulzentrums – LD] mischen und sich in der Schulhierarchie daher auch nicht ‚ganz unten' sehen. Damit entfällt der direkte Vergleich mit SchülerInnen anderer Schultypen; der Referenzrahmen ist derjenige einer Förderschule. Dass sie sich jedoch mit einem Sonderstatus als ‚Benachteiligte' nicht ohne weiteres abfinden, lässt sich daraus schließen, dass etliche BVJ-SchülerInnen auf eine geförderte Berufsausbildung[15] wie auf ein „rotes Tuch" reagierten. Sie würden nur eine ‚normale' Ausbildung akzeptieren, mit der Folge, dass dann möglicherweise überhaupt keine Ausbildung für sie in Frage käme.

3.3.2 „Sie wollen keine Schule mehr": Schulmüde BVJ-SchülerInnen?

In allen Berufsschulzentren schildern die Lehrkräfte[16], dass die BVJ-SchülerInnen mehrheitlich „unmotiviert" seien und sich auf verschiedenste Weise dem Unterrichtsgeschehen entzögen. Dieses Verhalten wird von den LehrerInnen unterschiedlich interpretiert: Als in der bisherigen Schullaufbahn gelernte und erfolgreich praktizierte Vermeidungs- bzw. Verweigerungsstrategien oder auch als Folge individueller Defizite und entwicklungsbedingter Unreife. Am häufigsten deuten die Lehrkräfte die fehlende Motivation von SchülerInnen jedoch als Reaktion auf die Schulförmigkeit des BVJs:

> „Am Anfang sind die immer sehr motiviert. [...] Und das lässt dann *natürlich* [Hervorhebung: LD] auch irgendwann wieder nach. Wenn sie sehen, also es ist eigentlich auch nur Schule." (Lehrerin für Fachtheorie, E/Hw)

Schule, so die Einschätzung mehrerer Lehrkräfte, „ist für sie wie eine Bestrafung" und sei für viele BVJ-SchülerInnen als Lernkontext nicht geeignet. Günstiger wäre für sie das Lernen in der Berufspraxis. Damit zusammenhängend wird in zwei Berufsschulzentren betont, dass vor allem allgemeinbildende Fächer kaum zu unterrichten seien, während es im fachpraktischen Unterricht noch vergleichsweise einfacher sei, die SchülerInnen zu einer Mitarbeit zu bewegen und es hier auch weniger Fehlzeiten gebe.

---

15 D. h. eine Ausbildung im Rahmen der Rehabilitation, die die Zuschreibung einer Behinderung voraussetzt.

16 Die wörtlichen Zitate in diesem und dem folgenden Abschnitt stammen v. a. aus dem BVJ E/Hw (hier liegen ausführliche Einzelinterviews in transkribierter Form vor) – inhaltlich entsprechen sie den Befunden aus den anderen BVJs.

Die Beobachtungen in den Gruppendiskussionen mit den SchülerInnen deuten allerdings darauf hin, dass es zu einfach wäre, die Frage nach der Motivation pauschal am Praxisbezug von Unterrichtsfächern festzumachen. So kann der Besuch des BVJs eine sehr unterschiedliche Bedeutung haben, je nachdem, ob ein/e SchülerIn ihn als Warteschleife, als Chance auf einen Aufstieg bzw. Normalisierung (im Falle eines Förderschülers) oder – als ehemalige/r GymnasiastIn – als Korrekturmöglichkeit einer vom Scheitern bedrohten Bildungskarriere auffasst. Es gibt also immer auch einzelne SchülerInnen, die im BVJ „etwas wollen", wie es ein Lehrer ausdrückt, allerdings „seien sie […] dann ablenkbar". Was hier als personenbezogenes Defizit (ablenkbar sein) beschrieben wird, lässt sich jedoch ebenso als Folge eines Kontextes verstehen, in dem es auch für prinzipiell motivierte SchülerInnen nicht leicht sein dürfte, sich zu konzentrieren.

3.3.3 Die SchülerInnen „bei der Stange halten" – Strategien im Umgang mit BVJ-SchülerInnen

Die von den PädagogInnen geschilderte Schulmüdigkeit der BVJ-SchülerInnen führt dazu, dass die Unterrichtstätigkeit äußerst anstrengend sein kann. So erscheint im Bericht eines Lehrers Unterrichten als ein ständiger und zermürbender Kampf um Disziplin: „Es macht mich krank". Eine entscheidende Aufgabe der Lehrkräfte besteht daher darin, die SchülerInnen überhaupt erst einmal zu einer Teilnahme am BVJ zu bewegen. In den Interviews mit den LehrerInnen lassen sich dazu folgende Strategien identifizieren:

Strategie 1: Beziehungsarbeit leisten

Eine erste Strategie bezieht sich darauf, die SchülerInnen durch Beziehungsarbeit im BVJ zu halten:

> „Ja, und die dürfen also den Klassenlehrer jederzeit ansprechen. Und ich koordiniere das ja, die dürfen mich auch jederzeit ansprechen. […] Und die dürfen dann ja auch jederzeit kommen. Dann nehme ich mir dann auch Zeit für die. Oder wenn die mich so ansprechen auf dem Schulhof. Das macht man bei diesen schon. Denn man. Ja, die muss man irgendwie erst mal bei der Stange…". (Lehrerin für Fachtheorie, E/Hw)

BVJ-SchülerInnen wird damit eine Sonderrolle eingeräumt, die dadurch begründet und legitimiert wird, dass diese SchülerInnen in der Regel keine Unterstützung durch ihre Eltern bekämen und bei ihnen „auch ein bisschen Erziehungsarbeit immer noch" erforderlich sei.

Strategie 2: Erfolgserlebnisse ermöglichen

Die zweite Strategie besteht darin, den SchülerInnen Erfolgserlebnisse zu ermöglichen:

> „Das ist ganz wichtig für die. (Dass) sie doch irgendwo merken, ah, ein bisschen was kann ich doch. Und vielleicht doch ein bisschen was gelernt schon mal." (Lehrerin für Fachtheorie, E/Hw)

BVJ-SchülerInnen, die meist nur „wenig Selbstwertgefühl" hätten, soll auf diese Weise gezeigt werden, dass sie etwas können, und darüber hinaus auch, dass ihr Schulbesuch nicht ganz ergebnislos war und ist. Allerdings werden den SchülerInnen damit zugleich realistische Rückmeldungen vorenthalten:

> „Die sagen ja immer, oh, das schaffe ich. Ich schaffe das. Das sagen die sich immer. Ne? Wie, ist die zweite Frage. Aber so erst mal grundsätzlich, ja, ja, ich werde ja viel besser nächstes Jahr. Und jetzt hab ich ja Fehlzeit, aber nächstes Halbjahr, dann …? Das ist halt schwierig, da so ganz realistisch das einzuschätzen. Und ich weiß auch nicht, ob man die dann ständig so vorm Kopf stoßen soll. Überleg noch mal kritisch, ob du das (leicht lachend) wirklich schaffen kannst, ne?" (diess.)

Und an anderer Stelle:

> „Also ich mache hier keine pure Rechtschreibung oder so was. Ne? Ich meine, da haben die meisten Schwierigkeiten mit. Das muss ich ihnen nicht noch mal bescheinigen." (diess.)

Strategie 3: Auszeiten vom Schulunterricht organisieren

Die dritte Strategie besteht darin, durch regelmäßige Auszeiten den Unterricht erträglicher zu gestalten:

> „Ich überlege mir immer, ja, wie machen wir das im Unterricht, dass die so bei der Stange bleiben können. So Gruppenarbeit machen die zum Beispiel ganz gerne. Aber eben auch, um dann so ein bisschen sich zurücknehmen zu können, weil sie sich auch nicht so gut konzentrieren können. Eine Doppelstunde können Sie in der Klasse nicht durchziehen." (Lehrerin für Fachtheorie, E/Hw)

So wird hier die Arbeitsform ‚Gruppenarbeit' dazu genutzt, um SchülerInnen einen phasenweisen Rückzug vom Unterricht zu ermöglichen. Darüber hinaus hält die Lehrerin es für wünschenswert, im Unterricht Angebote zu integrieren, von denen sie vermutet, dass damit auch schulmüde SchülerInnen angesprochen werden können:

> „Und dann würde ich mir auch wünschen, dass die, ja, mehr Praxis noch hätten im Unterricht. Auch, ja, Sport auf jeden Fall immer. Dann noch mehr Praxis, wo … also weniger so Theoriefächer. Fände ich schon schön. Auch ruhig mit Sozialarbeitern dann auch noch mehr, dass man auch irgendwohin fahren kann. Zu bestimmten … Ja, auch

mal was besichtigen. Oder also so … Ja, vielleicht mal bestimmte Berufe angucken. Nicht unbedingt. Aber ruhig mal so … Vielleicht auch mal einen Betrieb oder irgendwas. Was sie auch mal so ein bisschen rausführt, wo sie dann was anderes kennenlernen." (diess.)

Hier wird deutlich, dass es ihr primär um ein Kontrastprogramm zum herkömmlichen Schulunterricht geht; die Inhalte erscheinen dabei relativ beliebig. Besonders erkennbar wird dieses Muster im folgenden Interviewausschnitt, in dem sich zudem zeigt, dass dieses Vorgehen auch auf eine Entlastung der Lehrkraft abzielt:

> „Ich sag mal, wenn es im Sommer schwül ist, sind die nicht zu gebrauchen. Da muss man sehen, da muss man sich was anderes einfallen lassen. Dann muss man eben den Plan ändern. Und das ist … die Möglichkeit haben wir. Da haben wir auch wirklich von der Schulleitung freie Hand. Wenn wir also sagen, wir haben was geplant und wir wollen, wir merken, das läuft heute überhaupt nicht, pff… wir drehen einfach eine Runde im Park. Und gucken mal, was für Blumen und was für Bäume da sind. Machen wir eine Bestimmung davon." (Lehrerin für Fachpraxis, E/Hw)

Zusammengefasst lassen sich die hier skizzierten Strategien als Versuch deuten, das BVJ für SchülerInnen *und* Lehrkräfte erträglich zu machen. In Situationen, in denen Inhalte und Methoden des Unterrichts primär diesem Zweck dienen, wird damit jedoch der schulische Rahmen partiell ausgehöhlt, und den Lehrkräften kommt ihre Rolle abhanden. Zugespitzt formuliert: Es wird der Versuch unternommen, ‚Schule zu machen, ohne Schule zu sein'. Die Folgen davon könnten u. a. darin bestehen, dass SchülerInnen keine wirkliche Vorstellung von den schulischen Anforderungen erhalten und damit zusammenhängend auch keine realistische Selbsteinschätzung entwickeln; ferner, dass einige SchülerInnen dem BVJ fernbleiben, da sie sich möglicherweise unterfordert und unausgelastet fühlen.

4 Zur Gestaltung des Lernorts BVJ: Inhouse-Fortbildung für Lehrkräfte im BVJ

Bezieht man die vorliegenden Befunde auf die Ausgangsfrage nach den Möglichkeiten zur Förderung von Lesen und Schreiben im Kontext des BVJs, kommt man zu einer ernüchternden Bilanz. Sozialtechnisch ausgerichtete Fördermaßnahmen wie etwa die Implementation zusätzlicher Angebote zum Lesen und Schreiben oder der Einsatz speziell an der Lebenswelt der SchülerInnen orientierter Unterrichtsmaterialien[17] dürften zumindest in den hier untersuchten BVJs zu kurz

---

17 Um die Lesemotivation der SchülerInnen zu fördern, sind nach Genuneit/Spaughton (2000) Unterrichtsmaterialien zu verwenden, „die die Jugendlichen selbst betreffen" (ebd., 283), indem sie sich auf deren Freizeitinteressen oder auch auf Fragen der „gegenwärtigen und zukünftigen schulischen und außerschulischen Alltagsbewältigung" (ebd., 283) beziehen.

greifen und an der sozialen Wirklichkeit dieser BVJs weitgehend vorbeigehen. Grundlegend ist vielmehr die Frage, ob und wie es möglich ist, das BVJ so zu gestalten, dass die SchülerInnen das BVJ als Ermöglichungskontext wahrnehmen können und Lernen für die SchülerInnen – und zugleich Unterrichten für die Lehrkräfte – als sinnvoll erfahren werden kann. Diese Frage tangiert nicht nur die Unterrichtsgestaltung im engeren Sinne, sondern bezieht sich auch auf den weiteren schulischen Kontext, der, wie sich gezeigt hat, für die Rahmung des BVJs als 'ganz unten' und für die damit verbundene Diskreditierung und Stigmatisierung der BVJ-SchülerInnen bedeutsam ist.

Die Inhouse-Fortbildung für Lehrkräfte und SozialarbeiterInnen eines BVJs setzt genau hier an, indem sie auf eine Verknüpfung von Professionalisierung der PädagogInnen und Organisationsentwicklung abzielt. Konzeptionell orientiert sie sich an „In-Service-Trainings", die von dem Fortbildungsteam bereits im Zusammenhang mit Umschulungen von Langzeitarbeitslosen entwickelt und erprobt wurden (vgl. Klein/Reutter 2011a, 6). Kernelemente solcher Trainings bestehen u. a. darin, an der situativen Betroffenheit der Lehrkräfte anzusetzen und mit ihnen gemeinsam die Themen zu entwickeln, an denen im Rahmen der Fortbildung gearbeitet werden soll. In diesem Sinne handelt es sich um einen rekonstruktiven Zugang zu den von den Lehrkräften wahrgenommenen Problemlagen. Die Fortbildung ist als Teamfortbildung konzipiert, um einen fachlichen Austausch im Kollegium zu fördern und orientiert sich an der alltäglichen Berufspraxis der FortbildungsteilnehmerInnen; zur Reflexion ihrer Berufserfahrungen werden bei Bedarf wissenschaftliche Erkenntnisse eingespeist.

Die Fortbildung wird im Berufsschulzentrum mit der hauswirtschaftlichen Ausrichtung durchgeführt (im Folgenden vgl. Klein/Reutter 2011a und 2011b). In einer Vorbesprechung mit VertreterInnen des Forschungs- sowie des Fortbildungsteams beschreiben die BVJ-Koordinatorin und die Sozialarbeiterin die Situation im Unterricht als chaotisch und für die Lehrkräfte im BVJ als nahezu unerträglich. Für die Fortbildung wird daher folgende Ausgangsfrage formuliert: „Was kann getan werden, damit es uns als LehrerInnen im BVJ besser geht?" Betont wird darüber hinaus, dass auch die Lage für viele SchülerInnen schwierig sei, da sie aktuell keine Perspektiven mehr im BVJ für sich sähen. Die Fortbildung umfasst insgesamt vier Termine; sie basiert auf einer freiwilligen Teilnahme und richtet sich an alle Lehrkräfte im BVJ.

Die Themen, für die die TeilnehmerInnen Klärungs- bzw. Veränderungsbedarfe formulieren, liegen auf verschiedenen Ebenen. Sie betreffen die SchülerInnen (u. a. auch den eigenen Verstehenszugang zu den SchülerInnen), die Interaktion zwischen SchülerInnen und Lehrkräften, strukturelle und organisatorische Bedingungen des Lernens und Lehrens sowie Fragen zu den Erfolgskriterien der Arbeit im BVJ. Zwei Themen werden intensiver bearbeitet, und zwar die aus Sicht der Lehrkräfte problematischen Verhaltensweisen von SchülerInnen und vor allem Fragen zur Motivation im BVJ. Ausgehend von der Beschreibung, dass die anfängliche Motivation der SchülerInnen im Laufe des Schuljahres immer mehr abgenommen habe, wird nach Gründen für diesen Prozess gesucht und an entsprechenden Lösungsansätzen gearbeitet.

Im Ergebnis gelingt es den TeilnehmerInnen, trotz des begrenzten zeitlichen Rahmens erste gemeinsame Handlungsansätze für ausgewählte Problemstellungen zu entwickeln; auch werden zahlreiche konzeptionelle Neuerungen in die Planung des neuen Schuljahres aufgenommen. Jedoch kann ein wesentliches Vorhaben nicht umgesetzt werden, was im Endeffekt dazu führt, dass der Beratungsprozess, der im folgenden Schuljahr fortgesetzt werden sollte, abbricht: Ein mit der Schulleitung zu einem späteren Zeitpunkt geplantes Gespräch zu den strukturellen Rahmenbedingungen des BVJs – das Thema ‚ganz unten‘ scheint sich auch in einer ungleichen Ressourcenausstattung für die verschiedenen Schulformen im Schulzentrum niederzuschlagen – kommt nicht zustande. Im Zuge eines personellen Wechsels in der Leitung erfolgt eine konzeptionelle Neuausrichtung des Berufsschulzentrums hin zu einer prestigeträchtigeren Orientierung an höherwertigen Schulabschlüssen, so dass eine Besprechung zum BVJ obsolet wird.

5 Diskussion und Ausblick

5.1 Diskussion: Forschung und Fortbildung in der Zusammenschau

Bei den Erkundungen zum Lernort BVJ handelt es sich um Momentaufnahmen aus drei Einrichtungen; manche soziologisch relevanten Aspekte konnten dabei nur angerissen werden. So müssten etwa die SchülerInnen als aktiv Handelnde, die sich ihre Umwelt aneignen, aber auch am Erhalt der Ordnung beteiligt sind, stärker in den Blick genommen werden, um nicht einer einseitigen Opferperspektive das Wort zu reden[18]. Insgesamt deuten jedoch die vorliegenden Beobachtungen darauf hin, dass das BVJ *grundsätzlich* keinen förderlichen Lernkontext darstellt[19]. Selbst für SchülerInnen mit einer hohen Motivation wird das Lernen erschwert – dies entspricht auch Befunden von Studien zum Lern- und Entwicklungsmilieu von Hauptschulen (u. a. Zaborowski/Breidenstein 2010).

---

18 Vgl. dazu Ott/Schweda/Langer (2015, 6 f.).
19 Dass sich dies im Einzelfall anders darstellt, soll an dieser Stelle ausdrücklich betont werden.

Für die soziale Rahmung des Lernkontexts scheinen vor allem folgende Merkmale des BVJs von Bedeutung zu sein: Die Position des BVJs innerhalb von Berufsschulzentren, die Beschreibung der Zielgruppe unter einer Defizitperspektive sowie der Zugang der SchülerInnen zum BVJ. Das BVJ, das einen Übergang von der Schule in eine Ausbildung oder Erwerbstätigkeit ermöglichen und somit Inklusionsvermittlung leisten soll, stellt also selbst eine Institution mit spezifischen Handlungslogiken und auch Ausschlussrisiken dar.

Für die LehrerInnen besteht die entscheidende Frage darin, wie im Kontext des BVJs überhaupt Unterricht möglich ist. Vor diesem Hintergrund verwundert es nicht, dass die Förderung von Lese- und Schreibkenntnissen kein besonderes Anliegen der Lehrkräfte darstellt, auch wenn sie sehr wohl Probleme bei den Lese- und Schreibkompetenzen der SchülerInnen wahrnehmen. Dem entspricht auch die Wahl der zu bearbeitenden Themenschwerpunkte im Rahmen der Fortbildung: Thematisiert werden grundlegende Fragen zur Unterrichtsgestaltung, während mangelnde Literalitätskompetenzen von SchülerInnen keine Rolle spielen[20].

Die Besonderheit der Inhouse-Fortbildung besteht darin, dass der Fortbildung ausführliche Interviews im Rahmen der Studie vorausgingen. Aus Sicht des Fortbildungsteams führte dieser Forschungsprozess dazu, dass die Lehrkräfte bereits in hohem Maß für die Probleme im BVJ sensibilisiert waren und das Interesse entwickelt hatten, sich mit ihren Aufgaben und Rollen im BVJ kritisch auseinanderzusetzen, woran dann in der Fortbildung angeknüpft werden konnte. In diesem Sinne nehme Forschung eine wichtige Funktion für die Fortbildung wahr. Aus der Perspektive des Forschungsteams können jedoch nicht nur der Forschungsprozess, sondern auch die Forschungsergebnisse Anregungen zur Reflexion bieten, vorausgesetzt, dass sie den FortbildungteilnehmerInnen zur Verfügung stehen (was hier nicht der Fall war). Beispielsweise könnten sie dazu beitragen, mögliche Risiken und Nebenwirkungen von pädagogischen Interventionen und Lehr-/Lernarrangements deutlicher wahrzunehmen[21]. Die Frage, ob und wie es allerdings gelingen kann, Beobachtungen und Befunde aus den Interviews in

---

20 Lediglich am Ende der Fortbildung – im Zusammenhang mit der geplanten Nutzung des PC-Raums im Unterricht – deutet sich die Idee an, dass damit auch die Förderung von Lesen und Schreiben verbunden werden könne.

21 So werden in der Fortbildung Überlegungen zu einer verstärkten Binnendifferenzierung im Unterricht angestellt. Dies erhöht einerseits die Chance, den unterschiedlichen Motivationslagen von BVJ-SchülerInnen gerecht zu werden. Andererseits besteht jedoch auch die Gefahr, dass eine Differenzierung zu weiteren Ausgrenzungs- und Entwertungsprozessen unter den SchülerInnen beiträgt – dies gerade vor dem Hintergrund der beschriebenen Wahrnehmung von SchülerInnen, ‚ganz unten' zu sein.

die Fortbildung einzubringen, ohne dabei störend auf den Fortbildungsprozess einzuwirken, muss an dieser Stelle offen bleiben.

5.2 Ausblick: Lesen und Schreiben fördern im Kontext des BVJs? Einige abschließende Überlegungen

Die bisherigen Ausführungen zeigen, dass in den untersuchten BVJs eine von außen herangetragene Forderung, Programme zur Förderung von Lesen und Schreiben zu implementieren, zu einer (weiteren) konzeptionellen Überfrachtung und zur Überforderung der Lehrkräfte führen kann. Die Koordinatorin des BVJs Ernährung/Hauswirtschaft formuliert dies sehr eindrücklich:

> „Und im Grunde kämpft man mit ganz anderen Problemen, ne? Und man soll dieses noch machen und jenes noch machen. Und das noch eben. Und hier noch eben und da noch das. Und Fortbildungen en masse und da sollen wir noch fix sein. Und das muss man jedes Mal machen. (lachend) Ich weiß es nicht. Also irgendwann sagt man, hier rein, da raus. Das ist mir doch egal. Ja, also das kann man gar nicht mehr alles umsetzen. Ich finde manchmal die Leute sollten … Also mir wäre lieb, die würden ihre berufsvorbereitenden Maßnahmen wirklich mal richtig überprüfen und richtig evaluieren. Und nicht (leicht lachend) immer nur so schön und so weiter."

Grundsätzlich wird daher im Folgenden davon ausgegangen, dass Konzepte zur Förderung von Lesen und Schreiben nur im Rahmen und als Teil umfassenderer Veränderungsprozesse im BVJ angemessen zu entwickeln sind[22]. Vor diesem Hintergrund soll abschließend die Richtung angedeutet werden, in die bei einer möglichen Konzeptentwicklung zur Förderung von Lesen und Schreiben im BVJ zu denken wäre[23].

Dazu ist es zunächst erforderlich, an die zentralen Ergebnisse der explorativen Studie im Hinblick auf Lesen und Schreiben zu erinnern. So zeigte sich, dass sich die Einschätzungen der Lehrkräfte im Hinblick auf die Literalitätskompetenzen der SchülerInnen teilweise deutlich voneinander unterscheiden[24] und dass es unterschiedliche Auffassungen zu den Ursachen und vor allem zu den möglichen Folgen von Kompetenzdefiziten gibt. Schließlich werden verschiedene Meinun-

---

22 Dies kann jedoch auf strukturelle Grenzen stoßen – ein Beispiel dafür ist die veränderte konzeptionelle Neuausrichtung des Schulzentrums, an dem die Inhouse-Fortbildung stattfand.

23 Diese Überlegungen sind prinzipiell auch auf andere Lernkontexte übertragbar.

24 Bezogen auf die verschiedenen ‚Alpha-Levels‘ (Grotlüschen/Riekmann/Buddeberg 2012) können die Beschreibungen der Lehrkräfte v. a. Level 4 (fehlerhaftes Schreiben) und z. T. auch Level 3 (Funktionaler Analphabetismus) zugeordnet werden.

gen hinsichtlich der Frage vertreten, ob das BVJ *prinzipiell* die Aufgabe habe, die Lese- und Schreibkenntnisse der SchülerInnen zu fördern und welche Unterrichtsfächer dann dafür zuständig seien.

In den von uns untersuchten BVJs hatte es unter den Lehrkräften keinen Austausch zu diesen Fragen gegeben, was allerdings nicht verwunderlich erscheint angesichts einer fehlenden Team- und Besprechungskultur der entsprechenden Berufsschulen sowie des Umstands, dass Literalitätsdefizite aus Sicht der PädagogInnen kein zentrales Problem darstellen.

Vor allem wenn man die Förderung von Lese- und Schreibkenntnissen grundsätzlich als eine fächerübergreifende Aufgabe begreift (vgl. dazu auch Petersen 2014, 3), stellt ein fachlicher – und fachlich begleiteter – Austausch zu den verschiedenen Wahrnehmungen und Deutungsmustern der pädagogischen Fachkräfte eines BVJs einen ersten notwendigen Schritt dar. Die Aufgaben der fachlichen Begleitung bestehen in diesem Zusammenhang darin, analog zur beschriebenen Inhouse-Fortbildung auf der Basis eines rekonstruktiven Zugangs den Diskussionsprozess zu moderieren sowie fachbezogene Impulse zu geben, die eine fundierte und differenzierte Auseinandersetzung der PädagogInnen mit ihren eigenen Deutungs- und Handlungsmustern ermöglichen können[25].

Ein solches Programm erfordert allerdings nicht nur das Interesse und die Bereitschaft der jeweiligen Lehrerschaft und Schule. Es setzt auch voraus, dass entsprechend qualifizierte ModeratorInnen zur Verfügung stehen. Vor diesem Hintergrund wurde bei der Entwicklung des Studiengangs ‚Alphabetisierung und Grundbildung' (PH Weingarten) auch ein Modul aufgenommen, in dem die soziologischen Grundlagen zur forschenden Rekonstruktion von Lernkontexten sowie pädagogisch-erwachsenenbildnerische Handlungsansätze zu deren Gestaltung erarbeitet werden.

Literatur

Anslinger, Eva/ Quante-Brandt, Eva (2013): Blockierte Zukunft? Eine qualitative Studie zur Selbsteinschätzung von Literalitätskompetenzen und Motivationslagen am Übergang Schule – Beruf. Münster: Waxmann

Autorengruppe Bildungsberichterstattung im Auftrag der Ständigen Konferenz der Kultusminister der Länder in der Bundesrepublik Deutschland und des Bundesministeriums für Bildung und Forschung (Hrsg.) (2008): Bildung in

---

25 An dieser Stelle sei nochmals ausdrücklich auf Studien zu sprachlich-kommunikativen Anforderungen betrieblicher Ausbildungen verwiesen (vgl. Efing 2012).

Deutschland 2008. Ein indikatorengestützter Bericht mit einer Analyse zu Übergängen im Anschluss an den Sekundarbereich II. Bielefeld: Bertelsmann

Becker-Mrotzek, Michael/ Schindler, Kirsten (Hrsg.) (2007): Texte schreiben. Duisburg: Gilles & Francke [Kölner Beiträge zur Sprachdidaktik/ Reihe A, 5]

Braun, Frank/ Richter, Ulrike/ Marquardt, Editha (2007): Unterstützungsangebote in Deutschland für bildungsbenachteiligte Jugendliche beim Übergang von der Schule in den Beruf. Expertise im Auftrag der Universität Luxemburg. DJI, Forschungsschwerpunkt, Übergänge in Arbeit'. München: Deutsches Jugendinstitut e. V.

Dorschky, Lilo/ Hein, Stephan (2012): „Geballte Kompensation"? – Lesen und Schreiben im Berufsvorbereitungsjahr. In: Dorschky, Lilo/ Kurzke, Christian/ Schneider, Johanna (Hrsg.): LernZeichen. Lernen und Schriftspracherwerb als Herausforderung für Kindertagesstätte, Schule und Jugendhilfe. Dresdner Beiträge zur Bildung und Erziehung, Band 3. Opladen, Berlin, Toronto: Budrich UniPress, 179–207

Efing, Christian (2012): Sprachliche oder kommunikative Fähigkeiten – was ist der Unterschied und was wird in der Ausbildung verlangt? In: Berufsbildung in Wissenschaft und Praxis (BWP) 2/ 2012; URN: urn:nbn:de:0035-bwp-12206-0 (15.04.16)

Genuneit, Jürgen/ Spaughton, Inge (2000): Vorschläge zum Lesen im Berufsvorbereitungsjahr am Beispiel von Deutsch und Englisch. In: Stark, Werner/ Fitzner, Thilo/ Schubert, Christoph (Hrsg.): Von der Alphabetisierung zur Leseförderung. Stuttgart: Ev. Akademie, Bad Boll, und Ernst Klett, 271–306

Groeben, Norbert/ Hurrelmann, Bettina (2002): Lesekompetenz: Bedingungen, Dimensionen, Funktionen. Weinheim: Juventa

Grotlüschen, Anke/ Riekmann, Wibke/ Buddeberg, Klaus (2012): Funktionaler Analphabetismus in Deutschland – die Hauptergebnisse der leo.-Studie 2010. In: Grotlüschen, Anke/ Riekmann, Wibke (Hrsg.): Funktionaler Analphabetismus in Deutschland. Münster, New York/ München/ Berlin: Waxmann, 15–53

Klein, Rosemarie/ Reutter, Gerhard (2011a): Grundbildung und Alphabetisierung im Übergangssystem – Reflexionen aus Indoor-Fortbildungen mit pädagogisch Tätigen. In: Klein, Rosemarie (Hrsg.): Professionalisierung arbeitsbezogener Grundbildung durch Fort- und Weiterbildung – Konzepte und Erfahrungen. Grundbildung in Wirtschaft und Arbeit – mehrperspektivisch. GIWA-Online 8, 1–10

Klein, Rosemarie/ Reutter, Gerhard (2011b): Protokolle der Inhouse-Fortbildung. (unveröff.)

Konsortium Bildungsberichterstattung (2006): Bildung für Deutschland. Ein indikatorengestützter Bericht mit einer Analyse zur Bildung und Migration. Bielefeld: Bertelsmann

Ott, Marion/ Schweda, Anna/ Langer, Antje (2015): Ethnographische Erforschung von Erziehung, Bildung und Sozialisation. In: Enzyklopädie Erziehungswissenschaft Online (ISSN 2191–8325), Ausgabe %s: Beltz Juventa

Petersen, Inger (2014): Sprachbildung und Schreibförderung in der Sekundarstufe II. pro DaZ Deutsch als Zweitsprache in allen Fächern. Universität Duisburg Essen. <https://www.uni-due.de/imperia/md/content/prodaz/petersen_sprachbildung.pdf> (15.04.16)

Reißig, Birgit (2015): Nachwuchs ohne Chance? In: DJI Impulse 2/2015, 4–8

Solga, Heike (2015): „Die Ausbildung ist der Schlüssel zur Teilhabe an der Gesellschaft" (Interview mit H. Solga). In: DJI Impulse 2/2015, 9–12

Stomporowski, Stephan (2007): Pädagogik im Zwischenraum. Acht Studien zur beruflichen Bildung Benachteiligter an berufsbildenden Schulen. Paderborn: Eusl-Verlagsgesellschaft

Zaborowski, Katrin U./ Breidenstein, Georg (2010): „Geh lieber nicht hin! — Bleib lieber hier!" Eine Fallstudie zu Selektion und Haltekräften an der Hauptschule. In: Krüger, Heinz-Hermann/ Rabe-Kleberg, Ursula/ Kramer, Rolf-Torsten/ Budde, Jürgen (Hrsg.): Bildungsungleichheit revisited. Bildung und soziale Ungleichheit vom Kindergarten bis zur Hochschule Wiesbaden: VS Verlag für Sozialwissenschaften, 127–144

Daniel Perrin und Aleksandra Gnach (Winterthur)

Vom fokussierten zum beiläufigen Schreiben: Sprachgebrauchswandel in journalistischer Nachrichtenproduktion

Abstract: This paper investigates the shift from focused writing to writing by-the-way in news production during the last two decades. By focused writing, we understand a process in which people sit down at their desk or another comfortable space in order to write a good text. They use pen and paper, a typewriter or a computer, and start with a draft. Then, they edit their text until they consider it complete. Finally, they send it off or publish it as a carefully designed piece. Unlike speech, focused writing is decoupled from traces of fighting with thoughts and words – a close-to-perfect communicational offer. In contrast, in an increasingly mediatized and dynamic world, people synchronize knowledge, share emotions, and maintain identities from any location and at all times of the day. Writing has become the dialogic, fragmented, and ubiquitous practice we term writing by-the-way. In our paper, we first explain theoretical and practical differences between the two concepts of writing in general and in public discourse. Then, we draw on four case studies from two decades of research into newswriting to outline the shift of writing practices in the newsroom. The case studies are analyzed with progression analysis, a multimethod approach combining ethnographic observation with computer screen logging and retrospective verbalization. Progression analysis allows us to explain why writers do what they do in particular contexts. We conclude by making a point for understanding the shift in writing practices as a driver of change in professional roles in news production.

1 Fokussiertes und beiläufiges Schreiben

Mit dem Wandel der „medialen Bedingungen" (Habscheid 2014, 423) verändert sich die Praxis des Nachrichtenschreibens dramatisch. Im Wechselspiel von medientechnologischer, -politischer und -ökonomischer Ausdifferenzierung und Integration (Schmitz 2004) verschiebt sich das Berufsfeld des Journalismus in Richtung hypermedialen, transmodalen, translatorischen und dialogischen Sprachhandelns:

- Hypermedial, weil die Digitalisierung aller journalistischen Medien früher voneinander getrennte Institutionen von Presse und Rundfunk bündelt im versatilen Content-Management-System neuer Medienunternehmen, die mit jeder neuen Nachricht ihre Datenbanken weiter ausbauen (Jones 2017, in preparation).

- Transmodal, weil die Kommunikationsangebote grundsätzlich immer bereit gestellt werden können für visuelle *und* akustische Verarbeitung durch die AdressatInnen, wobei diese medientechnische Möglichkeit den Zwang erzeugt, mit jedem Angebot alle Modi ergänzend und vermittelnd zu nutzen (Hicks/ Perrin 2014).

- Translatorisch, weil die Globalisierung der Kommunikationsmärkte die Nachrichtenflüsse zwischen Sprachräumen verstärkt, sodass sich im Quellenmaterial mehr und mehr Äußerungen finden, deren Bedeutung sich einer Redaktion nur nach arbeitsteiligen Übersetzungsprozessen erschließt (Ehrensberger-Dow/Perrin/Zampa 2017, in preparation).

- Dialogisch, weil journalistische Beiträge zu öffentlichen Diskursen seit dem Aufkommen von Social Media unter fortlaufendem Einbezug von Anschlusskommunikation der Zielgruppen entstehen, die sich dadurch von dispersen Publika zu selbstsynchronisierenden Gemeinschaften der Mediennutzung entwickeln (Perrin/Wyss 2016).

Auf dieses dialogische Sprachhandeln gehen wir in diesem Beitrag näher ein. Wir tun dies im Kontext der oben skizzierten Entwicklungen. Dabei fokussieren wir auf materiell schriftliches, also sich in der Produktion von Schriftzeichen äußerndes dialogisches Sprachhandeln. In diesem Text verwenden wir dafür den Begriff *beiläufiges Schreiben*, eine deutsche Variante des kürzlich geprägten Terminus *Writing by-the-Way* (Hicks/ Perrin 2014; vgl. auch Pigg *et al.* 2014).

Unter *beiläufigem Schreiben* verstehen wir spontanes, als selbstverständlich erlebtes Schreiben, das jederzeit und überall stattfindet, als Default-Modus der Kommunikation. Technisch gesehen bedeutet beiläufiges Schreiben ein ständiges Eintragen, Ein-Schreiben in Online-Datenbanken wie SMS- oder Social-Media-Plattformen. Es ist dialogisch ausgerichtet, wobei die Schreibenden Anwesenheit inszenieren und sich sozial synchronisieren, also mit anderen abgleichen.

Vom *fokussierten Schreiben* („Focused Writing", Hicks/ Perrin 2014, 231) unterscheidet sich beiläufiges Schreiben durch seine Ubiquität und scheinbare Nebensächlichkeit, eben Beiläufigkeit. Beiläufiges Schreiben geschieht immer und überall; beim fokussierten Schreiben dagegen sichern sich Schreibende einen Schreibort und einen Zeitraum, um sich auf einen entstehenden Text zu fokussieren, also möglichst ausschließlich und konzentriert an diesem Text zu arbeiten. Zwischen beiläufigem und fokussiertem Schreiben gibt es Übergänge.

Von *flüchtigem Schreiben* (Storrer 2010, 223) unterscheidet sich beiläufiges Schreiben dadurch, dass es – trotz scheinbarer Flüchtigkeit – mitnichten vergeht. Beiläufig erzeugen die Schreibenden bleibende, durch sie kaum mehr zu löschende Spuren in Online-Datenbanken. Sie legen sich also, trotz der

scheinbaren Augenblicksgebundenheit und Nebensächlichkeit der Schreib-
tätigkeit fest und werden durch den veräußerten Text „greif- und angreifbar"
(Perrin/Boettcher/Kruse/Wrobel 2002, 222).

2 Beiläufiges Schreiben als Praktik

Beiläufiges Schreiben stellt damit eine Textproduktionspraktik dar, also eine
Tätigkeit zur Herstellung von Texten, die zugleich routinisiert und strategisch
motiviert ist (Perrin 2016a). Praktiken erfüllen kommunikative Funktionen wie
etwa EINEN KOMPLEXEN SACHVERHALT VERANSCHAULICHEN oder EMPATHIE
BEZEUGEN und sie werden durch Träger bestimmter Rollen in Institutionen wie
einer Medienredaktion oder einer Social-Media-Gemeinschaft immer wieder
reproduziert, mehr oder weniger bewusst, etwa als Teil standardisierter Nach-
richtenproduktion oder eben gesellschaftlicher Synchronisation (Perrin/Wyss
2016, 245).

Mehr oder weniger bewusst heißt, dass die Praktik Eigenschaften von Routine
und Strategie verbindet. Im Gegensatz zur reinen Routine wohnt der Praktik
eine übergeordnet gewollte, eine strategische Komponente inne. Im Gegensatz
zur Strategie aber, als Schreibstrategie verstanden als die „verfestigte, bewusste
und damit benennbare Vorstellung davon, wie Entscheidungen beim Schreiben
zu fällen sind, damit der Schreibprozess und das Textprodukt mit höherer Wahr-
scheinlichkeit die zielgemäße Gestalt annehmen und die zielgemäße Funktion
erfüllen" (Perrin 2013, 263), meint *Praktik* das mehr oder weniger strategisch
motivierte Tun.

Praktiken in diesem Sinn werden in Ansätzen stets reflektiert und damit hin-
terfragt und verändert durch die Praktiker selbst (z. B. Jones/Stubbe 2004) – im
Gegensatz zu den individuellen Routinen wie etwa dem Tippen im Zehnfinger-
system und den sozial eingeschliffenen Prozeduren (z. B. Baurmann/Weingarten
1995) oder dem Einkopieren von Adressen im E-Mail-Verkehr. Im Gegensatz zu
Strategien bezeichnen sie aber nicht allein die gedankliche Vorwegnahme des
Tuns, sondern schließen das Tun mit ein.

Zu einem solchen Begriff von *Praktik* Bourdieu'scher Prägung (z. B. Bourdieu
1977; Hanks 1996; Pennycook 2010; Scollon 2001) gehört also auch die Materia-
lisierung, die Verkörperung, das „Embodiment" (z. B. Goodwin 2000; aber auch,
noch grundsätzlicher, Varela/Thompson/Rosch 1991): Praktiken verbinden mentale, materiale, mediale, semiotische und soziale Tätigkeit; sie umfassen, einfach
gesagt, den denkenden Kopf, den tippenden Körper am vernetzten Computer am
Arbeitsplatz, die sich verändernden Zeichen am Bildschirm – sowie die durch den
Zeichengebrauch verbundenen Gemeinschaften.

Weil Praktiken mit ihrer Umwelt interagieren, also einerseits die Umwelt verändern und andererseits durch die Umwelt verändert werden, sind sie komplex und dynamisch geprägt von und konstituierend für Gemeinschaften, Domänen, Kultur und Zeitgeschichte (z. B. Wenger 1998). Beiläufiges Schreiben etwa bedingt technische Medien wie Internet und Facebook sowie gesellschaftliche Entwicklungen, die Menschen dazu bewegen, diese Möglichkeiten zur Gemeinschaftsbildung zu nutzen. Und umgekehrt wirkt das Tun auf die Entwicklung von Technologien, des Vergemeinschaftens und Gemeinschaften zurück.

Schließlich sind solche Praktiken prototypisch sequenziert, gebündelt und vernetzt, bestehen also aus üblichen Abfolgen, Parallelen und Querbezügen von Tätigkeiten unterschiedlicher Körnung. Es schleifen sich also Nutzungsmuster ein, übliche Verknüpfungen üblicher Handlungen, die durch medial programmierte Nutzungsrahmen wie die „Timeline" auf Facebook oder das „Retweeten" in Twitter bestimmt sind, die wiederum mit früheren Mediennutzungsmustern interagieren.

Damit stellt sich die Frage, wie das Zusammenspiel von fokussiertem und beiläufigem Schreiben in öffentlicher Kommunikation verläuft, in welcher heute Sozial- und Massenmedien als „Mass self-communication" (Castells 2007, 248) ineinandergreifen.

3 Beiläufiges Schreiben in öffentlicher Kommunikation

Medial vermittelte öffentliche Kommunikation fand bis zur Einführung von Internet und Social Media vor allem massenmedial statt, über Medien wie Zeitung, Radio, Fernsehen und publizistisches Internet. In massenmedialer Kommunikation verfassen wenige, stark organisational eingebundene Fachleute Kommunikationsangebote, die dann von dispersen Publika rezipiert werden: von einer Gesamtheit zeitlich und räumlich zerstreuter Adressaten, deren Kommunikationsrolle im Wesentlichen auf rezeptive (Re-)Konstruktion von Sinn und Bedeutung der Kommunikate beschränkt ist, ohne dass ihnen möglich wäre, die Beiträge selbst so mitzugestalten, dass dies für andere Adressaten wahrnehmbar wird.

In journalistischer Massenkommunikation haben sich „kommunikative Gattungen" (Luckmann 1986; siehe auch z. B. Günthner/König 2016) eingeschliffen, die sich auf das Grundmuster der Geschichten-Partitur („Storytelling Score", Perrin 2015) zurückführen lassen (Abbildung 1). Die Geschichten-Partitur verkörpert das Zusammenspiel der wichtigsten Stimmen in journalistischen Beiträgen. Solche Beiträge werden von Medienschaffenden selbst mehrheitlich als

„Geschichten", als „Stories" verstanden (Luginbühl/Perrin 2011); sie verschränken aber narrative Praktiken dicht mit deskriptiven, argumentativen und explikativen Praktiken (Perrin/Wyss 2016, 241–242).

Abbildung 1: Das dramaturgische Grundmuster der „Textpartitur" (Perrin 2015, 150)

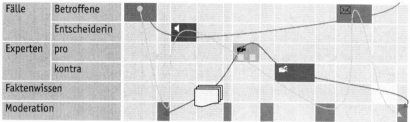

Bei aller Vielgestalt der Ausprägungen lässt sich in massenmedialen journalistischen Beiträgen als Konstante ausmachen, dass eine explizite oder implizite journalistische Rolle durch den Beitrag führt, indem sie Überleitungen („Moderation") anbietet zwischen Hintergrundwissen („Faktenwissen"), das als gegeben dargestellt wird, und kurzen Auftritten von Textakteuren, die im Wesentlichen diesen Gruppen angehören: Betroffene wie Bürger, Entscheider wie Politikerinnen oder Manager sowie Experten, die sich entweder für oder gegen eine bestimmte Einschätzung dessen aussprechen, worum es im Beitrag hauptsächlich geht und durch deren Auswahl die Journalisten den Gegenstand bewerten können, ohne mit einer Stimme im Beitrag Stellung zu beziehen.

Diese Textpartitur bleibt als Konstante bestehen, seit es journalistische Massenkommunikation gibt. Mit dem Internet und erst recht mit Social Media erfährt die Textpartitur aber Erweiterungen. Erste Analysen (Perrin 2015, 150) lassen vermuten, dass die Verzahnung von Massenmedien und sozialen Medien zu grundsätzlich drei Erweiterungen der Textpartitur und damit der Grundmuster journalistischer Geschichten führen:

• zu paradigmatischen Varianten wie etwa zusätzlichem Hintergrundwissen im Internet (zweitletzte Zeile in Abbildung 1) oder zusätzlichen Stimmen von Betroffenen in Blogs (erste Zeile in Abbildung 1). Diese Betroffenen sind journalistische Laien und wirken außerhalb der Medienorganisation, die den journalistischen Beitrag verantworten. Sie verfassen ihre Zusätze zu den journalistischen Beiträgen als More-of-the-same-Elemente in beiläufigem Schreiben;

- zu syntagmatischen Varianten wie etwa dem ganzen Rechercheinterview (dritte Zeile in Abbildung 1), das zusätzlich zum Expertenzitat abrufbar ist, das aus dem Interviewvideo ausgekoppelt und in einen gestalteten Medienbeitrag eingebaut worden ist. Die Auskoppelung stellt dabei meist einen fokussierteren Prozess dar als das Sprechen (oder Schreiben) der Antworten durch die Interviewten;
- und zu navigatorischen Varianten, die individuelle Nutzungen einzelner Beitragselemente im Internet ermöglichen (Wellenlinien in Abbildung 1). Dabei führen Nutzerinnen und Nutzer Ko-Regie in der Textproduktion: Beiläufig, durch teils wenig bewusste Navigation, gestalten sie die Reihenfolge von Beitragselementen um und verändern so die Dramaturgie des Beitrags vor und während der Rezeption.

Die Partitur aus fokussiertem multimodalem Gestalten und Schreiben als Konstante, das beiläufig multimodal Gestaltete und Geschriebene als neue Spielform, neue Variante – dieses Miteinander von Konstanz und Wandel einerseits und fokussiertem und beiläufigem Schreiben andererseits prägt nun nicht nur die Produkte, sondern auch die Prozesse der Textproduktionspraxis in öffentlicher Kommunikation und wirkt zurück auf deren institutionelle Rahmen. Dies zeigt im nächsten Abschnitt ein kurzer Einblick in Befunde aus zwei Jahrzehnten Erforschung journalistischen Schreibens.

4 Medienwandel und Wandel journalistischer Textproduktionspraktiken

Die folgenden Beispiele illustrieren den Wandel der Textproduktion im öffentlichen Diskurs anhand empirischer Daten aus Korpora journalistischer Textproduktionsprozesse. Die Korpora wurden erstellt nach einheitlichen Grundsätzen der Datenerhebung und -aufbereitung (Perrin 2016b) in einer Zeitspanne von zwanzig Jahren. Deutlich wird: Während dieser Zeit verändern sich journalistische Textproduktionspraktiken wesentlich aufgrund der breiten Nutzung des Internets und später der Nutzung von Social Media. Sie verschieben sich vom fokussierten Schreiben immer stärker in Richtung eines auch beiläufigen Schreibens. Wir stecken diese Entwicklung über vier Stationen ab, mit Fallbeispielen aus der Forschungsprojektreihe zur journalistischen Textproduktion (Abbildung 2):

Abbildung 2: Forschungsprojektreihe zur diachronen Analyse journalistischer
Textproduktion

Fokus	Projektname	Laufzeit
Journalistische Perspektiven in Agenturen erfassen	SDA (Schweizerische Depeschenagentur)	1995–1998
Schreiben für unterschiedliche Medien	BAKOM (Bundesamt für Kommunikation)	1997–2000
Expertenwissen in der Redaktion verankern	TA (TAGESANZEIGER)	1999–2001
Zur Verständigung beitragen in widersprüchlichem Umfeld	IDÉE SUISSE	2006–2010
Fokus auf Einzelaspekte des Schreibens	MODELING WRITING PHASES	2010–2013
	ARGUPOLIS	2011–2014
	CONTINUITY AND CHANGE	2015–2017

In allen Korpora wurden und werden Daten zu Textproduktionsprozessen mit der Progressionsanalyse (Perrin 2003; Perrin 2012) erhoben, was auf drei Stufen geschieht:

Vor dem Schreiben wird in Interviews und teilnehmender Beobachtung die Arbeitssituation erfasst, als Kontext der Textproduktion. Während des Schreibens vermisst Logging-Software den Schreibprozess am Computer exakt und zeichnet ihn in Echtzeit auf. Danach erstellen die Schreibenden, indem sie diese Aufzeichnung anschauen, ein retrospektives Verbalprotokoll, das ihre Begründungen zu einzelnen Schritten des Schreibprozesses greifbar macht: Während sie sehen, wie der Text am Bildschirm entsteht, den sie soeben geschrieben haben, sagen sie laufend, was sie da tun und warum sie es getan haben. Sichtbar werden so ihre benennbaren und damit bewussten Produktionsstrategien.

Die Progressionsanalyse untersucht Textproduktion demnach erstens als mehrschichtige Umwelt aus Gesellschaft, Domäne, Institution und Arbeitsplatz; zweitens als überprüfbare situierte Tätigkeit der Untersuchten im Handlungsfeld, und drittens als indirekt erschließbare kognitive und soziale Strukturen, die dieses Handeln ermöglichen und behindern – und die, umgekehrt, durch das Handeln verstärkt oder verändert werden. In der Triangulation dieser drei Analyseebenen wird erkennbar, welche strukturellen Bedingungen welche Praktiken behindern und ermöglichen – oder, einfach ausgedrückt: was die Schreibenden wie und warum tun sollen, tun wollen und tatsächlich tun.

Im ersten unten gezeigten Beispiel, von 1998, überträgt der Journalist einge-
schliffene Produktionsmuster analogen Textens in den Kontext der Onlinebe-
richterstattung (4.1). Das zweite Beispiel, von 2007, zeigt, wie Recherchepraktiken
der Internetnutzung mit bestehenden Produktionspraktiken in der Redaktion
konkurrieren (4.2). Im dritten Beispiel, 2013, wird augenfällig, wie Diskurse in
Social Media mit ihren beiläufig geschriebenen Beiträgen zugleich die Medienberichterstattung und die öffentliche Meinung prägen (4.3). Das letzte Beispiel,
2016, illustriert, wie das institutionalisierte Ineinandergreifen von Social Media
und massenmedialer Kommunikation zu neuen journalistischen Praktiken des
beiläufigen Schreibens führt (4.4).

4.1 1998: Alte Produktionsmuster auf neue Situationen übertragen

Der Journalist A verfasst einen Text für die BEOBACHTER-Website, als Einstieg in
ein Dossier von Beiträgen zum Thema „Jugend und Alkohol". Der SCHWEIZERI-
SCHE BEOBACHTER ist eine Konsumentenzeitschrift, die als erstes Printmedium
der Schweiz 1995 mit einer Website online ging. Den Fall untersucht haben wir
im Projekt BAKOM (s. o., Abbildung 2).

A nutzt als Quelle für seinen Beitrag den Zeitschriftentext zum gleichen The-
ma, den er mit einer Kollegin verfasst hat. Er kopiert den Text aber nicht ein,
sondern tippt seinen Online-Beitrag neu, damit er „anders klingt" – so seine
Begründung im Verbalprotokoll. Der Online-Text wird wesentlich kürzer, denn
„am Bildschirm liest man nicht gerne viel". Beim Schreiben verlinkt A einzelne
Begriffe mit weiteren Texten der BEOBACHTER-Website oder mit andern Sites.
Beim Lesen des Texts werden die Links navigatorische Varianten eröffnen, beim
Schreiben aber bilden sie ein unsichtbares Gerüst: A sucht sich im Quellentext
zusammen, was zur geplanten Abfolge der Links passt. Am Schluss überprüft A
anhand der Links, welche geplanten Strukturelemente bereits vorkommen und
welche er noch ergänzen muss (Abbildung 3).

Abbildung 3: Aus dem retrospektiven Verbalprotokoll im Fall BEOBACHTER, Revisionen
63–78

```
Ah ja, jetzt mache ich die Ordnung. Jetzt tu ichs aussor-
tieren, was für- was für Artikel und Links ich schon fak-
tisch verwertet habe und was mir noch fehlt, also was ich
jetzt noch hineinbringen muss am Schluss, weil vom Umfang
her erreichts jetzt langsam, em, einen Umfang, wo-.
```

Die routinierte Vorgehensweise hat zur Folge, dass der Schreibprozess weitgehend linear verläuft. Die Abfolge der Revisionen in der Progressionsgrafik (Abbildung 4) zeigt zuerst dieses lineare Schreiben (Revisionen 1–63). Dann aber springt der Schreiber an den Textanfang zurück und arbeitet sich rasch vor im Text, wobei er die gesetzten Links überprüft (Revisionen 64–68). Nach einer zweiten, kürzeren Phase linearen Schreibens wiederholt sich das Muster; diesmal fügt er aber zusätzliche, neue Links ein (Revisionen 80–84).

Das Produktionsmuster im Fall BEOBACHTER widerspiegelt die Routine des Schreibens für analoge Medien, die sich bei A in fast dreizehn Jahren journalistischer Praxis eingeschliffen hat: Eine Geschichte anhand von Quotes oder Ausschnitten aus Quellentexten aufbauen, die er in Interviews oder in der Recherche gesammelt hat. Geschrieben wird weitgehend fokussiert.

Abbildung 4: Die Progressionsgrafik im Fall BEOBACHTER

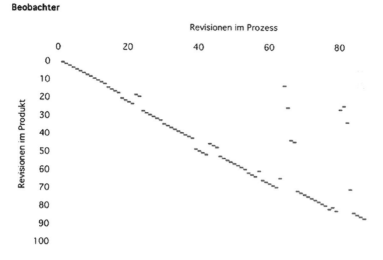

4.2 2007: Redaktionsstrukturen von unten her aufbrechen mit Webrecherche

Am 7. März 2007 stürzt ein indonesisches Flugzeug bei der Landung in Yogyakarta auf der indonesischen Insel Java ab. Ein Großteil der Passagiere überlebt, einige von ihnen machen Aufnahmen mit Videokameras oder Mobiltelefonen. Die Amateuraufnahmen werden zusammen mit Bildern des indonesischen Fernsehens über die Agenturen verbreitet. Den Fall untersucht haben wir im Projekt IDÉE SUISSE (s. o., Abbildung 2).

TÉLÉJOURNAL, die Nachrichtensendung des französischsprachigen Senders der Schweizerischen Rundfunk-Gesellschaft (SRG SSR), berichtet bereits in der Mittagsausgabe über den Absturz. Der Journalist B, dem die Produktion des Beitrags in der Redaktionssitzung zugewiesen worden ist, erfährt kurz vor der Sendung, dass der italienischsprachige Radiosender der SRG SSR ein Interview mit einem seiner Korrespondenten gesendet hat, der sich an Bord des abgestürzten Flugzeugs befunden hatte (Abbildung 5).

Abbildung 5: Aus dem retrospektiven Verbalprotokoll im Fall YOGYAKARTA, *Zeilen 11–713*

```
on a commandé un témoignage, d'un correspondant de la
radio tessinoise, qui se trouvait dans le boeing
```

Für B stellt sich nun die Frage, ob er den Interviewausschnitt noch kurzfristig in seinen Beitrag einbauen soll. Dafür müsste er ein Foto des Interviewten haben, damit er den O-Ton bebildern kann. Theoretisch arbeitet der interviewte Korrespondent zwar für die gleiche Organisation, praktisch ist die Zusammenarbeit zwischen den Landesteilen aber häufig schwierig (Gnach 2013, 229): Die Redaktionen haben unterschiedliche Arbeitsabläufe und nutzen unterschiedliche Redaktionssysteme, was den Austausch von Informationen erschwert. Es gibt auch kein gemeinsames Intranet, auf dem die Informationen zu einzelnen Mitarbeitenden greifbar wären. Weil B den Beitrag unter Zeitdruck fertigstellen muss, beschließt er, die schwerfälligen und langsamen Datenaustausch- und Freigaberoutinen der Organisation zu umgehen und die noch fehlenden Informationen im Internet zu suchen (Abbildung 6).

Abbildung 6: Aus dem retrospektiven Verbalprotokoll im Fall YOGYAKARTA, *Zeilen 142–151*

```
est-ce que on a le droit de piquer comme ça heu un son,
à la télévision suisse romande ou pas, question hein
heu, théoriquement c'est nos collègues, c'est la même
boîte mais-, alors je vais sur google, parce que je me
dis, tiens c'est bien joli ce témoignage, mais d'avoir
la photo du bonhomme serait bien, alors je vais chercher
dans google
```

Der Fall YOGYAKARTA ist bezeichnend für eine Zeit, in der das Internet bereits als rasche und allgegenwärtige Informationsquelle zur Verfügung steht, viele Medienorganisationen aber die Strukturen dem steigenden Tempo des Informationsaustausches noch nicht angepasst haben. Halten sich die Journalisten dort an die schwerfälligen offiziellen Produktionsabläufe, verlieren sie – und damit auch die Organisation – den Wettlauf mit der immer schneller werdenden Konkurrenz. Um dem entgegenzuwirken, beginnen einzelne, die organisationalen Strukturen von unten aufzubrechen, indem sie auf Recherchepraktiken zurückgreifen, die sie im Privatleben bereits selbstverständlich anwenden. Auch in diesem Stadium der Entwicklung, mit grundlegend neuen Recherchepraktiken, verläuft das Schreiben selbst aber noch weitgehend fokussiert.

4.3 2013: Social Media zur Vor-/Nachbearbeitung massenmedialer Angebote

Am 24. Januar 2013 veröffentlicht die Journalistin Laura Himmelreich im Nachrichtenmagazin Stern ein Porträt über den FDP-Spitzenkandidaten Rainer Brüderle. Sie wirft dem Politiker vor, sich ihr gegenüber unangemessen verhalten zu haben. Gleichzeitig führt die Bloggerin Anne Wizorek auf Twitter den Hashtag #aufschrei ein, unter dem Twitter-NutzerInnen, sozusagen als paradigmatische Varianten, ihre Erfahrungen mit Sexismus publizieren. Am Diskurs auf Social Media beteiligen sich Personen aus unterschiedlichen Domänen wie Journalismus, Politik oder Wissenschaft, aber auch aus Medienhäusern – zuerst in Deutschland, dann in der ganzen westlichen Welt (Abbildung 7). Das Medienecho ist enorm, Diskussionen über Sexismus bestimmen in den folgenden Monaten die Agenda der deutschsprachigen Rundfunk-, Print- und Onlinemedien und schwappen dann auf die internationalen Medien über, bis in die USA. Den Fall untersucht haben wir in einer Vorstudie zum Projekt Continuity and change (s. o., Abbildung 2).

Mitte 2013 wird der Grimme Online Award, einer der wichtigsten deutschen Medienpreise, an die Twitter-Kampagne #aufschrei und deren Initiatorin Anne Wizorek verliehen. In der Laudatio heißt es, dass der Hashtag #aufschrei eindrucksvoll belegt habe, wie der Brückenschlag zwischen digitalem Resonanzraum und den publizistischen Leistungen gelingen könne. Die Jury wünscht in ihrer Laudatio, dass weitere gesellschaftlich virulente Themen „eine digitale Diskussionsheimat finden, gestützt von einer neuen, verzahnten On- und Offline-Debattenkultur" (http://blogs.faz.net/deus/2013/07/10/aufbruch-ins-netz-1625/).

Der Fall #aufschrei zeigt, dass bestimmte Diskurse von einzelnen Akteuren auf Social Media initiiert und weitergetragen werden können, wenn sie gesellschaftlich relevante Themen betreffen. Reichweite und Engagement außerhalb von Social-Media-Gemeinschaften erreichen sie aber durch Meinungsführer-(Massen-)Medien (Gnach 2017, in preparation). Deren Medienberichterstattung bestimmt dann die Agenda der weniger einflussreichen Medien, was sich schließlich auf den breiten öffentlichen Diskurs auswirkt. Deutlich wird hier die Funktion des beiläufigen Schreibens für die kollaborative Textproduktion: Die institutionell-journalistischen Akteure schreiben fokussiert, die Twitter-User eher beiläufig, und im Zusammenspiel entsteht das Besondere der Berichterstattung.

Abbildung 7: Ein Ausschnitt aus dem Twitter-Diskurs im Fall #AUFSCHREI

4.4 2015: Journalistisches Community Management

Als letzten, vierten Fall diskutieren wir drei angedachte Medienentwicklungen. Die Daten stammen aus einem Beratungsprojekt, gestützt auf Vorstudien zum Projekt CONTINUITY AND CHANGE (s. o., Abbildung 2). Im Sommer 2015 trainierten wir mit Medienprofis „Kreativitäts- und Innovationsmanagement" im Executive-Master-Studiengang „Digital Journalism", einem Kooperationsprodukt der Hamburg Media School, der Universität Hamburg und der Zürcher Hochschule für Angewandte Wissenschaften. Zu entwickeln waren realisierbare, zukunftsweisende Medienangebote. Die meisten Teilnehmenden gingen dabei aus von bestehenden Strukturen an ihrem Arbeitsplatz und entwarfen hybride Angebote aus Massen- und sozialen Medien, die über das Bestehende deutlich hinauswiesen.

Drei Beispiele: Ein Kulturmagazin bindet die Hörerinnen und Hörer systematisch in der Rolle als Kritiker ein und konzentriert sich auf eine professionelle Moderation dieser paradigmatischen Varianten von Kritik durch journalistische Laien. Eine Regionalzeitung verzichtet auf den jährlichen redaktionellen Text zur Misere in der Lehrstellensuche und lässt stattdessen Auszubildende über Jahre tagebuchartig festhalten, wie sie ihre Stelle suchen, finden und erleben; die Tagebücher sind online greifbar, einordnende Zusammenfassungen und Ausschnitte daraus, als syntagmatische Varianten, periodisch in der Zeitung. Ein Fachmagazin lässt seine Adressaten die internationalen Fachmessen besuchen und reflektieren, die von der Redaktion aus Kostengründen nicht besucht werden können, und vermittelt über ein Geotagging-System seinen Nutzerinnen und Nutzern virtuelle Messebesuche auf Augenhöhe, mehrere Eindrücke vom gleichen Schauplatz – als paradigmatische Varianten, die sich über mehrere navigatorische Varianten sinnvoll erschließen.

Gemeinsam ist diesen Fällen das institutionelle Zusammenspiel von langfristigem, fokussiertem Pro-Grammieren und Kuratieren durch die redaktionellen Profis und kurzfristigem, beiläufigem Schreiben durch Peers der Adressaten. Unter *Pro-Grammieren* verstehen wir hier das Bereitstellen programmierter, stark algorithmisch bestimmter Schreibumgebungen im Stil der bekannten Plattformen sozialer Medien, in die hineingeschrieben werden kann – scheinbar frei, aber eben begrenzt durch das, was programmiert, was vorgesehen ist (vgl. Rushkoff 2010; Miller *et al.* 2016).

Das institutionelle Zusammenspiel funktioniert in den drei Fällen ähnlich: Das Konzert- und Ausstellungspublikum, die Auszubildenden und die Messebesucher sprechen in ihrer beiläufigen Berichterstattung (hier beiläufig – was nicht bedeutet, dass sie in anderen Zusammenhängen nicht auch fokussiert schreiben könnten) die Sprache des Publikums dieser Medien. Die Medienprofis können die Beiträge vorausschauend einplanen und laufend einordnen. Die Adressaten verbinden sich durch die Mediennutzung zur Gemeinschaft, die sich nicht so sehr bewusst zu sein braucht, wie stark die Medienprofis im Schnittfeld von Journalismus und Medienmanagement diese Gemeinschaftsbildung steuern und zur Kundenbindung nutzen (Perrin 2018, in preparation).

5 Fazit: Beiläufiges Schreiben verweist auf Medien- *und* Berufsrollenwandel

Mit den letzten Beispielen (4.4) verschiebt sich der Schwerpunkt der Praktiken nun deutlich vom fokussierten hin zum beiläufigen Schreiben in öffentlicher Kommunikation. In fokussiertem Schreiben geschieht das Vor-Schreiben, das Pro-Grammieren der Plattformen, in denen klassische Massenmedien wie Zeitung, Zeitschrift oder Rundfunk zusammenwirken mit Social Media. Ebenfalls mehrheitlich fokussiert werten die Medienschaffenden die Beiträge aus, indem sie zum Beispiel in der Zeitung vom Langzeitprojekt Lehrstellenblog berichten. Die Verwaltung der Blogbeiträge durch die Medienschaffenden kann aber sehr gut beiläufig geschehen – eintreffende neue Beiträge, oft beiläufig verfasst, werden kurz gesichtet, vielleicht kommentiert, vielleicht annotiert und freigeschaltet oder nicht. Und beiläufig verweisen die Medienschaffenden selbst in Social Media laufend auf ihr Medienangebot und bewerben dabei das Angebot, sich selbst und das Medienhaus.

Soweit die grobe Verallgemeinerung. Genauer besehen, verästeln sich die Grenzen in der komplexen Dynamik der Textproduktion im Sinn von Fraktalen, also selbstähnlich: Generell beiläufiges Schreiben enthält fokussierte Phasen mit beiläufigen Teilphasen mit fokussierten Teil-Teilphasen und so weiter. So lassen sich zum Beispiel scheinbar spontane Blogposts sorgfältig vorredigieren und terminieren, mit Social-Media-Dashboard-Werkzeugen wie Hootsuite (z. B. hootsuite.com). Neu ist daran, dass mit fokussiert-strategischen Mitteln beiläufige Schriftlichkeit inszeniert wird. Das Inszenieren von Beiläufigkeit an sich ist alt, etwa wenn in schriftlich aufbereiteten Medienbeiträgen Äußerungen von Textakteuren als gesprochen-sprachlich dargestellt werden.

Entscheidend ist aber, dass im Untersuchungszeitraum der Anteil beiläufigen Schreibens in öffentlicher Kommunikation und im Journalismus zunimmt – und zwar der Pflichtanteil. Man muss beiläufig schreiben können, um als Journalist dabei zu sein. Das Gleiche gilt für das fokussierte Pro-Grammieren. Solche Entwicklungen hin zum fokussierten Pro-Grammieren einerseits und zum inszeniert oder tatsächlich beiläufigen Erweitern und Bewerben journalistischer Beiträge andererseits verlagern also die Bedingungen für Berufserfolg im Journalismus. Wo über Jahrhunderte fokussiertes Schreiben im Einzelkampf angesagt war, sind heute Kollaboration in multimodalen Teams gefragt (Perrin *et al.* 2009) – und eben fokussiertes Pro-Grammieren und beiläufiges Schreiben in zunehmend mehrsprachigen Umgebungen.

Kurz: Redaktion einerseits und Medienmanagement und -marketing andererseits waren früher prototypisch getrennt, heute leisten die Journalisten selbst Mikromarketing und Community Management. Unter einer alten Ideologie, medienethisch gern hochgehalten, bricht die Wirklichkeit weg. Beiläufiges Schreiben als beobachtbare Praxis im Journalismus (als „situated activity" im Sinn von Layder 1998) steht für eine schleichende, sozusagen beiläufige Verschiebung individueller Denk- und Handlungsmuster („psychobiographies"), redaktioneller Bedingungen („social settings") und gesellschaftlicher Werte („contextual resources"). Öffentlichen Diskurs massenmedial erfolgreich mitzugestalten bedeutet Mikromarketing in eigener Sache, beiläufig, ständig, by-the-way. Die Zeit, die dafür einzusetzen ist, geht fokussierter Analyse und Einordnung ab.

Das braucht kein Grund zur Klage zu sein, ist aber ein Grund, genau hinzuschauen. Der Wandel des Sprachgebrauchs geht also einher mit einem Wandel der Gesellschaft, der zu denken und zu schreiben geben wird – beiläufig und, erst recht, fokussiert.

Literatur

Baurmann, Jürgen/ Weingarten, Rüdiger (Hrsg.) (1995): Schreiben. Prozesse, Prozeduren und Produkte. Eine Hinführung zur Schreibforschung. Opladen: Westdeutscher Verlag

Bourdieu, Pierre (1977): Outline of a theory of practice. New York: Cambridge University Press

Castells, Manuel (2007): Comunication, power and counter-power in the network society. In: International Journal of Communication 1(1), 238–266

Ehrensberger-Dow, Maureen/ Perrin, Daniel/ Zampa, Marta (2017, in preparation): Multilingualism and media. In: *Cotter, Colleen/ Perrin, Daniel* (Eds.): Handbook of language and media. London: Routledge

Gnach, Aleksandra (2013): Produktion von Fernsehnachrichten. Unterschiede zwischen der deutsch- und französischsprachigen Schweiz. Wiesbaden: Springer VS

Gnach, Aleksandra (2017, in preparation): Social media and community. In: *Cotter, Colleen/ Perrin, Daniel* (Eds.): Handbook of language and media. London: Routledge

Goodwin, Charles (2000): Action and embodiment within situated human interaction. Journal of Pragmatics, 32(10), 1489–1522

Günthner, Susanne/ König, Katharina (2016): Kommunikative Gattungen in der Interaktion. Kulturelle und grammatische Praktiken im Gebrauch. In: *Deppermann, Arnulf/ Feilke, Helmuth/ Linke, Angelika* (Hrsg.): Praktiken. Sprache, Kommunikation, Kultur. Berlin u. a.: De Gruyter, 177–203

Habscheid, Stephan (2014): Sprachwissenschaft. Medialität der Sprache, Multimodalität der sprachlichen Kommunikation. In: *Schröter, Jens* (Hrsg.): Handbuch Medienwissenschaft. Stuttgart: Metzler, 422–426

Hanks, William (1996): Language and communicative practices. Boulder: Westview

Hicks, Troy/ Perrin, Daniel (2014): Beyond single modes and media. In: *Jakobs, Eva-Maria/ Perrin, Daniel* (Eds.): Handbook of writing and text production. New York *et al.*: De Gruyter, 231–253

Jones, Deborah/ Stubbe, Maria (2004): Communication and the reflective practitioner. A shared perspective from sociolinguistics and organisational communication. In: International Journal of Applied Linguistics 14(2), 185–211

Jones, Rodney (2017, in preparation): Expanding media. In: Cotter, Colleen/ Perrin, Daniel (Eds.): Handbook of language and media. London: Routledge

Layder, Derek (1998): The reality of social domains: Implications for theory and method. In: *May, Tim/ Williams, Malcolm* (Eds.): Knowing the Social World. Buckingham: Open University Press, 86–102

Luckmann, Thomas (1986): Grundformen der gesellschaftlichen Vermittlung des Wissens: Kommunikative Gattungen. In: *Neidhardt, Friedhelm/ Lepsius, Reiner M./ Weiß, Johannes* (Hrsg.): Kultur und Gesellschaft. Opladen: Westdeutscher Verlag, 191–211

Luginbühl, Martin/ Perrin, Daniel (2011): „das, was wir in der Tagesschau den Rausschmeißer nennen". Altro- und Ethnokategorisierung von Textsorten im Handlungsfeld journalistischer Fernsehnachrichten. In: *Habscheid, Stephan* (Hrsg.): Textsorten und sprachliche Handlungsmuster. Linguistische Typologien der Kommunikation. Berlin u. a.: De Gruyter, 577–596

Miller, Daniel/ Costa, Elisabetta/ Haynes, Nell/ McDonald, Tom/ Nicolescu, Razvan/ Sinanan, Jolynna/ Spyer, Juliano/ Venkatraman, Shriram/ Wang, Xinyuan (2016): How the world changed social media. <https://www.ucl.ac.uk/ucl-press/browse-books/how-world-changed-social-media> (2016–07–10)

Pennycook, Alastair (2010): Language as a local practice. London: Routledge

Perrin, Daniel (2003): Progression analysis (PA). Investigating writing strategies at the workplace. In: Journal of Pragmatics 35(6), 907–921

Perrin, Daniel (2012): Die Progressionsanalyse als ethnografisch-transdisziplinärer Mehrmethodenansatz. In: *Loosen, Wiebke/ Scholl, Armin* (Hrsg.): Methodenkombinationen in der Kommunikationswissenschaft. Methodologische Herausforderungen und empirische Praxis. Köln: Halem, 308–331

Perrin, Daniel (2013): The linguistics of newswriting. Amsterdam, New York *et al.*: John Benjamins

Perrin, Daniel (2015): Multimodal writing in the newsroom: Paradigmatic, syntagmatic, and navigational variants. In: *Archer, Arlene/ Breuer, Esther* (Eds.): Multimodality in writing. Emerald, 135–152

Perrin, Daniel (2016a): Vom vielschichtigen Planen. Textproduktions-Praxis empirisch erforscht. In: *Deppermann, Arnulf/ Feilke, Helmuth/ Linke, Angelika* (Hrsg.): Praktiken. Sprache, Kommunikation, Kultur. Berlin u. a.: De Gruyter, 431–455

Perrin, Daniel (2016b, in preparation): Working with large data corpora in real-life writing research. In: *Sullivan, Kirk/ Lindgren, Eva* (Eds.): Observing writing: insights from keystroke logging. Brill

Perrin, Daniel (2018, in preparation): Medieninfrastrukturen organisationaler Kommunikation. In: *Habscheid, Stephan/ Müller, Andreas/ Thörle, Britta/ Wilton, Antje* (Hrsg.): Handbuch Sprache in Organisationen. Berlin: de Gruyter

Perrin, Daniel/ Albrecht, Christine/ Dörig, Roman/ Keel, Guido/ Stücheli-Herlach, Peter/ Weber, Wibke (2009): Public Storytelling in Convergent Media. Die journalistische Schlüsselqualifikation Schreiben umfassend prüfen. Zeitschrift Schreiben. <http://www.zeitschrift-schreiben.eu/Beitraege/perrin_Storytelling.pdf> (2016-07-10)

Perrin, Daniel/ Boettcher, Ingrid/ Kruse, Otto/ Wrobel, Arne (Hrsg.) (2002): Schreiben. Von intuitiven zu professionellen Schreibstrategien. Wiesbaden: Westdeutscher Verlag

Perrin, Daniel/ Wyss, Vinzenz (2016): In die Geschichten erzählen. Die Analyse von Narration in öffentlicher Kommunikation. In: *Averbeck-Lietz, Stefanie/ Meyen, Michael* (Hrsg.): Handbuch nichtstandardisierte Methoden der Kommunikationswissenschaft. Wiesbaden: Springer VS, 241–255

Pigg, Stacey/ Grabill, Jeffrey T./ Brunk-Chavez, Beth/ Moore, Jessie L./ Rosinski, Paula/ Curran, Paul G. (2014): Ubiquitous writing, technologies, and the social practice of literacies of coordination. In: *Written Communication* 31(1), 91–117

Rushkoff, Douglas (2010): Program or be programmed. New York: OR Books

Schmitz, Ulrich (2004): Sprache in modernen Medien. Einführung in Tatsachen und Theorien, Themen und Thesen. Berlin: Schmidt

Scollon, Ron (2001): Mediated Discourse. The nexus of practice. London: Routledge

Storrer, Angelika (2010): Über die Auswirkungen des Internets auf unsere Sprache. In: *Burda, Hubert/ Döpfner, Mathias/ Hombach, Bodo/ Rüttgers, Jürgen* (Hrsg.): 2020. Gedanken zur Zukunft des Internets. Essen: Klartext Verlag, 219–224

Varela, Francisco J./ Thompson, Evan/ Rosch, Eleanor H. (1991): The embodied mind. Cognitive science and human experience. Cambridge: MIT Press

Wenger, Etienne (1998): Communities of practice. Learning, meaning, and identity. Cambridge: Cambridge University Press

Bettina M. Bock (Leipzig)

Texte in „Leichter Sprache" schreiben

Zwischen Regelerfüllung und Kontext-Angemessenheit

Abstract: „Leichte Sprache" as the equivalent to Easy-to-read and a form of accessible communication has been established in the German-speaking countries since the early 2000s. It is addressed to people with learning disabilities and other groups with difficulties in reading and understanding (simple and complex) written text. The main objective of this article is to contrast the current practical approaches to text production, which are mainly based on simple lists of commandments and prohibitions, with linguistic research. The central theoretical contrasting concept for this description is the concept of appropriateness (Angemessenheit). In an empirical view on common approaches to the production of "Leichte Sprache" texts there are analysed two qualitative interviews with writers from different contexts.

1 Vorhaben

Die Forschungslandschaft zu „Leichter Sprache" hat in den letzten Jahren besonders im Bereich der Linguistik eine rege Entwicklung genommen (s. die Debattenbeiträge in Deutsch Didaktik 38/2015). Das Schreiben solcher Texte hat bisher allerdings so gut wie keine Beachtung gefunden. Ziel des Beitrags ist es, derzeit übliche Schreibpraktiken in der Umsetzung „Leichter Sprache" zu untersuchen und sie vor dem Hintergrund von Textlinguistik und Schreibforschung kritisch einzuordnen. Im Vordergrund steht dabei die Frage, inwiefern die Empfehlungen in gängigen Regelkatalogen zu angemessenen Texten führen (können). Ergänzt wird diese Untersuchung durch die Analyse von zwei (von insgesamt zwölf geführten) qualitativen, leitfadengestützten Interviews, in denen exemplarisch individuelle Sichtweisen und Schreibpraktiken einzelner Akteure nachvollzogen werden (Kap. 4).

„Leichte Sprache" muss als laienlinguistisches Phänomen (i. S. v. Antos 1996, Furnham 1988) charakterisiert werden, in dem sich zu einem großen Teil (vermeintliches) Common-Sense-Wissen über das Schreiben verständlicher, ‚guter' Texte widerspiegelt (Bock/Antos i. E.). Eine umfassende empirische Überprüfung der Wirksamkeit der derzeitigen Praxis steht, insbesondere für die Hauptzielgruppe Menschen mit Lernschwierigkeiten[1], derzeit noch aus. Zur Schreib- und Textpraxis gehört auch ein bestimmtes – teilweise sehr einfaches – Verständnis von Textqualität bzw. von der Funktionalität und Angemessenheit von Texten. Dieses praktische Angemessenheits-Verständnis wird, genau wie die Praxis selbst, fortlaufend im Gebrauch reproduziert. Es gibt also etablierte, gefestigte Praktiken in der Produktion von „Leichte Sprache"-Texten[2], es gibt auch etablierte Institutionen im Feld. Dennoch beruht die Praxis auf primär intuitiv entwickelten Prinzipien (Kap. 2), d. h. wesentliche Grundlagen seitens der Forschung stehen derzeit noch aus (Kap. 3).[3] Die mittlerweile große Zahl an Akteuren im Feld, die Texte in „Leichter Sprache" anbietet, hat unterschiedliche fachliche Hintergründe: Sozialarbeiter und Sozialpädagogen, diakonische Mitarbeiter, Erziehungs- und Sozialwissenschaftler, Übersetzer, Germanisten etc.

Als Umbruchs- oder Übergangsphänomen kann man „Leichte Sprache" insofern bezeichnen, als es sich noch immer in Entwicklung befindet und sowohl Forschung als auch Praxis zunehmend akuten Weiterentwicklungsbedarf feststellen (vgl. auch Bock 2015a, 2015c). Das Label „Leichte Sprache" kann als etabliert gelten, seine inhaltliche Füllung muss jedoch als vorläufig gelten. Die aktuelle Lage ist in vielerlei Hinsicht heterogen: Texte, die einem bestimmten Label zugeordnet werden, erweisen sich in ihrer sprachlichen und typografischen Gestaltung als sehr verschieden. Es gibt eine Vielzahl unterschiedlicher Bezeichnungen und Ansätze, die alle das Ziel haben, die Erstellung verständlicher Texte für gewisse Zielgruppen zu ermöglichen (neben „Leichter Sprache" auch „Leicht Lesbar", „einfache Sprache", „einfach gesagt" usw.). Für ein und dasselbe Label geben verschiedene Akteure teilweise verschiedene Zielgruppen an. Die Landschaft ist auch geprägt von (v. a. politisch motivierten) „semantischen Kämpfen" und strategischen Begriffsbesetzungen (vgl. Lange/Bock 2016). Das *Netzwerk Leichte Sprache* versteht sich selbst als „Dachorganisation" aller Bemühungen in diesem Bereich und kann noch immer als Ideology Broker (Blommaert 1999, 9) bezeichnet werden: Dem *Netzwerk* sowie einzelnen in ihm engagierten Akteuren (wie der Lebenshilfe oder der Arbeiterwohlfahrt) kommt also eine Autorität in der Debatte

1 Selbstgewählte Bezeichnung von Menschen mit geistiger Behinderung.
2 Was natürlich nicht bedeutet, dass ausnahmslos alle Akteure genau denselben Prinzipien folgen, siehe dazu die beispielhaft ausgewählten Interviews (Kap. 4).
3 Die theoretische Forschung zu „Leichter Sprache" an der Universität Hildesheim um Christiane Maaß bezieht sich auf die Zielgruppe der Hörgeschädigten (schließt also unmittelbar an die Tradition der Textoptimierungsforschung an der Universität Halle um Christa Schlenker-Schulte und Susanne Wagner an), weshalb sie im Folgenden nur am Rande eine Rolle spielen wird.

zu (vgl. auch Zurstrassen 2015, 127, 131 f.). Das gilt auch für den Regelkatalog des *Netzwerks Leichte Sprache* (2013). Die Praktiken und Überzeugungen im Feld sind zweifellos vielfältig. Der Fokus liegt im Beitrag auf dem *Netzwerk Leichte Sprache* als die Schreibpraxis prägendem Akteur, an dem die Notwendigkeit zur Weiterentwicklung des derzeitigen Ansatzes „Leichter Sprache" m. E. sehr deutlich wird.

2 Zur derzeitigen Situation: Schreiben in „Leichter Sprache"

2.1 Schreiben nach Regeln: Erfüllen eines Normkodex und Imitation der üblichen Praxis

„Leichte Sprache" wird in der Praxis meist weniger durch ihre Zielstellung – Teilhabe und Barrierefreiheit für bestimmte benachteiligte Gruppen – charakterisiert, als durch bestimmte sprachlich-textuelle Merkmale, die in den vergangenen Jahren in der Praxis üblich geworden sind und sich zunehmend als Definitionsmerkmale herausgebildet haben (vgl. Netzwerk Leichte Sprache 2013; Inclusion Europe 2009a). Anbieter definieren das Label „Leichte Sprache" häufig über die Erfüllung bestimmter Merkmale der Textoberfläche: Texte in „Leichter Sprache" sind dann diejenigen Texte, die sich an bestimmte Regeln halten.

Problematisch an dieser Regelorientierung sind zum einen die Regeln selbst, da sie empirisch nicht überprüft sowie mehrheitlich pauschal und unklar formuliert sind und nur einige Aspekte berücksichtigen, die die Verständlichkeit von Texten beeinflussen (vgl. auch Zurstrassen 2015, 127 ff.; Kuhlmann 2013, 38 f.). Noch gravierender ist aber, dass durch das Postulat universeller Gültigkeit dieser Regeln die Verschiedenheit der Anforderungen von Textsorten in unterschiedlichen Kommunikationszusammenhängen nicht berücksichtigt werden kann. Es wird ein recht einfaches Verständnis des Schreibprozesses als ‚Umsetzung von festgeschriebenen Regeln' transportiert. Die Vielzahl an Faktoren, die zusammenspielt und einen Text zu einem funktionalen, ‚guten' Text macht – und die vom Schreiber auch „koordiniert" werden muss –, wird so ausgeblendet.

Am verbreitetsten ist in der Praxis der Regelkatalog des *Netzwerks Leichte Sprache* (2013), den auch das Bundesministerium für Arbeit und Soziales unverändert in seinen „Leichte Sprache"-Ratgeber übernommen hat (BMAS 2014). „Leichte Sprache" wird dort als ein Ansatz für den mündlichen und schriftlichen Sprachgebrauch verstanden, der durch die aufgestellten Sprach- und Designregeln definiert ist:

> Das ist Leichte Sprache:
> Leichte Sprache ist eine sehr leicht verständliche Sprache.
> Man kann sie sprechen und schreiben.

Leichte Sprache ist vor allem für Menschen mit Lern-Schwierigkeiten.
[…]
Für Leichte Sprache gibt es feste Regeln.
Menschen mit und ohne Lern-Schwierigkeiten haben
die Regeln gemeinsam aufgeschrieben.
Jeder kann die Regeln für Leichte Sprache lesen. (Netzwerk Leichte Sprache 2013)

Der Hauptteil des Netzwerk-Regelkatalogs besteht aus einer Sammlung von Ge- und Verboten bezüglich der sprachlichen Merkmale von Texten und bezüglich des Textdesigns:

> Benutzen Sie einfache Wörter. / Benutzen Sie einen einfachen Satz-Bau. / Schreiben Sie kurze Sätze. / Erklären Sie schwere Wörter./ Benutzen Sie Bilder. / Benutzen Sie eine einfache Schrift.

Anders als beispielsweise die erste europäische Richtlinie für „leichte Lesbarkeit" (Freyhoff et al. 1998), in der nicht lediglich sprachliche „Regeln" formuliert werden, sondern auch der Kontext als Faktor des Textproduktionsprozesses thematisiert wird, kodifiziert der Regelkatalog des Netzwerks isolierte, d. h. mit kontextunabhängigem Geltungsanspruch versehene, sprachliche Normen. Es werden dichotom als „gut" oder „schlecht" bewertete Beispiele angeführt, die Regeleinhaltung und Regelverstoß illustrieren sollen. Auf den Textproduktionsprozess geht dieser Regelkatalog (wie die allermeisten anderen) nicht ein. Dies ist durchaus typisch für laienlinguistische Sprachratgeber (vgl. Antos 1996, 32, 36): Bevorzugt werden einfach vermittelbare Inhalte, die generalisierend bewertet (aber i. d. R. weder strukturell noch in ihrer Funktionalität erklärt) werden, die Bedeutung externer, insbesondere situativer Kontextfaktoren wird unterschätzt. Den Netzwerk-Regeln liegt in diesem Sinne die implizite Annahme zugrunde, dass die Einhaltung aller 48 Regeln automatisch zu einem ‚guten Text' führt. Was genau ‚guter Text' heißt, wird freilich nicht ausführlich reflektiert. Eine spezifische Bedingung von Textqualität ist in der Netzwerk-Leichte-Sprache-Community die „Prüfung" durch Zielgruppenvertreter. Wie dieser Prüfprozess zu erfolgen habe und wie Personen auszuwählen sind, damit aussagekräftige Ergebnisse erarbeitet werden können oder wie die – häufig widersprüchlichen – Prüfresultate in den Schreibprozess einfließen sollten, bleibt jedoch offen bzw. vage. Auch die sehr allgemeine Formulierung der Sprach- und Design„regeln", macht eine „normgerechte" Textrealisierung (auch im Sinne des Netzwerks) eigentlich unmöglich, da – kaum erstaunlich – nicht näher spezifiziert wird, was einfache oder schwere Wörter eigentlich sind, was ein einfacher Satzbau oder was geeignete Bilder. M. E.

birgt diese Pauschalität und ungeprüfte Generalisierung von Verboten[4] sogar die Gefahr, dass die Reflexion über die Angemessenheit gewählter Formulierungen und typografischer Gestaltung bei den Schreibern eher weniger oder zumindest weniger offen stattfindet als ohne solch ein „Regelkorsett".

Bei der Umsetzung bleibt für den Textproduzenten letztlich unklar, was eine „normgerechte" Realisierung eigentlich ausmacht. Das kommt auch in den Interviews zum Ausdruck, wenn Schwierigkeiten mit der Umsetzung der Regeln angesprochen werden. Die Idee einfacher Sprach-Regeln (wie auch bei Maaß 2015) vernachlässigt die pragmatische Dimension von Kommunikation: ihre situative Einbindung und die kontextabhängige Relativität ihres Gelingens (s. Kap. 2.2).

Der Regelkatalog ist selbst in „Leichter Sprache" verfasst, stellt also nicht nur einen Normkodex, sondern auch selbst eine Art Mustertext dar. Dem Prinzip nach wird auf ein imitierendes Erfüllen vorgegebener Schreibnormen und Muster gesetzt, wobei sich diese Vorgaben auf die Formulierungsebene und insbesondere mikrostrukturelle Hinweise beschränken. Was Baumann für die Entwicklung schriftsprachlicher Fähigkeiten im Kontext Schule konstatiert hat, gilt auch hier:

> Die zumeist deduktive Vermittlung einiger normativ gesetzter Merkmale ist weder hilfreich noch curricular reflektiert. Schreiben im Sinne der Textproduktion ist mehr als das Erfüllen einiger Merkmale – oder negativ ausgedrückt: Wer Schreib-Vorschriften abarbeitet (genau beschreiben, dabei treffende Adjektive benutzen, eine bestimmte Tempusform einhalten), dem gelingt kaum ein guter Text, abgesehen davon, dass gerade jüngere Schreiberinnen und Schreiber gedanklich schon daran scheitern, vorgegebene Merkmale in passende Texte oder Textteile umzusetzen. (Baumann 2013, 22)

Baumanns Aussage paraphrasierend, lassen sich für „Leichte Sprache" folgende Probleme feststellen: Dem Regelkatalog des *Netzwerks Leichte Sprache* (2013) liegt – wie den allermeisten anderen (auch linguistisch reformulierten) Regelkatalogen – eine bloße Imitations- und Erfüllungslogik zugrunde, die in den Worten Baumanns auf ein ‚Abarbeiten von Vorschriften' ausgelegt ist. Die verschiede-

---

4   Pauschale Regeln wie „Vermeiden Sie Redewendungen und bildliche Sprache" oder „Benutzen Sie positive Sprache" (d. h.: keine Negation) sind in ihrer Wirksamkeit beispielsweise nicht einfach zu bestätigen: Das Metaphern-Verbot widerspricht Erkenntnissen der kognitiven Metaphernforschung, die davon ausgeht, dass gerade sprachliche Bilder den Zugang zu komplexen Sachverhalten zu öffnen in der Lage sind. Untersuchungen des BMAS-Projekts „LeiSA (Leichte Sprache im Arbeitsleben)" an der Universität Leipzig <http://research.uni-leipzig.de/leisa> zeigen außerdem, dass Negation mit ‚nicht' und sogar teilweise ‚weder–noch' weniger problematisch sind, als die Regelkataloge annehmen. Für viele andere Regeln ergeben sich ähnliche Spannungen zwischen der Praxis „Leichter Sprache" und den Erkenntnissen der Forschung.

nen Gebrauchsbedingungen und Funktionen von Texten, die unterschiedliche Textsorten hervorbringen und entsprechend unterschiedliche sprachliche Mittel fordern, werden ausgeblendet. Die Hinweise beschränken sich auf die stilistisch-formulative Ebene von Texten und blenden sowohl die thematisch-propositionale wie die handlungstypisch-illokutive Ebene aus (Fix 2008, 71). Mit Bezug auf Feilkes Ansatz der Textprozeduren gesprochen, verfügen kompetente Schreiber allerdings nicht nur über bestimmte sprachliche Ausdrücke, sondern auch über „textprozedurale Handlungsschemata, denen sie differenzierte Inventarien textueller Gliederungsmuster, syntaktischer Konstruktionen und lexikalischer Kollokationen zuordnen können" (Feilke 2014, 19). Der Regelkatalog beschränkt nun zum einen die „zugelassenen" Ausdrucksinventarien und blendet zum anderen die Handlungsseite, z. B. die textliche Entfaltung des Themas oder die den Text konstituierenden Sprachhandlungen, aus. Wie es oben bereits als typisch für laienlinguistische Literatur beschrieben wurde, werden stattdessen sprachliche und typografische Merkmale ohne Begründung (und empirische Fundierung) als verbindliche Normen gesetzt und mit einem universellen Anspruch auf Gültigkeit und Funktionalität versehen. Diese normative Herangehensweise ist mit der Bewertung sprachlich-textueller Merkmale nach einem einfachen richtig/falsch-Schema verbunden.

Was einen Text zu einem situativ geeigneten, funktionalen und passenden Text macht und wie das übergeordnete Ziel kommunikativer Teilhabe je nach Kommunikationsbereich zu erreichen ist, wird in den Regelkatalogen „Leichte Sprache" nicht thematisiert. Dadurch, dass die einzelnen Regeln nicht begründet und auch nicht kontextualisiert werden, können sie auch kaum zu einer Vorstellung von Textqualität oder einer differenzierten Textbeurteilungskompetenz bei den Schreibern beitragen. Nun muss und kann ein Leitfaden dieser Art es auch nicht allein leisten, eine umfassende Textkompetenz beim Nutzer zu entwickeln. Tatsächlich bieten Mitglieder des *Netzwerks Leichte Sprache* Schulungen an, und zwar sowohl für Schreiber („Übersetzer") als auch für „Prüfer". Im Mittelpunkt dieser Schulungen steht allerdings wieder die Vermittlung des Regelkatalogs. Das zeigt m. E. erneut die Identifizierung des Textproduktionsprozesses mit der Einhaltung einer überschaubaren Zahl an einfachen Sprach- und Designregeln, die wesentliche Aspekte von Texten und Schreibprozess unbeachtet lassen. Auch in den geführten Interviews[5] wurde der Regelkatalog immer wieder als zentraler Bezugspunkt beim Schreiben und auch beim „Erlernen" „Leichter Sprache"

---

5   Insgesamt wurden Interviews mit 12 gezielt ausgewählten Akteuren geführt, in diesem Artikel werden nur zwei näher betrachtet.

angeführt. Andere Materialien gehen zwar auf den Schreibprozess ein, bleiben aber letztlich sehr allgemein (Inclusion Europe 2009b) oder beschreiben ein Schulungsprogramm, dass das Schreiben von Texten nur als randständigen Programmpunkt vorsieht und eher auf die politische Durchsetzung fokussiert[6] (Inclusion Europe 2009c).

Problematisch am Netzwerk-Regelkatalog (2013) ist außerdem, dass meso- und makrostrukturelle Aspekte des Textes und der Textproduktion so gut wie gar nicht berücksichtigt werden. Beispielsweise wird das Thema Textkohärenz berührt, aber letztlich doch nur als Frage auf Wort- oder Satzebene behandelt: Als Folge des Gebots, Sätze zu verkürzen und „pro Satz nur eine Information" unterzubringen (ebd., 17), werden Konnektoren und insbesondere Konjunktionen in „Leichte Sprache"-Texten allgemein vermieden. Als „zulässig auch am Satzanfang" werden folgende Konjunktionen aufgezählt: oder, wenn, weil, und, aber (ebd., 18). Es werden aber auch an dieser Stelle keine weiteren Schlüsse im Hinblick auf Satz- und Textverknüpfung oder Informationsstruktur gezogen. Das vierte Kapitel des Regelkatalogs widmet sich dem Namen nach der Textebene, allerdings richtet sich die Darstellung auch hier immer wieder auf die lokale Formulierung: Im Abschnitt zur Regel „Schreiben Sie alles zusammen, was zusammen gehört." (ebd., 20) wird z. B. dargestellt, wie Verweise im Text – wo sie denn nicht vermeidbar seien – formuliert werden können: nämlich als ganzer Satz statt nur als Klammerangabe (Netzwerk Leichte Sprache 2013, 20).

Auch im Hinblick auf das Textprodukt bietet der Regelkatalog also nicht unbedingt die entscheidenden Hinweise, denn für Textqualität ist gerade die Makroebene entscheidend, wie in der Literatur immer wieder für unterschiedliche Schreibkontexte festgestellt wird:

> Ein guter Schreiber unterscheidet sich also von einem schlechten unter anderem dadurch, daß er im richtigen Moment seine Aufmerksamkeit von der lokalen Ebene entfernt und vorübergehend auf die globale Ebene oder die Makroebene richtet und auf diese Weise vermeidet, Formulierungen zu produzieren, die dem Skript widersprechen. (Keseling 1993, 142)

Natürlich schließt der Regelkatalog nicht aus, dass Schreiber genau dies im richtigen Moment tun, aber er berücksichtigt es selbst nicht und regt auch nicht dazu an. Vielmehr legt er nahe, das Formulieren von Sätzen im Sinne der Regelkatalog-

---

6 „Erklären Sie Ihren Teilnehmerinnen und Teilnehmern, wie wir seit vielen Jahren für verständliche Informationen kämpfen. Erklären Sie, dass viele Gruppen an der Leichten Sprache arbeiten. Erklären Sie, wie wichtig Selbstvertretungs-Gruppen in diesem Zusammenhang sind." (Ebd., 8)

Norm führe automatisch zu guten Texten. Die Regeln erscheinen als zentrale Bedingung für Textqualität:

> Nur wenn man sich an alle Regeln hält, dann ist der Text wirklich gut.[7]
> Damit man gute Information machen kann, muss man sich an Regeln halten. (Inclusion Europe 2009a, 7)

In den geführten Interviews zeigt sich, dass der Regelkatalog als eine Autorität verstanden wird, an die man sich halten müsse. Gleichzeitig beschreiben fast alle Schreiber Konflikte in der praktischen Umsetzung der Regeln.

2.2 Einfaches, starres Regelprinzip vs. Angemessenheit

Was genau lässt das bloße Abarbeiten von Regeln aus bzw. offen? In drei Schlagworten: die Berücksichtigung der Zielstellung des jeweiligen Textes im Schreibprozess, seinen Kontext und die Frage, wann ein Text eigentlich als gelungen gelten kann. Alle drei Aspekte hängen zusammen und lassen sich theoretisch unter dem Konzept der Angemessenheit fassen (vgl. Bock 2015d).

Jeder Kommunikationsvorgang, ob mündlich oder schriftlich, Produktion oder Rezeption, ist von (Sprach-)Bewertungen bei den Kommunikationsteilnehmern begleitet (vgl. Fix 1995, 65). Die Bewertungsmaßstäbe müssen unterschiedlichen Situationen und Bedingungen genügen, denn ‚den einen‘, richtigen Sprachgebrauch gibt es nicht. Das gehört (eigentlich) auch zum Common-sense-Wissen jedes Sprachverwenders. Angemessenheit als Bewertungsattribut berücksichtigt, zurückgehend auf das klassisch rhetorische aptum, genau das: Ein Text kann immer nur (un-)angemessen in Bezug auf etwas sein, z. B. den Adressaten oder die Situation.[8] Diese Kontextrelativität findet sich in den absolut definierten Regeln mit ihren dichotomen Bewertungsschemata gerade nicht. Die gängigen Regelkataloge und Hinweise richten ihre Empfehlungen (dem Selbstverständnis nach) zwar am Adressaten aus. Problematisch ist aber, dass keine anderen Aspekte einbezogen werden. Die Adressatengruppe fungiert als ultima ratio für die derzeitige Praxis, kann aber allein keine Legitimation für Vereinfachung jeglicher Art sein.

In der klassischen antiken Rhetorik beschreibt das aptum (bzw. prepon) als rednerische Tugend „das grundlegende regulative Prinzip" der Redeproduktion (Ueding/Steinbrink 1994, 216): Der Redner muss die jeweils angemessenen sprachlichen Mittel im Hinblick auf Dimensionen wie den Adressaten, die Rede-

---

7 <http://leichtesprache.org/index.php/startseite/der-verein/unsere-ziele> (01.08.2016)
8 Für einen Überblick über die linguistische Forschung zur Angemessenheit s. Kilian/Niehr/Schiewe (2010, 40 ff.) und für aktuelle Entwicklungen: Arendt/Schäfer (2015).

situation und den Redegegenstand auswählen (vgl. für die linguistische Reflexion der Angemessenheitsdimensionen Kilian/Niehr/Schiewe2010, 40 ff.). Nichts anderes geht bei der Produktion schriftlicher Texte vor sich. Die angemessenen sprachlichen und typografischen Mittel sind in jedem Schreibprozess vom Verfasser neu abzuwägen (und nicht universell festgeschrieben). Diese Abwägung erfolgt natürlich ausgehend von kulturell konventionalisierten Textsorten und kommunikativen Praktiken. Auch fundierte Hinweise zu sprachlichen Strukturen, die für spezifische Adressatengruppen Verstehenshürden darstellen, können Orientierung geben, müssen aber stets mit den jeweiligen kommunikativen Anforderungen des zu schreibenden Textes koordiniert werden: Ein Text, der für einen Leser zwar (satz- und wortweise) verstehbar ist, den Gegenstand aber unzulässig simplifizierend darstellt, ermöglicht dem auf solche Texte angewiesenen Leser keinen angemessenen Zugang zu einem Themenbereich. Auch ein Text, der ‚leicht' verstehbare sprachliche Strukturen verwendet, aber letztlich nicht zu erkennen gibt, wozu er eigentlich da ist, „was der Leser mit ihm anfangen soll", kann kaum als gelungen gelten. Dass maximale Verständlichkeit gar nicht immer das oberste Ziel ist, zeigen zudem Texte im Kommunikationsbereich Religion: Anders als beispielsweise bei einer Bedienungsanleitung, bei der eindeutig festzulegen ist, wann ein Text angemessen gestaltet ist (nämlich wenn die beschriebenen Schritte richtig und effektiv ausgeführt werden können), ist dies bei einem Psalm oder einer biblischen Lesung ungleich schwieriger zu bestimmen (s. Interview in Kap. 4.1.). Die Bewertung eines Textes und seiner Merkmale als (un-)angemessen richtet sich also wesentlich nach seiner Funktion und seinem Verwendungszusammenhang. Diese Bewertungsprozesse bilden auch während des Schreibprozesses den Leitfaden.

Im Fall „Leichter Sprache" ist der Schreibprozess in mancherlei Hinsicht eine Herausforderung (s. Kap. 3). Die Schwierigkeit des Abwägens soll kurz veranschaulicht werden, und zwar an der Textsorte Wahlprogramm. Alle großen Parteien stellen mittlerweile Wahlprogramme in „Leichter Sprache" zur Verfügung, die sprachliche und typografische Umsetzung ist – je nach Anbieter – unterschiedlich. Die Funktion von Wahlprogrammen besteht zunächst einmal darin, über die Ziele einer Partei zu *informieren* (Informationsfunktion) und potenzielle Wähler von diesen Zielen zu *überzeugen* (Appellfunktion). Diese Funktionen müsste auch eine „leichte" Wahlprogrammfassung erfüllen, wenn politische Teilhabe ermöglicht werden soll. Betrachtet man beispielhaft die „leichte" Fassung des SPD-Bundestagswahlprogramms von 2013, zeigt sich, dass da, wo in einem Wahlprogramm ausführliche Argumentation oder zumindest knappe Begründung erwartbar wären, darauf verzichtet wird. Ziele und Forderungen werden stattdessen eher konstatierend vorgebracht, aber kaum als anstrebenswert dargestellt, wie im folgenden Beispiel:

> Wir wollen mehr feste Arbeitsplätze.
> Das bedeutet: Firma und Mitarbeiter zahlen einen Teil vom Lohn
> in die **Sozial-Versicherung**.
> **Sozial-Versicherung** ist zum Beispiel die Renten-Versicherung.
> Oder die Kranken-Versicherung.
> Ein Teil vom Lohn zahlt man für diese Versicherungen. (SPD-Wahlprogramm LS: 18,
> Hervorh. i. Orig.)

Die Vorteile „fester Arbeitsplätze" werden nicht erwähnt. Es überrascht, dass hier nicht um Zustimmung geworben, sondern das Textverständnis weitgehend der Inferenzziehung und dem Weltwissen der Leser überlassen wird.[9] Die politischen Inhalte werden zudem häufig so allgemein formuliert („Alle Menschen sollen gut zusammen leben./ Alle sollen gut miteinander umgehen./ Jeder Mensch soll mitmachen können.", ebd., 17), dass die Parteien kaum mehr zu differenzieren sind. Eine Wahlentscheidung auf Basis solcher Texte ist dann eigentlich nicht mehr möglich. Die Texte werden weder ihrer Funktion, noch dem Sender, noch ihrem Gegenstand gerecht – und durch all das vor allem nicht den Adressaten. Die Schreiber solcher „Leichte Sprache"-Texte müss(t)en sich also nicht nur die Frage stellen ‚Was ist für die *Adressaten* verständlich?' (wie es bereits getan wird), sondern auch: Welche Art der sprachlichen Darstellung erfordern *Gegenstand* und *Sender* (in diesem Fall: die Partei)? Wozu soll der Text dienen und wie muss der Text sprachlich und typografisch gestaltet sein, damit er seine *Funktion* beim Adressaten erfüllt?

2.3 Verständnis des Textproduktionsvorgangs: Sprache als variable Hülle eines nicht wesentlich veränderten inhaltlichen Kerns

Der Textproduktionsprozess wird in der Praxis „Leichter Sprache" meist als Übersetzung konzeptualisiert. Wenn im Gegensatz dazu kein „schwerer" Ausgangstext existiert, wird allgemein vom Schreiben gesprochen. Mit dem (Laien-)Konzept der Übersetzung verbunden ist meist die Vorstellung weitgehender inhaltlicher Äquivalenz zwischen Ursprungstext und „Leichte Sprache"-Text (s. Zitate unten). Dahinter steht ein oberflächenfixiertes Verständnis von Sprache und Sprachgebrauch, von dem die derzeitige Praxis geprägt ist: Zum einen zeigt sich das, wie gesehen, in der Kopplung von Textqualität an die Einhaltung bestimmter Sprach-

---

9 Dieses und weitere Probleme der Wahlprogramme in „leichter" und „einfacher" Sprache wurden ausführlich dargestellt in Bock (2015b).

regeln. Zum anderen zeigt sich die Oberflächenfixierung darin, dass Fragen, die den Inhalt der Texte oder allgemein die Sinnebene von Sprache betreffen, meist gar nicht thematisiert werden. Bei genauerer Betrachtung wird deutlich, dass eine regelrechte gedankliche Entkopplung von sprachlicher Oberfläche und Sinn-/ Inhaltsebene vollzogen wird – sei es als unbewusste Folge der Herangehensweise an die Texterstellung oder als ausdrückliche Annahme. Dieses Missverständnis ist kein bloßes theoretisches Problem, sondern hat unmittelbare Folgen für die Wirksamkeit der geschriebenen Texte. Die Texte sollen benachteiligten Lesergruppen, allen voran Menschen mit Lernschwierigkeiten, Zugang zu Kommunikation und Informationen eröffnen, an denen sie sonst nicht teilhaben könnten. Das ist der Kern der Idee barrierefreier Kommunikation (die freilich nie Barrierelosigkeit bedeuten kann, sondern lediglich Barrierenabsenkung). Die Annahme, dass die „Übersetzung" in „Leichte Sprache" – zugespitzt formuliert – lediglich in der Veränderung der sprachlichen Hülle um einen weitgehend konstanten inhaltlichen Kern bestehe, kann m. E. das Ziel (informationeller) Teilhabe gefährden: Der Frage, welche Informationen (auch im Sinne konnotativer Bedeutung) im konkreten Text tatsächlich kommuniziert werden oder wie Inhalte sinnvoll zu selektieren, zu raffen, zu verallgemeinern oder aufzugliedern sind, wird eher wenig Aufmerksamkeit geschenkt.

Das Netzwerk Leichte Sprache beschreibt in seinen „Regeln für das Qualitäts-Siegel" (2014, 3), was es unter ‚gute' „Leichter Sprache" versteht: Außer der tautologisch anmutenden Feststellung, dass sich die Qualität „Leichter Sprache" in „Texte[n] in guter Leichter Sprache" ausdrücke, wird als zentral für Textqualität – außer der Regeleinhaltung und der Prüfung durch Zielgruppenvertreter – angeführt, dass „alle wichtigen Informationen" enthalten sind. In der Formulierung wird deutlich, dass schon ein Bewusstsein darüber vorhanden ist, dass sich bei der Übertragung von Texten in „Leichte Sprache"-Fassungen etwas am Inhalt ändert. Gleichzeitig wird die Annahme postuliert, dass der Informationsverlust aber nur Nebensächliches betreffen könne bzw. betreffen solle: ‚Alles Wichtige', der Informationskern, sei schließlich enthalten. Auch in den Interviews wird immer wieder die Überzeugung formuliert, dass durch die Übertragung in „Leichte Sprache" keine wesentlichen Informationen verloren gingen. Gedacht wird hierbei in der Regel an Sach- bzw. Primärinformationen. Nur von wenigen Interviewten wird auch der stilistische Sinn von Äußerungen (i. S. v. Fix 2004) reflektiert, wie z. B. textsorten- oder kommunikationsbereichsspezifische sprachliche Muster und deren Funktion oder allgemein Stilwirkung und sekundäre Botschaften durch Sprachstil. Aber selbst wenn man nur von der Ebene der Sach- bzw. Primärinformationen ausgeht, erscheint die Überzeugung, es gehe durch „Leichte Sprache"

nichts Wesentliches verloren, als problematisch: Wie im Sinne des „Qualitäts-
Siegels" wichtig von unwichtig zu unterscheiden ist oder was genau mit ‚Informationen' gemeint ist, wird an keiner Stelle konkretisiert. Praktisch wird diese Frage
für eine Bedienungsanleitung einfacher zu beantworten sein als für einen Psalm
oder ein Wahlprogramm – nur wird auch diese Unterscheidung so ausdrücklich
nicht getroffen. Problematisch bleibt, dass Regelkatalog und „Qualitäts-Regeln"
die Komplexität dieser Frage nivellieren und marginalisieren. Die Interviews zeigen demgegenüber, dass einzelne Schreiber im Schreibprozess sehr intensiv über
diese Fragen sowie über Maßstäbe und Umfang der Sinnreduktion (und Angemessenheit in Bezug auf andere Aspekte) reflektieren und sich entsprechende
Problemlösemodelle zurechtlegen.

Linz (2013) hat gezeigt, dass die Praxis „Leichter Sprache" ein fehlendes Bewusstsein für das Abhängigkeitsverhältnis von sprachlicher Form und Sinn offen-
bart. Dominant sei eine repräsentationale Sprachauffassung, die davon ausgeht,
dass sich Sinn unabhängig von der sprachlichen Form konstituiert. Diese Feststellung lässt sich m. E. im Hinblick auf programmatische Äußerungen einiger
Akteure im Feld sogar noch zuspitzen.

Die Fixierung auf Regeln für die ‚sprachliche Oberfläche' und die Vorstellung von automatisch aus der Regeleinhaltung resultierender Textqualität beim
Netzwerk Leichte Sprache wurde bereits kritisch beschrieben. Darin zeigt sich
eine Entkopplung von Sinnebene und sprachlicher Form, oder wenigstens eine
Unterschätzung der Sinnebene. In einigen Äußerungen begegnet man nun sogar
der Auffassung, es sei möglich, Texte nach bestimmten, festen Prinzipien einfach in eine „leichte" Form zu transformieren – ohne den Inhalt anzutasten. So
trennt ein Anbieter „einfacher Sprache" beispielsweise zwischen der Arbeit an der
Sprache und der Arbeit am Inhalt – wobei undeutlich bleibt, wo die Trennlinie
eigentlich gezogen wird:

> Beim Vereinfachen von Texten geht es vor allem um leicht verständliche Sprache. Doch
> das ist nicht das einzige. Wir von Klar & Deutlich gucken uns auch den Inhalt Ihrer
> Texte an. Oft ist ein Text leichter lesbar, wenn er kürzer und damit übersichtlicher ist.[10]

Das *Netzwerk Leichte Sprache* äußert in seinem Regelkatalog eine hochgradig
diffuse Vorstellung des Verhältnisses von sprachlicher Form und Sinn. Einige
der Interviewten, die ihre Arbeit explizit in die Tradition des *Netzwerks* einordnen, beschreiben, dass gerade der Umgang mit der Informationsreduktion eine
Herausforderung im Schreibprozess darstellt. Sicher auch aus dieser praktischen

---

10   <http://www.klarunddeutlich.de/cms/website.php?id=/de/index/wwfstk/vereinfachung.
     htm> (01.08.2016)

Erfahrung heraus versucht das Netzwerk durch die pauschale Feststellung zu entlasten:

> Sie dürfen einen Text beim Schreiben in Leichter Sprache verändern. Inhalt und Sinn müssen aber stimmen. (Netzwerk Leichte Sprache 2013, 21)

Es klingt wieder die Vorstellung an, dass die Veränderung der sprachlichen Form nicht mit wesentlichen „Verlusten" auf der inhaltlichen Seite einhergehen müsse. Natürlich gibt es auch differenziertere Überlegungen dazu, wie Texte verändert werden, wenn sie in „Leichte Sprache" übertragen werden. Die Diskussion um die Zugänglichkeit und Verständlichkeit religiöser Texte bspw. hat innerhalb der Kirche eine lange Tradition. Insofern erstaunt es wenig, dass hier auch in Bezug auf die Zielgruppen „Leichter Sprache" recht differenzierte Diskussionen zu finden sind. Der folgende Ausschnitt stammt aus einem Vorwort zu biblischen Lesungen und Gebeten in „leichter Sprache" und widerspricht in vielen Punkten explizit den oben dargestellten problematisierungswürdigen Auffassungen zum „Übersetzungs-" bzw. Schreibprozess. Vor allem aber kommt zum Ausdruck, dass die Autoren gerade nicht von einem unveränderten Sinnkern ausgehen, sondern von einer selbstständigen sprachlich-textuellen Darstellung, die erarbeitet wird:

> Leichte Sprache bedeutet nämlich gerade nicht, dass durch einen einfachen Übersetzungsvorgang unter Anwendung von ein paar journalistischen Regeln das totale Verstehen erreicht wäre. […] Beim Anwenden von Leichter Sprache im Gottesdienst geht es darum, zu reduzieren, Gedanken zu sortieren und Begriffe zu öffnen. Die Verwendung des Begriffs ‚Übersetzung in Leichte Sprache' suggeriert noch, es gehe darum, denselben Sachverhalt in einer anderen Sprache zu sagen. Eventuell wäre viel mehr der Ausdruck ‚Übertragung' oder ‚Nachdichtung' angemessener (Gidion/Martinsen 2013, 12)

Simone Seitz hat aus Sicht der sonderpädagogischen Forschung einen Standpunkt formuliert, der die Texterstellung gerade als eine ganzheitliche Aufgabe mit unvermeidbarer didaktischer Implikation begreift und somit immer – wenn nicht sogar primär – um die Frage kreist, wie mit Inhalten umzugehen ist:

> Leichte Sprache zu verwenden, heißt somit weit mehr als nur andere Worte zu benutzen und kürzere Sätze zu bauen. Letztlich handelt es sich um eine fachlich anspruchsvolle didaktische Aufgabe: Es geht darum, Zugänge zu komplexen Sachzusammenhängen zu ermöglichen, die Zusammenhänge aber nicht unangemessen zu vereinfachen, sondern auf das Wesentliche hin zu konzentrieren, gewissermaßen eine Essenz des Textes zu erstellen. Eine inhaltliche Verknappung ist hierbei unumgänglich, sollte aber transparent gehalten werden. (Seitz 2014, 5)

Die Praktiken und Überzeugungen im Feld „Leichte Sprache" decken also ein denkbar breites Spektrum ab. Dass der Schwerpunkt des Artikels eher bei den kritikwürdigen Annahmen und Positionen liegt, begründet sich vor allem durch das Vorhaben, die verbreitetste Praxis zu kennzeichnen, und zwar als Phänomen im Übergang – oder: in „Übergangsnotwendigkeit".

3 Anspruchsvolle Schreibaufgabe

Das Schreiben von Texten in „Leichter Sprache" ist in mehrerlei Hinsicht eine anspruchsvolle Aufgabe. Die Gründe dafür sind vielfältig: Ein grundsätzliches Problem ist die fehlende theoretische und empirische Fundierung, wodurch der einzelne Verfasser kaum auf gesicherte Erkenntnisse zurückgreifen kann, welche sprachlichen Mittel den Adressaten tatsächlich Schwierigkeiten bereiten oder den Zugang erleichtern. Erschwert wird dies noch durch die Heterogenität der Hauptzielgruppe Menschen mit Lernschwierigkeiten (vgl. Theunissen 2005, 13; zu den Bezeichnungen: Bock 2015c). Da im Sinne der Idee Barrierefreiheit in *allen* Kommunikationsbereichen Texte angepasst werden müssen, müss(t)en die Textproduzenten sowohl fachliche als auch fachsprachliche Kompetenzen in den unterschiedlichsten Feldern mitbringen; bisher gibt es – im Unterschied zu Übersetzern und Dolmetschern – keine Spezialisierung auf bestimmte Themenfelder. In Kap. 2.2 ist bereits angedeutet worden, welche schwierigen Abwägungen der Textproduktionsprozess fordern kann: Bei jedem Thema ist wieder neu zwischen notwendiger Komplexität (gegenstandsbezogene Angemessenheit) und notwendiger Vereinfachung (adressatenbezogene Angemessenheit) abzuwägen. Interessen z. B. von Auftraggebern sind zu berücksichtigen, die Funktion des jeweiligen Textes muss erkennbar bleiben bzw. sogar deutlicher erkennbar werden. Das Netz der zu berücksichtigenden Faktoren ist komplex, erschwerend kommt hinzu, dass derzeit (überprüfte) funktionale Muster weitgehend fehlen – sowohl auf Formulierungs- als auch auf Textebene.

Zum grundsätzlichen Problem der fehlenden empirischen und theoretischen Fundierung: Die bisherigen Annahmen, wie Texte für Menschen mit Lernschwierigkeiten (und eine Reihe verschiedener anderer Adressatengruppen, s. Netzwerk Leichte Sprache 2013) aufzubereiten sei, ist einerseits geprägt von immer wieder reproduzierten laienlinguistischen Vorstellungen verständlichen Formulierens (vgl. Bock/Antos, im Druck), andererseits von praktischen Erfahrungen mit der Zielgruppe, die v. a. Sozialarbeiter und Sozialpädagogen eingebracht haben. In der Geistigbehindertenforschung gibt es wenige Untersuchungen zu Lese- und Text(verstehens)kompetenzen. Die meisten Untersuchungen fokussieren primär Dekodierfähigkeiten, so auch Ratz (2012), der – gestützt auf Befragungen der Lehrer – erstmals einen Überblick über die schriftsprachlichen Fähigkeiten von Schülern im Förderschwerpunkt geistige Entwicklung gibt. Für das Schreiben von Texten in „Leichter Sprache" bedeutet das: Wesentliche Grundlagen des Unterfangens kommunikative Barrierefreiheit für Menschen mit Lernschwierigkeiten fehlen derzeit. Vorläufige Ergebnisse der LeiSA-Studie an der Universität Leipzig[11] lassen bereits den Schluss zu, dass sich die Einschränkungen im Ausdrucksrepertoire, wie sie aktuell angenommen werden, in ihrer Wirksamkeit nicht durchgängig bestätigen lassen.

Die Heterogenität der Gruppe Menschen mit Lernschwierigkeiten wird immer wieder als Problem benannt, auch in der Praxis. Heterogenität meint zum einen Heterogenität in den sprachlich-kommunikativen Kompetenzen, aber auch in der emotionalen und sozialen Entwicklung. Genauere Beschreibungen, auch quantitativer Art, fehlen meist: Im Hinblick auf Sprachstörungen wird beispielsweise konstatiert, dass „prinzipiell alle vorkommenden Sprachstörungen" anzutreffen sind, Prävalenzangeben fehlen jedoch (Ratz 2012, 103). In der LeiSA-Studie hat sich die vielfach konstatierte Heterogenität auch aus der Perspektive der Leseverstehenskompetenzen bestätigt: Das Spektrum der Lesekompetenzen innerhalb der Untersuchungsgruppe, bestehend aus 29 Erwachsenen mit Lernschwierigkeiten im Alter zwischen 20 und 58 Jahren, reicht von Alphalevel 2 bis 6 (Grotlüschen/Riekmann/Buddeberg 2012). Die Schwierigkeiten beim Lesen und Verstehen von Texten sind bei den einzelnen Probanden sehr unterschiedlich. Die bisherigen Untersuchungsergebnisse lassen die allgemeine Aussage zu, dass durchaus auch bei Lesern mit geringen Lesekompetenzen die Fähigkeit zum Verstehen komplexerer grammatischer Strukturen (als im Regelkatalog angegeben) vorhanden ist, sowie auch die Kenntnis von vermeintlich „schwierigem", da weniger frequentem oder fachsprachlichem, Wortschatz. Die noch ausstehende Auswertung erhobener Daten, auch zum Verstehen von Textfunktionen oder dem Umgang mit unterschiedlichen Textsorten, werden ein noch differenzierteres Bild geben.

Aus der Perspektive der Textproduzenten, die Texte adressatengerecht für diese spezifische Zielgruppe erstellen wollen, ist die Ausgangslage also denkbar schwierig: Wesentliche Fragen sind offen, sodass nur das Verlassen auf bisherige Praxis und eigene Erfahrung aus dem individuellen Kontakt mit der Adressatengruppe als naheliegende Bezugspunkte übrig zu bleiben scheinen. Die Maßstäbe für Formulierungsentscheidungen sind für die Schreiber oftmals schwierig zu definieren. Bereits in den beiden Interviews (Kap. 4) wird deutlich, dass die Abwägungen und Orientierungspunkte für die Schreiber sehr unterschiedlich sein können und Entscheidungen oftmals intuitiv getroffen werden. Erkenntnisse aus der empirische Forschung könnten also die Autoren entlasten. Voraussetzung für

---

11 <http://research.uni-leipzig.de/leisa/de/> (01.08.2016)

die Akzeptanz der Ergebnisse ist sicherlich, dass die Forschung sensibel, unter Einbezug der Zielgruppen und in Abstimmung mit Akteuren des Feldes, vorgeht. In jedem Schreibprozess sind aus Schreiberperspektive viele verschiedene Faktoren zu berücksichtigen und abzuwägen, insofern ist es selbstverständlich kein gänzlich anders gearteter Vorgang, „Leichte Sprache"-Texte zu schreiben. Die Schreibmodelle seit Hayes/Flower (1980) bis hin zu Hayes (2012) beinhalten entsprechend Elemente wie das „task environment" (Hayes/Flower 1980), Pläne, Ziele und „writing schemas" (Hayes 2012) oder „task schemas" (Chenoweth/Hayes 2001). Diese Prozessmodelle sind schreiberzentriert. Das Konzept der Angemessenheit und sein Bezug zu Kontextfaktoren rollt die Frage nach den Abwägungen im Schreibprozess eher textzentriert auf: Die Frage danach, wann ein Text als gelungen gelten kann, welche Bewertungsmaßstäbe anzulegen sind, welche sprachlichen Mittel je nach Schreibaufgabe angemessen sind und wie relevante Einflussfaktoren zu identifizieren sind etc., stellen sich im konkreten Schreibprozess und sie stellen sich in Bezug auf „Leichte Sprache" auch für die Forschung. Anders als beim schulischen Schreiben oder bei Textsorten mit relativ klaren Normerwartungen, wie z. B. Bewerbungsschreiben oder Bedienungsanleitungen, sind diese Fragen für Texte in „Leichter Sprache" nicht abschließend für alle Verwendungszusammenhänge geklärt und auch nicht mit schnellen Urteilen zu beantworten.

Aus Textproduktionsperspektive gesprochen fehlen im Feld „Leichte Sprache" für viele Fälle funktionale Muster, was die Verfasser zu „neuen" Entscheidungen beim Schreiben zwingt – jedenfalls, wenn sie die Problematik der derzeitigen auf ein einziges „Universalmuster" ausgelegten Praktiken und Regeln erkennen. Text- und Formulierungsmuster gehören zum Wissen jedes Schreibers und können als konventionalisierte gesellschaftliche Problemlösemuster (vgl. Sandig 1997, 33) den Textproduktionsprozess entlasten. Wenn man Textmuster ausdrücklich nicht als starre Gebilde, sondern als „Möglichkeitsfelder [versteht], in denen es sowohl einige überindividuelle Handlungsorientierungen gibt als auch Ermessensspielräume" (Fix 2008, 67), dann fehlen in der „Leichte Sprache"-Praxis sowohl funktionale überindividuelle Handlungsorientierungen als auch (vorgesehene) Ermessensspielräume: Die Regeln beschränken einerseits das Formulierungsrepertoire der Verfasser enorm, bieten aber andererseits keinerlei Orientierung bezüglich wesentlicher Aspekte der Textproduktion.

4 Interviews

Um die derzeitige Schreibpraxis genauer zu erfassen, wurden mit zwölf „Leichte Sprache"-Autoren aus verschiedenen Agenturen und Kontexten qualitative, leitfadengestützte Interviews geführt. Sie wurden gebeten, ihr Vorgehen, ggf. Gewohnheiten und Herausforderungen im Schreibprozess zu schildern; zudem wurden sie gebeten, zu erläutern, was für sie „Leichte Sprache" ausmacht und was Textqualität ausmacht. Es wird im Folgenden nicht auf alle Aspekte eingegangen. Die beiden ausgewählten Interviews sollen weder als besonders typische noch untypische Vertreter vorgestellt werden, sie wurden ausgewählt, weil sie zwei sehr verschiedene Herangehensweisen an die Textproduktion illustrieren. Sie wurden im Sinne einer abduktiven Forschungslogik nach den Kodierverfahren der Grounded-Theory-Methodologie (Strauss/Corbin 1996) ausgewertet und systematisch verglichen. Für die erste Interviewpartnerin sind die existierenden Regelkataloge kaum Bezugspunkt für die Textproduktion, sie ist damit ein Beispiel für einen Gegenentwurf zum bisher Gesagten. Die zweite Interviewpartnerin führt die Regeln nicht nur als wichtigen Maßstab bei der Texterstellung an, sondern auch als Definitionsmerkmal „Leichter Sprache". Die Vorstellungen davon, was einen angemessenen Text ausmacht, werden entsprechend unterschiedlich gefasst.

4.1 Interview 1: Ausrichtung des Schreibens am spezifischen Ziel und Adressatendifferenzierung

Die Interviewte ist sozial-diakonische Mitarbeitern in einer Stadtmission und schreibt u. a. für eigene Andachten Texte in „Leichter Sprache". Charakteristisch für ihre Herangehensweise ist zunächst einmal eine explizite situations- und textspezifische Zieldefinition: Der Zielgruppe, in ihrem Fall (teilweise schwer) geistig Behinderte, soll Zugang zu den religiösen Texten eröffnet werden. Bei Adressaten, die nicht kirchlich sozialisiert wurden, ginge dies insbesondere durch Anknüpfen an den emotionalen Erfahrungshorizont: „Menschen abzuholen von ihrer Empf/Befindlichkeit"[12] (MH, 12:15) und Religion als Trostspender und Ort des Zuspruchs vermitteln. Für diese Adressaten sei das „Geheimnisvolle" religiöser Sprache hinderlich, Bilder seien zugunsten direkter Verständlichkeit zu entmythologisieren und zu vereindeutigen. Bei christlich sozialisierten Adressaten hingegen müssten andere sprachliche Mittel eingesetzt werden, um das Ziel Teilhabe zu erreichen:

> Also, wenn jemand groß geworden ist mit Psalm dreiundzwanzig, „Der Herr ist mein Hirte", dann muss man das so nehmen. Und dann ist nicht so wichtig, ob jeder Vers verstanden wird, würde ich sagen, sondern das ist in diesem auch fremden Sprachmantel ein Geborgensein sozusagen. (MH, 13:17)

---

12 Transkribiert wurde nach Kuckartz et al.. (2008).

Die Interviewte nimmt also nicht eine allgemeine Zielgruppe an, deren Heterogenität sie (wie es viele Interviewte tun) pauschal konstatiert, sondern sie differenziert konkret und im Hinblick auf die aktuellen kommunikativen Anforderungen. Sie beschreibt ihren Schreibprozess als ausgehend von einem „ersten intuitiven Impuls", der dann „durch vielleicht ein paar Filter durch[geht]" (MH, 31:18) und gibt an, verschiedene Bibelübersetzungen für die „Übersetzung" in „Leichte Sprache" zu nutzen. Die existierenden Regelkataloge hingegen nutze sie nicht: Sie „habe so ein paar Regeln im Hinterkopf" (MH, 3:20), „wahrscheinlich auch nicht vollständig, aber in Ansätzen" (MH, 7:37). Offenkundig folgt diese Schreiberin also nicht dem Prinzip Regelerfüllung und Imitation von „Leichte Sprache"-Mustern, sondern orientiert die Textproduktion an einem nicht näher bestimmbaren Sprachgefühl sowie der Intention („was will ich mit dem Psalm ausdrücken?", MH, 6:33) bzw. der konkreten situations- und textsortenspezifischen Funktion des jeweiligen Textes. Angemessene „Leichte Sprache" wird hier wesentlich, allerdings keineswegs ausschließlich oder schematisch, über den Adressaten und den für ihn jeweils funktionalen und zugänglichen Sprachgebrauch bestimmt. Die Interviewte thematisiert das grundsätzliche Problem der Schwerzugänglichkeit religiöser Sprache, die aber eben auch eine spezifische Funktion habe. „Übersetzungsfragen" oder Fragen der Zugänglichmachung reihen sich hier in innerkirchliche Diskussionen ein und sind nicht exklusiv bei den Bemühungen um „Leichte Sprache" zu finden. MH schildert, dass die Deutung mitunter auch ein theologisches Problem sei. Einzelne Wörter der Abendmahlsliturgie „könnte auch kein anderer (.) mir erklären", der Autor muss selbst eine Deutung und kontextuelle Setzung vornehmen (MH 21:23). Zentraler Bezugspunkt ihres Schreibens ist immer der theologische Horizont. Ihr sprachliches Handeln verortet sie bewusst in diesem Horizont: Die Interviewte ist sich nicht nur der (Multi-)Funktionalität religiösen Sprachgebrauchs in den verschiedenen Textsorten, sondern auch der durch „Leichte Sprache" vollzogenen Bedeutungsreduktionen im Einzelnen sehr bewusst und wägt diese je nach Kontext neu ab. Die Entscheidungen für Vereindeutigungen und Erklärungen sprachlicher Bilder sowie sämtliche Formulierungsarbeit fällt MH auf der Basis theologischen Wissens. Ausschlaggebend ist die Zielstellung des jeweiligen Textes:

> Klar, man setzt sich dann dem Vorwurf aus, den es da auch gab in der Auseinandersetzung, dass dann irgendwie alles erklärt wird und damit auch profanisiert wird. Aber (.) das (.) sehe ich jetzt hier bei meinen Zielgruppen nicht so (.) kritisch. [...]Ich finde dieses Abhängen (.) schlimmer. (MH, 27:42)

Die Interviewte gewichtet also explizit das Erreichen der Zielgruppe als prioritär gegenüber Aspekten theologischer „Korrektheit" oder „Vollständigkeit". Das ist

ihre individuelle Festlegung für diese Art von Schreibprozessen. Die Selbstaussagen vermitteln insgesamt das Bild einer Schreiberin, die Formulierungsentscheidungen bewusst trifft und im Schreibprozess eine Reihe Kontextfaktoren
(Adressat, Inhalt/Gegenstand, Zweck/Funktion des Textes, situative Aspekte) re-
flektierend einbezieht und abwägt. Sie bezeichnet ihren Schreibimpuls zwar als
(zunächst) intuitiv, beschreibt dann aber einen Schreibprozess, der sowohl fachliches Wissen als auch Bewusstheit für die Funktionalität und Wirkung von (auch
und gerade ‚schwer verständlicher') Sprache berücksichtigt. Charakteristisch ist
außerdem die explizite Verortung des sprachlichen Handelns im Spektrum verschiedener Möglichkeiten des Umgangs mit den Spezifika religiöser Textsorten.
Regelkataloge und einfache Regel- und Musterbefolgungen spielen keine Rolle.

4.2 Interview 2: Ausrichtung des Schreibens an Regeln und Adressaten

Die zweite Interviewpartnerin arbeitet mittlerweile als Sozialarbeiterin und hat
drei Jahre lang hauptberuflich Texte in „Leichter Sprache" für eine Agentur geschrieben. Die Auftraggeber kamen aus unterschiedlichen Bereichen, entsprechend verschieden waren die Kommunikationsbereiche und Textsorten. Die
Interviewte identifiziert „Leichte Sprache" mit den bestehenden Regeln. Sie nennt
zwei Regelkataloge als Bezugspunkt für ihre Texterstellungspraxis (Netzwerk
Leichte Sprache 2013, Freyhoff et al. 1998): „als Leitfaden [sind] diese Regeln
sehr, sehr wichtig" (ER, 18:29). Während des Interviews nimmt sie immer wieder auf einzelne Regeln Bezug, nennt sie als ihr Orientierungsraster oder stellt
Schwierigkeiten im Zusammenhang mit der Umsetzung in Texten in direkter
Bezugnahme auf Regeln dar. Des Weiteren gibt sie an, sich an anderen Texten in
„Leichter Sprache" und den Formulierungsmustern dort zu orientieren. Neben
dieser Fortsetzung gängiger Praxis werden auch Schwierigkeiten – sowohl mit
den Regeln als auch mit bisherigen „Leichte Sprache"-Lösungen (beispielsweise
bei Worterklärungen) – beschrieben. Eine Herausforderung, die die Interviewte
nennt, ist die Frage, was relevante Inhalte sind. Die Frage werde mitunter vom
Auftraggeber anders beantwortet als von der Zielgruppe, wobei sie dann der Meinung der Zielgruppe stets mehr Gewicht gebe. Anders als im ersten Interview
liegt der hauptsächliche Bezugspunkt beim Schreiben also ganz klar auf der existierenden Praxis, insbesondere den Regelkatalogen, und der Adressatengruppe
(wie sie innerhalb des *Netzwerks Leichte Sprache* konstruiert wird). Als Haupt-
adressatengruppe werden Menschen mit Lernschwierigkeiten angegeben; auf die
Heterogenität dieser Gruppe weist die Interviewpartnerin hin und beschreibt den
praktischen Umgang damit im Prozess der Textproduktion folgendermaßen: Als

Orientierung dient im Schreibprozess die Prüfergruppe, und zwar sowohl als gedankliche Orientierung als auch als Ansprechpartner und Verständlichkeits- „Prüfer" im Sinne des *Netzwerks Leichte Sprache*. Es erfolgt also faktisch eine Gleichsetzung der Adressatengruppe mit den konkreten Prüfpersonen (i. d. R. eine Gruppe aus 3–6 Personen). Zwar werden unterschiedliche Interessen der Personen erwähnt, es erfolgen aber keine sprach- oder sozialisationsbezogene Differenzierungen wie im ersten Interview. In den Selbstaussagen dominieren Regeln und Zielgruppe klar als Autorität und Maßstab für Entscheidungen im Schreibprozess. Besonders deutlich zeigt sich dies in der folgenden Darstellung, in der die Interviewte ER beschreibt, woran die Textproduktion sich ihrer Auffassung nach (nicht) zu orientieren habe:

> Dadurch, dass der Auftraggeber oder die Auftraggeberin mir sagt, sie möchten einen Text in Leichter Sprache, ich mich dann relativ, ich mir relativ wenig Gedanken mache über das, was der Auftraggeber sozusagen WILL, konkret von den Formulierungen her. Sondern ich denke dann: Er möchte einen Text in Leichter Sprache. Und dann klärt sich das so herum. Indem ich eben einen Text schreibe, mich an die Regeln halte und hauptsächlich an die Zielgruppe denke, für die das wichtig ist oder für die das verständlich sein soll. (ER, 63:26)

Fragen der Wirkung eines Sprachstils oder die Funktionalität komplexer oder ‚schwer verständlicher' Sprache werden im Interview nicht thematisiert. Stattdessen kommt an mehreren Stellen zum Ausdruck, dass „Leichte Sprache" für die generell überlegene Sprachform gehalten wird, während Nicht-„Leichte Sprache" als defizitär und überflüssig erscheint. Linz (2013) hat diese Dynamiken der Auf- und Abwertung von ‚Leichter' und ‚schwerer' Sprache bereits anhand von Aussagen im Regelkatalog und anderen Dokumenten im Feld gezeigt.

Bezüglich der Inhaltsdimension formuliert ER die Überzeugung, alles Wichtige sei in den angepassten Texten enthalten; das gilt auch als Qualitätskriterium: „Also ich belasse alle wichtigen Informationen. Die sind weiterhin im Zieltext dann vorhanden aber möglicherweise anders strukturiert und ja, an anderen Stellen" (ER, 13:09). Das Verständnis der Inhalts- bzw. Sinnebene von Texten ist dabei auf Sachinformationen beschränkt. Während im ersten Interview die Schwierigkeit ausführlich reflektiert wird, was alles verloren geht, wenn die sprachliche Form verändert wird, liegt dem Herangehen hier die Vorstellung konstanter, von Sprache unterschiedlich umhüllter „Informationskerne" zugrunde: Information eins bis X kann in Sprachform A oder B realisiert werden; in „Leichter Sprache" muss zusätzlich auf die Textmenge geachtet werden, deshalb müssen Informationen weggelassen werden. Es zeigt sich also die oben beschriebene charakteristische Entkopplung von Sinn und sprachlicher Form.

In der im Interview beschriebenen Herangehensweise an das Schreiben „leichter" Texte werden insgesamt weniger Kontextfaktoren erwähnt. Das Verständnis von angemessenen Texten wird gleichgesetzt einerseits mit der Erfüllung einer bestimmten präskriptiven Norm (Regelkataloge), sowie andererseits mit dem Eingehen auf individuelle Meinungen ausgewählter Repräsentanten der Adressaten. Die Schreiberin ist als Mitarbeiterin der Agentur in das *Netzwerk Leichte Sprache* eingebunden und vertraut damit naheliegender Weise auf die bisherige Praxis, was aber angesichts der ausstehenden Fundierung und Überprüfung zwar zur Normkonsolidierung beiträgt, aber eigentlich einen Zirkelschluss darstellt, dessen Wirksamkeit nicht gewährleistet ist.

5 Fazit

Die Untersuchung hat v. a. auf die Regelbasiertheit der derzeitigen Praxis „Leichter Sprache" fokussiert und versucht die Leerstellen dieser Praxis aufzuzeigen. Was bei einem einseitigen Fixieren auf sprachliche (und typografische) Regeln verloren geht, ist v. a. die, auch im Schreibprozess stattfindende, Reflexion der Maßstäbe von Textqualität. Was ein angemessener Text in „Leichter Sprache" ist, lässt sich nur in einem Geflecht aus verschiedenen (Kontext-)Faktoren verorten. Auch wenn diese Feststellung zunächst nur als – wenig überraschende – theoretische Beschreibung daherkommt, ist sie doch auch von unmittelbarer praktischer Bedeutung. Für jeden Verfasser eines Textes stellt sich die Frage, woran das Gelingen des Schreibprozesses und des Textprodukts zu messen ist, welche Formulierungen angemessen sind und den – ebenfalls zu definierenden – Zweck des jeweiligen Textes erfüllen. Für diese Fragen bieten die „Leichte Sprache"-Regelkataloge, wie bereits ausführlich dargestellt, weder hinreichend Antworten noch einen Rahmen zur individuellen Beantwortung. Ein multidimensionales Modell der Angemessenheit könnte hier nicht nur ein theoretisches, sondern auch ein praktisches Orientierungsraster bilden. Das gilt unter Umständen umso mehr, als das Schreiben von Texten in „Leichter Sprache" Herausforderungen birgt, die sich m. E. bei anderen Textproduktionsprozessen nicht in gleichem Maße stellen (vgl. Kap. 3.).

Eine Notwendigkeit zur Veränderung der derzeitigen Textproduktions-Prinzipien und -Normen wird durchaus auch in der Praxis gesehen. Aus Sicht der Forschung ist festzuhalten, dass v. a. pragmatische Aspekte und Aspekte des Textproduktionsprozesses in Zukunft mehr berücksichtigt werden müssen. Inwiefern solche Einsichten der Forschung in der (laienlinguistischen) „Leichte Sprache"-Praxis Widerhall finden, ist sicherlich offen. Wie bereits Furnham (1988) gezeigt hat, existieren Laientheorien eher parallel zu akademischen Theorien und sind entsprechend stabil. Es ist also zu erwarten, dass sich die bisherigen, schon relativ gefestigten Normen und Praktiken – wenn überhaupt – eher in eigener inhaltlicher Dynamik entwickeln werden.

Der Artikel hat die Schreibpraxis lediglich anhand von Äußerungen zum Schreiben und den Texten untersucht. Kein Gegenstand war hier, wie beispielsweise die verschiedenen Regeln von unterschiedlichen Verfassern umgesetzt werden (was u. a. die Einsicht brächte, dass manche Regeln von nur wenigen Schreibern überhaupt beachtet werden). In einer solchen Untersuchung würde man die Heterogenität der „Leichte Sprache"-Landschaft noch deutlicher herausarbeiten, als es in diesem Beitrag geschehen konnte, und eine solche Darstellung würde den Entwicklungs- und Übergangsstatus „Leichter Sprache" aus einem weiteren Blickwinkel verdeutlichen.

Literatur

Antos, Gerd (1996): Laien-Linguistik. Studien zu Sprach- und Kommunikationsproblemen im Alltag: am Beispiel von Sprachratgebern und Kommunikationstrainings. Tübingen: Niemeyer

Arendt, Birte/ Schäfer, Pavla (Hrsg.) (2015): Angemessenheit. Aptum, Heft 2/2015

Baurmann, Jürgen (2013): Schreiben – Überarbeiten – Beurteilen. Ein Arbeitsbuch zur Schreibdidaktik. Seelze: Friedrich

Blommaert, Jan (1999): The debate is open. In: Blommaert, Jan (Hrsg.): Language Ideological Debates. Berlin/New York: de Gruyter, 1–38

Bock, Bettina M. (2014): „Leichte Sprache". Abgrenzung, Beschreibung und Problemstellungen aus Sicht der Linguistik. In: *Jekat, Susanne/ Schubert, Klaus/ Jüngst, Heike E./ Villiger, Claudia* (Hrsg.): Sprache barrierefrei gestalten. Perspektiven aus der Angewandten Linguistik. Berlin: Frank & Timme, 17–52

Bock, Bettina M. (2015a): Anschluss ermöglichen und die Vermittlungsaufgabe ernst nehmen – 5 Thesen zur „Leichten Sprache". In: Deutsch Didaktik 20 (38), 9–16

Bock, Bettina M. (2015b): Barrierefreie Kommunikation als Voraussetzung und Mittel für die Partizipation benachteiligter Gruppen. Ein (polito-)linguistischer Blick auf Probleme und Potenziale von „Leichter" und „einfacher Sprache" In: Vogel, Friedemann/ Knobloch, Clemens (Hrsg.): Sprache und Demokratie. Online verfügbar unter <https://bop.unibe.ch/linguistik-online/index> (letzter Zugriff: 7.3.2016)

Bock, Bettina M. (2015c): Leichte Texte schreiben. Zur Wirksamkeit von Regellisten Leichter Sprache in verschiedenen Kommunikationsbereichen und im World Wide Web. In: trans-kom (1/2015), 79–102. Online verfügbar unter

<http://www.trans-kom.eu/bd08nr01/trans-kom_08_01_04_Bock_Leichte_Texte.20150717.pdf> (07.03.2016)

Bock, Bettina M. (2015d): Zur Angemessenheit Leichter Sprache: aus Sicht der Linguistik und aus Sicht der Praxis. In: *Arendt, Birte/ Schäfer, Pavla* (Hrsg.): Angemessenheit. Aptum, Heft 2/2015, 131–140

Bock, Bettina M./ Antos, Gerd (im Erscheinen): ‚Öffentlichkeit' – ‚Laien' – ‚Experten'. Strukturwandel von ‚Laien' und ‚Experten' in Diskursen über Sprache. In: *Antos, Gerd/ Niehr, Thomas/ Spitzmüller, Jürgen* (Hrsg.): Sprache im Urteil der Öffentlichkeit. Berlin/Boston [Handbücher Sprachwissen; 10]

Bundesministerium für Arbeit und Soziales (2014): Leichte Sprache. Ein Ratgeber. Online verfügbar unter <http://www.bmas.de/SharedDocs/Downloads/DE/PDF-Publikationen/a752-ratgeber-leichte-sprache.pdf?__blob=publicationFile&v=2> (letzter Zugriff: 7.3.2016)

Chenoweth, Ann/ Hayes, John (2001): Fluency in writing. Generating text in L1 and L2. In: Written Communication 18, 80–98

Fix, Ulla (1995): Textmusterwissen und Kenntnis von Kommunikationsmaximen. Voraussetzung, Gegenstand und Ziel einer kommunikationsbezogenen Sprachberatung. In: *Biere, Bernd Ulrich/ Hoberg, Rudolf* (Hrsg.): Bewertungskriterien in der Sprachberatung. Tübingen: G. Narr (Studien zur deutschen Sprache, Bd. 2), 62–73

Fix, Ulla (2004): Stil gibt immer etwas zu verstehen. Sprachstile aus pragmatischer Perspektive. In: Der Deutschunterricht, Heft 1/2004, 41–50

Fix, Ulla (2008): Textsorte – Textmuster – Textmustermischung. Konzept und Analysebeispiel. In: *Fix, Ulla* (Hrsg.): Texte und Textsorten – sprachliche, kommunikative und kulturelle Phänomene. Berlin: Frank & Timme, 65–82

Freyhoff, Geert/ Heß, Gerhard/ Kerr, Linda/ Menzel, Elizabeth/ Tronbacke, Bror/ Van Der Veken, Kathy (1998): Sag es einfach! Europäische Richtlinien für die Erstellung von leicht lesbaren Informationen. Brüssel: Europäische Vereinigung der ILSMH. Online verfügbar unter <http://www.webforall.info/wp-content/uploads/2012/12/EURichtlinie_sag_es_einfach.pdf> (23.06.2016)

Furnham, Adrian F. (1988): Lay Theories. Everyday Understanding of Problems in the Social Science. Oxford, New York, Beijing: Pergamon Press

Gidion, Anne/ Martinsen, Raute (2013): Einleitung. In: *Gidion, Anne/ Arnold, Jochen/ Martinsen, Raute* (Hrsg.) (2013): Leicht gesagt! Biblische Lesungen und Gebete zum Kirchenjahr in Leichter Sprache. Hannover: Lutherisches Verlagshaus, 9–17

Grotlüschen, Anke/ Riekmann, Wibke/ Buddeberg, Klaus (2012): leo.-Level-One-Studie: Methodische Herausforderungen. In: *Grotlüschen, Anke/ Riekmann,*

Wibke (Hrsg.): Funktionaler Analphabetismus in Deutschland. Münster u. a.: Waxmann, 54–75

Hayes, John/ Flower, Linda S. (1980). Identifying the organization of writing processes. In: *Gregg, Lee W./ Steinberg, Erwin R.* (Hrsg.): Cognitive processes in writing. Hillsdale, NJ: Erlbaum, 3–30

Hayes, John (2012): Modeling and Remodeling Writing. In: Written Communication 29 (3), 369–388

Inclusion Europe (2009a): Informationen für alle. Europäische Regeln, wie man Informationen leicht lesbar und verständlich macht. Online verfügbar unter <http://www.inclusion-europe.com/images/stories/> (07.03.2016)

Inclusion Europe (2009b): Schreiben Sie nichts ohne uns. Wie man Menschen mit Lernschwierigkeiten einbezieht, wenn man leicht verständliche Texte schreibt. Online verfügbar unter <http://bidok.uibk.ac.at/leichtlesen/vernetzung/ll-vernetzung-downloads/nichts_ohne_uns.pdf> (07.03.2016)

Inclusion Europe (2009c): Schulungen für Lehrerinnen und Lehrer. Wie man anderen Menschen beibringt, Texte in leichter Sprache zu schreiben. Online verfügbar unter <http://easy-to-read.eu/wp-content/uploads/2014/12/DE_Training_lifelong_learning_staff.pdf> (01.08.2016)

Keseling, Gisbert (1993): Schreibprozeß und Textstruktur. Empirische Untersuchungen zur Produktion von Zusammenfassungen. Tübingen: Niemeyer

Kilian, Jörg/ Niehr, Thomas/ Schiewe, Jürgen (2010): Sprachkritik. Ansätze und Methoden der kritischen Sprachbetrachtung. Berlin: De Gruyter

Kuckartz, Udo/ Dresing, Thorsten/ Rädiker, Stefan/ Stefer, Claus (2008): Qualitative Evaluation. Der Einstieg in die Praxis. Wiesbaden: VS-Verlag

Kuhlmann, Julia (2013): Ein sprachwissenschaftlicher Blick auf das Konzept „Leichte Sprache". Masterarbeit. Osnabrück

Lange, Daisy/ Bock, Bettina M. (2016): Empirische Erforschung der „Leichten Sprache". Das Projekt „Leichte Sprache im Arbeitsleben" (LeiSA). In: *Mälzer, Nathalie* (Hrsg.): Barrierefreie Kommunikation. Berlin: Frank &Timme, 119–136

Linz, Erika (2013): Sprache als Barriere? Das Sprachbild in Konzeptionen von Leichter Sprache. In: Sprache und Literatur, 2/2013, 20–42

Maaß, Christiane (2015): Leichte Sprache. Das Regelbuch. Berlin: Lit Verlag

Netzwerk Leichte Sprache (2014): Regeln für das Qualitäts-Siegel. Online verfügbar unter <http://www.leichtesprache.org/images/Regeln_fr_das_Qualitts-Siegel.pdf> (07.03.2016)

Netzwerk Leichte Sprache (2013): Die Regeln für Leichte Sprache. Online verfügbar unter <http://www.leichtesprache.org/images/Regeln_Leichte_Sprache.pdf> (07.03.2016)

Ratz, Christoph (2012): Schriftsprachliche Fähigkeiten von Schülern mit dem Förderschwerpunkt geistige Entwicklung. In: *Dworschak, Wolfgang/ Kannewischer, Sybille/ Ratz, Christoph/ Wagner, Michael* (Hrsg.): Schülerschaft mit dem Förderschwerpunkt geistige Entwicklung (SFGE). Eine empirische Studie. 1. Aufl. Oberhausen: ATHENA [Lehren und Lernen mit behinderten Menschen; 25], 111–132

Sandig, Barbara (1997): Formulieren und Textmuster. In: *Jakobs, Eva-Maria/ Knorr, Dagmar* (Hrsg.): Schreiben in den Wissenschaften. Frankfurt am Main u. a.: Lang, 25–44

Seitz, Simone (2014): Leichte Sprache? Keine einfache Sache. In: Aus Politik und Zeitgeschichte 64 (9–11/2014), 3–6

Strauss, Anselm/ Corbin, Juliet (1996): Grounded Theory: Grundlagen qualitativer Sozialforschung. Weinheim [Orig.: Basics of qualitative research: Grounded theory procedures and techniques. Newbury Park 1990]

SPD-Wahlprogramm LS = Das Wahl-Programm der SPD für die Bundestags-Wahl in Leichter Sprache. URL <http://www.spd.de/linkableblob/103836/data/20130628_regierungsprogramm_2013_2017_leichte_sprache.pdf> (07.03.2016)

Theunissen, Georg (2005): Pädagogik bei geistiger Behinderung und Verhaltensauffälligkeiten. Bad Heilbrunn: Klinkhardt

Ueding, Gert/ Steinbrink, Bernd (1994): Grundriss der Rhetorik. Geschichte, Technik, Methode. Stuttgart: Metzler

Zurstrassen, Bettina (2015): Inklusion durch Leichte Sprache? Eine kritische Einschätzung. In: *Dönges, Christoph/Hilpert, Wolfram/ Zurstrassen, Bettina* (Hrsg.): Didaktik der inklusiven politischen Bildung [Schriftenreihe; 1617], 126–138

Über die Autoren

Bettina M. Bock, Dr. phil. (bettina.bock@uni-leipzig.de), 2012 an der Universität Halle-Wittenberg mit einer text- und diskurslinguistischen Arbeit promoviert („Blindes" Schreiben im Dienste der DDR-Staatssicherheit, Hempen-Verlag 2013). Zur Zeit wissenschaftliche Mitarbeiterin im BMAS-Projekt „Leichte Sprache im Arbeitsleben" an der Universität Leipzig. Arbeitsschwerpunkte: „Leichte Sprache", (inklusive) Sprachdidaktik, Text- und Diskurslinguistik, Politolinguistik.

Christoph Bräuer, Dr. phil. (christoph.braeuer@phil.uni-goettingen.de), 2008 promoviert in Deutschdidaktik zu Könnerschaft und Kompetenz in der Leseausbildung. Universitätsprofessor für Didaktik der Deutschen Sprache und Literatur an der Georg-August-Universität Göttingen. Arbeitsschwerpunkte: Ästhetische Bildung, inklusive Sprachbildung und Bildungssprache, deutschdidaktische Unterrichts- und Professionalisierungsforschung.

Melanie Brinkschulte, Dr. phil. (melanie.brinkschulte@phil.uni-goettingen.de), 2015 promoviert in Sprachlehrforschung/Applied Linguistics zu multimedialem Wissenstransfer in Hochschlen. Zur Zeit tätig als Leiterin des Internationalen Schreibzentrums an der Georg-August-Universität Göttingen. Arbeitsschwerpunkte: Akademisches Schreiben in mehrsprachigen Kontexten, propädeutisches Schreiben im Übergang von Schule zu Hochschule, Multimodalität in der Wissenschaftskommunikation.

Robin de Boer, M.A. (robindeboer2@hotmail.com). Graduated at the University of Groningen (Netherlands), Faculty of Arts, department of Communication and Information Science. MA thesis: 2015. Topic: students' metacognitive orientations and reflections on professional writing tasks. Specialization: communication skills and education.

Lilo Dorschky, Dipl.-Soziologin (lilo.dorschky@ehs-dresden.de). Seit 2002 wissenschaftliche Mitarbeiterin an der Evangelischen Hochschule Dresden. Zuvor mehrjährige Leitungserfahrung in der Erwachsenenbildung und beruflichen Qualifizierung. An der Ev. Hochschule Lehre in den Bereichen Soziologie und Soziale Arbeit sowie Forschung (u. a. Leitung des Dresdner Teilprojekts im Projektverbund PROFESS – Professionalisierung von Alphabetisierungs- und Grundbildungs-PädagogInnen). Arbeits- bzw. Forschungsschwerpunkte: Bildung und Soziale Arbeit; Soziale Ungleichheit.

Aleksandra Gnach, Dr. phil. ist Kommunikationsleiterin und Dozentin am IAM Institut für Angewandte Medienwissenschaft der Zürcher Hochschule für Angewandte Wissenschaften. Sie berät Organisationen und Einzelpersonen in strategischer Kommunikation und beim professionellen Einsatz von Social Media. Dabei nutzt sie ihre Berufserfahrung als Schreibforscherin, als Videojournalistin und als Kommunikatorin der Schweizerischen Rundfunk-Gesellschaft (SRG SSR). Schwerpunkte in Forschung und Lehre: Medienlinguistik, Textproduktionsforschung, Social Media und Medienkovergenz im Schnittfeld öffentlicher und privater Kommunikation.

Robert Halagan, M. Ed. (robert.halagan@phil.uni-goettingen.de). Zur Zeit tätig in der Abteilung Didaktik der deutschen Sprache und Literatur als Wissenschaftlicher Mitarbeiter. Arbeitsschwerpunkt: Reflexionskompetenzen von Lehramtsstudierenden.

Carmen Heine, PhD (ch@bcom.au.dk), PhD in Wirtschaftskommunikation, Universität Aarhus, 2008. Associate Professor, Department of Business and Social Sciences, Business Communication, Universität Aarhus. Mitglied der Forschungsgruppe Wissenskommunikation. Forschungsschwerpunkte: Schreib- und Übersetzungsprozessforschung.

Heidrun Heinke, Prof. Dr. rer. nat. (Heinke@physik.rwth-aachen.de.), 1994 – Dr. rer. nat. zu einem Thema der Festkörperphysik, 2001 – Erteilung der venia legendi in „Experimentalphysik", seit 2003 C3-Professorin für Experimentalphysik an der RWTH Aachen, verantwortlich für Physikalische Praktika mit aktuell 2000 Praktikanten/Jahr sowie die Physiklehrerausbildung; Verschiebung der Forschungsaktivitäten zur Fachdidaktik Physik u. a. mit den Schwerpunkten Experimente in der Physikausbildung und methodische Weiterentwicklungen von Physikpraktika; in diesem Zusammenhang auch Einführung von studentischen Kurzvorträgen und Kurzveröffentlichungen in den Regelbetrieb des Praktikums

Dagmar Knorr, Dr. phil. (dagmar.knorr@uni-hamburg.de). Seit 2011 fachliche Leiterin der Schreibwerkstatt Mehrsprachigkeit am Universitätskolleg der Universität Hamburg. Arbeitsschwerpunkte: Akademisches Schreiben in mehrsprachigen Kontexten, Schreibforschung.

Jacqueline F. van Kruiningen, Dr. (j.f.van.kruiningen@rug.nl), PhD: 2010. Topic: Problem solving in inter-professional interaction; Assistant professor at the University of Groningen (Netherlands), Faculty of Arts, department of Communication and Information Science. Specialization: Academic and professional communication skills; coaching, training and faculty development in higher education, with regard to (the teaching of) the above mentioned skills; social interaction processes.

Ines Lammertz, Dipl.-Gyml. (Lammertz@physik.rwth-aachen.de). Studium der Mathematik und Physik für das Lehramt an Gymnasien und Gesamtschulen. Seit 2013 tätig als wissenschaftliche Mitarbeiterin im Bereich Physikdidaktik an der RWTH Aachen. Der Schwerpunkt der Arbeit liegt auf der Entwicklung, Betreuung und Evaluation des hier vorgestellten Schreibprojektes sowie auf der Entwicklung und Implementierung verschiedener lernwirksamer Feedbackformen im Physikpraktikum.

Katrin Lehnen, Prof. Dr. phil. (katrin.lehnen@germanistik.uni-giessen.de), Professur für germanistische Sprach- und Mediendidaktik und geschäftsführende Direktorin des Zentrums für Medien und Interaktivität (ZMI) an der Justus-Liebig-Universität Gießen, Arbeits- und Forschungsschwerpunkte: Schreibprozessforschung; schulische, wissenschaftliche und berufliche Textproduktion; Digitalisierung literaler Praktiken.

Daniel Perrin, Prof. Dr. habil, ist Professor für Medienlinguistik, leitet das Institut für Angewandte Medienwissenschaft IAM der Zürcher Hochschule für Angewandte Wissenschaften, ist Vizepräsident der International Association of Applied Linguistics AILA und wirkt als Herausgeber des International Journal of Applied Linguistics InJAL und der de Gruyter Handbooks of Applied Linguistics Series. Schwerpunkte in Forschung und Lehre: Medienlinguistik, Textproduktionsforschung, Berufliches Schreiben, Transdisziplinarität und Angewandte Linguistik, Kommunikationsberatung.

Maik Philipp, Dr. (maik.philipp@phzh.ch), Promotion im Jahr 2010 zur Bedeutung von Peer Groups für Lesemotivation und -verhalten in der Sekundarstufe I. Seit Februar 2016 Inhaber der Professur Deutschdidaktik: Schreibförderung an der PH Zürich. Arbeitsschwerpunkte: Genese, Förderung und Sozialisation von Lese- und Schreibkompetenz, empirische Bildungs- und Interventionsforschung.

Kirsten Schindler, Dr. (kirsten.schindler@uni-koeln.de), Vertretungsprofessur für Deutsche Sprache und ihre Didaktik, Universität zu Köln (seit 2007). Z. Zt. Projektleiterin des Lehr-Forschungsprojektes „Akademische Textkompetenzen bei SchülerInnen am Gymnasium fördern" (ATeKo). Forschungsinteressen: akademisches und berufliches Schreiben, Professionalisierungsforschung, Gender.

Andreas Seidler, Dr. phil. (andreas.seidler@uni-koeln.de), wurde 2006 mit der Arbeit „Der Reiz der Lektüre. Wielands ‚Don Sylvio' und die Autonomisierung der Literatur" promoviert. Zur Zeit tätig als Akademischer Rat am Institut für Deutsche Sprache und Literatur II der Universität zu Köln. Arbeitsschwerpunkte: Literatur- und Mediendidaktik.

Namenregister

Sachregister

Textproduktion und Medium

herausgegeben von Eva-Maria Jakobs und Dagmar Knorr

In der Reihe „Textproduktion und Medium" erscheinen prozessorientierte Untersuchungen zur Textproduktion unter besonderer Berücksichtigung moderner Informationstechnologie in verschiedenen Domänen, Kulturen und aus verschiedenen Perspektiven (Linguistik, Informatik, Psychologie, Dokumentation, Softwareentwicklung und Didaktik).

Weitere Informationen:
www.prowitec.rwth-aachen.de

www.peterlang.com